...TIONAL DU LOUVRE

...LOGUE SOMMAIRE

DES

PEINTURES

(Tableaux et Peintures décoratives)

Exposées dans les Galeries

Prix : 1 fr. 20

> **AVIS** *Les numéros du présent catalogue correspondent à ceux placés en haut des tableaux. Quant aux numéros qui se lisent à la partie inférieure du cadre, ils se rapportent aux catalogues détaillés des peintures.*

1903

PARIS

Librairies-Imprimeries réunies

ÉDITEUR DES MUSÉES NATIONAUX
MOTTEROZ, Directeur
7, rue Saint-Benoît

CATALOGUE SOMMAIRE

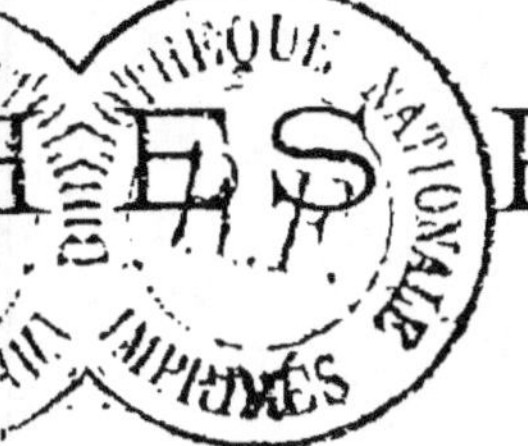 DES PEINTURES

EXPOSÉES DANS LES GALERIES

DU MUSÉE NATIONAL DU LOUVRE

(TABLEAUX ET PEINTURES DÉCORATIVES)

MUSÉES NATIONAUX

CATALOGUE SOMMAIRE

DES

PEINTURES

EXPOSÉES DANS LES GALERIES

DU MUSÉE NATIONAL DU LOUVRE

(TABLEAUX ET PEINTURES DÉCORATIVES)

SIXIÈME ÉDITION

1903

PARIS

Librairies-Imprimeries réunies

ÉDITEUR DES MUSÉES NATIONAUX
MOTTEROZ, Directeur
rue Saint-Benoît, 7

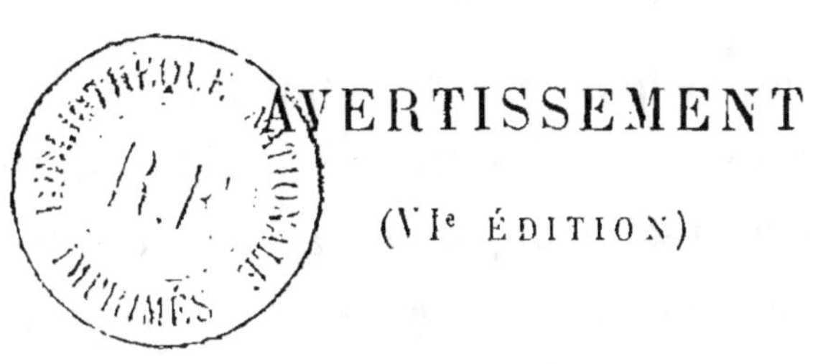

AVERTISSEMENT

(VIe ÉDITION)

Ce catalogue comprend, en un seul volume, l'indication de toutes les peintures exposées dans les galeries du Musée, ou décorant les salles du Palais du Louvre, dont la description détaillée forme l'objet de huit notices séparées[1]. Ces peintures y sont classées par Écoles, quelle que soit la date de leur entrée au Musée.

Pour la plus grande commodité des visiteurs, on a cru devoir adopter dans cette notice une série unique de numéros. Ces numéros sont placés sur les tableaux *en haut* et *au milieu* des cadres. Toutefois on a conservé, en même

(1) *Notice des tableaux de l'Ecole française,* de M. Villot; *Notice des tableaux des Écoles d'Italie et d'Espagne,* de M. le vicomte de Tauzia; *Notice des tableaux des Écoles flamande, allemande et hollandaise,* de M. Villot; *Suppléments* à chacune de ces trois notices, de M. le vicomte de Tauzia; *Notice de la collection La Caze,* de M. Reiset; *Notice de la collection des portraits d'artistes,* de M. Lafenestre.

temps, les numéros anciens, correspondant aux catalogues détaillés. Ceux-ci sont apposés *en bas* et, le plus souvent, *à gauche* des bordures, sur des étiquettes plus petites. Ainsi, l'on pourra comme par le passé se reporter aux savantes notices de MM. Villot, Reiset, de Tauzia.

Un catalogue sommaire et portatif n'admet point les longs développements. On s'est borné, dans celui-ci, à donner d'après les plus récentes recherches : pour les artistes, le lieu et la date de leur naissance, le lieu et la date de leur mort ; pour les œuvres, le sujet et les dimensions. Un chiffre romain imprimé, entre parenthèses, à la suite de chaque peinture, indique la salle où elle se trouve. Pour la salle VI (grande galerie) on a mentionné en outre la *travée* [tr.], marquée par une lettre [A, B, C, etc.], et la *paroi* Nord [N.] ou Sud [S.]. L'orientation des quatre *parois* est également notée pour les salles I, II, III, IV, VI, VII, VIII, XIV, XVI, XVII et XVIII : Nord [N.], Sud [S.], Est [E.] ou Ouest [O.]. Ces indications correspondent, dans le Musée, à des chiffres romains, placés au-dessus des portes pour indiquer les numéros des salles; et dans la grande galerie, à des lettres inscrites au sommet des arcs qui séparent les travées. Le plan imprimé en tête du volume, accompagné d'une légende donnant la concordance des numéros affectés aux salles avec les désignations usuelles, permettra aux visiteurs de s'orienter facilement.

NOTA

Depuis la première édition de ce catalogue, un certain nombre des tableaux qui y étaient portés, comme étant alors exposés au Louvre, ont été envoyés, à titre de dépôt, dans divers musées des départements. C'est la raison des lacunes que l'on pourra remarquer dans la série des numéros d'ordre.

Dans cette nouvelle édition, on a introduit une mention spéciale de l'origine pour les tableaux qui sont entrés au Louvre par voie de don ou de legs. Il n'est que juste de rendre hommage aux actes de générosité dont le Musée a bénéficié. Une table placée à la fin du volume concourra à ce résultat en rappelant encore, cette fois par ordre alphabétique, les noms de tous les donateurs.

———

Pour ne pas modifier l'ordre numérique adopté dans les précédents catalogues et les rendre ainsi hors d'usage, on a mentionné dans un supplément les tableaux entrés au Louvre avec la Collection Thomy Thiéry, ou cédés récemment par le Musée du Luxembourg, lorsqu'ils étaient trop nombreux, pour un même peintre, pour pouvoir être intercalés dans l'ancien numérotage.

Avril 1903.

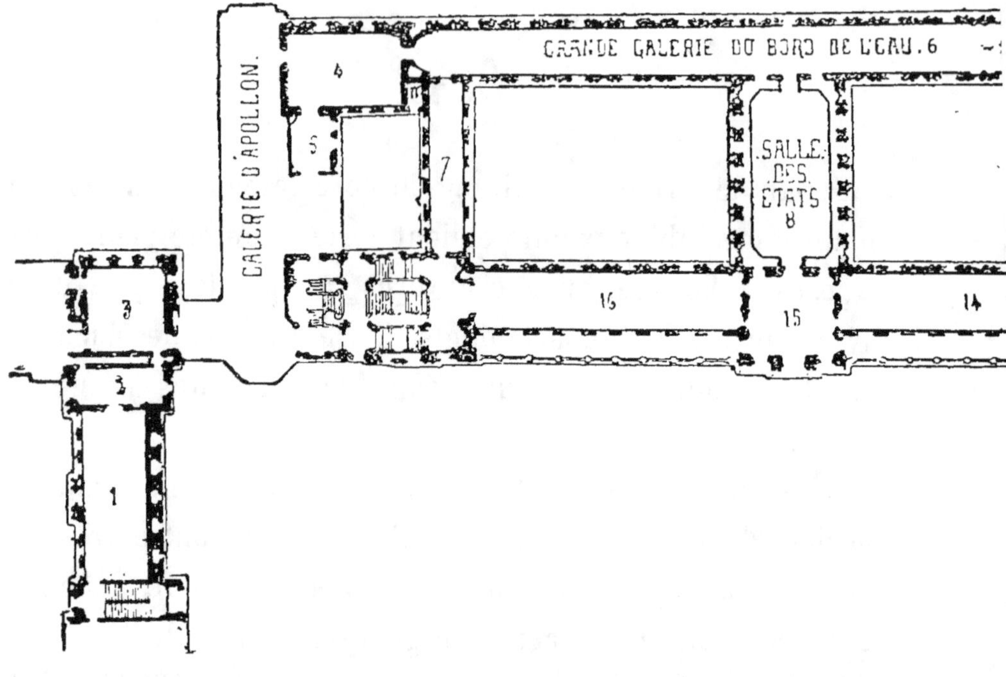

1. Salle Lacaze.
2. — Henri II.
3. — des Sept Cheminées.
4. Salon Carré.
5. Salle Duchâtel.
6. Grande Galerie (divisée en 6 travées, A, B, C, D, E, F) (Écoles étrangères).
7. Salle des Sept Mètres (Italie, XIVe - XVe s.).
8. — des Etats (France, XIXe s.).
9. — Bolonaise.
10. — Jean Fouquet.
11. Ecole de Fontainebleau.
12. Salle Le Sueur (Chartreuse).
13. — Le Sueur (les Muses).
14. — Mollien (France, XVIIe s.).
15. — Denon (Portraits).
16. — Daru (France, XVIIIe s.).
17. — Van Dyck.
18. Galerie de Rubens.

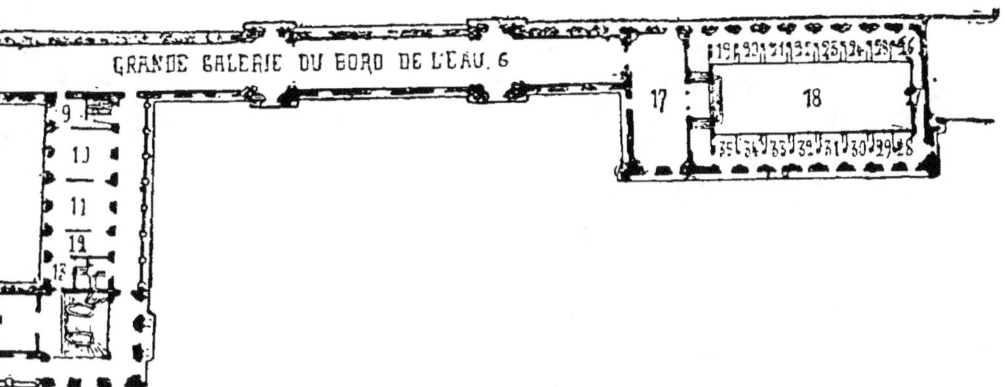

PLAN DU 2^e ETAGE

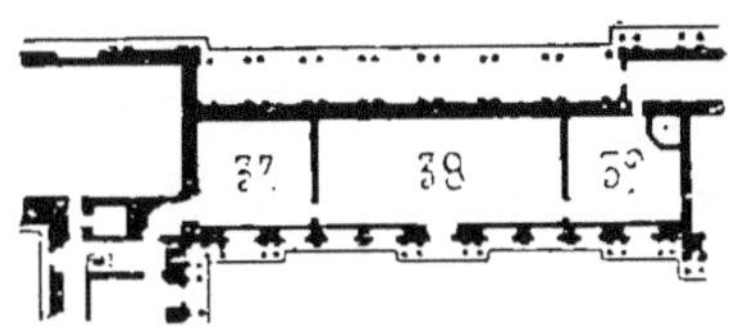

19. Salle Van Eyck.
20.   —   Ant. Mor.
21.   —   Frans Hals.
22.   —   Van Goyen.
23.   —   Van Ostade.
24.   —   Ruysdaël.
25.   —   Hobbema.
26-27-28. Passages.
29. Salle Jan Steen.
30.   —   Alb. Cuyp.
31.   —   Rembrandt.
32. Deuxième salle Rembrandt.
33. Collection Lacaze. Salle hollandaise.
34.   —   —
35.   —   Salle flamande.
36. Salle hollandaise.
37. Première salle romantique.
38. Salle Thomy Thiéry.
     Deuxième salle romantique.

ÉCOLE FRANÇAISE

ALAUX (JEAN); Bordeaux 1786 — Paris 1864.

★ Plafond de la salle des Origines comparées (Céramique antique).
(Voir aux Peintures décoratives, p. 224.)

ALIGNY (CLAUDE-FÉLIX-THÉODORE **CARUELLE** d'); Chaumes
(Nièvre) 1798 — 1871.

1. Prométhée. (VIII-N.)
H. 2,00. — L. 3,00.

1ᴬ. Paysage.
H. 0.66. — L. 0,50.

2. Une Villa italienne. (VIII-E.)
H. 0,40. — L. 0,54.

2ᴬ. Paysage italien. (Palier de l'escalier de la collection Thomy
Thiéry.)
H. 0,75. — L. 0,63.

ALLEGRAIN (ETIENNE); Paris 1644 — 1736.

3. Paysage. (XVI-S.)
H. 0,58. — L. 0,72.

4. Paysage. (XVI-S.)
H. 0,58. — L. 0,72.

ANDRÉ (FRÈRE JEAN) de l'ordre des Dominicains; Paris 1662
— 1753.

5. Portrait du frère André, peignant le tableau de Notre-Dame
du Rosaire (*Don de M. Albert Grand*). (XV.)
H. 1,49. — L. 1,15.

AUBRY (ETIENNE); Versailles 1745 — 1781.

6. Portrait du peintre Noël Hallé. (XV.)
> H. 1,26. — L. 0,95.

7. Portrait du sculpteur Louis-Claude Vassé. (XV.)
> H. 1,26. — L. 0,95.

AUTEREAU (LOUIS); Paris vers 1692 — 1760.

8. Portrait du sculpteur René Frémin. (XV.)
> H. 1,29. — L. 0,95.

AVED (JACQUES-ANDRÉ-JOSEPH); Douai 1702 — Paris 1766.

9. Portrait du marquis de Mirabeau, né en 1715, mort en 1789. (XVI-S.)
> H. 1,45. — L. 1,12.

10. Portrait du peintre Pierre-Jacques Cazes. (XVI-N.)
> H. 1,26. — L. 0,95.

11. Portrait du peintre Jean-François de Troy. (XV.)
> H. 1,26. — L. 0,95.

BAR (BONAVENTURE DE). — Voir Debar.

BARYE (ANTOINE-LOUIS). Voir supplément, collection Thomy Thiery, page 226.

BAUGIN (LUBIN); Pithiviers vers 1610 — Paris 1663.

12. La Sainte Famille. (XIV-N.)
> H. 0,36. — L. 0,26.

BELLANGÉ (HIPPOLYTE); Paris 1800 — 1866.

12ᴬ. Une Revue sous l'Empire. (XXXIX.)
> H. 1,02. — L. 1,60.

BELLE (NICOLAS-SIMON-ALEXIS); Paris 1674 — 1734.

13. Portrait du peintre François de Troy. (XV.)
> H. 1,28. — L. 0,95

BELLOC (JEAN-HILAIRE); Nantes 1786 — Paris 1866.

13ᴬ. Portrait de Mme Belloc et de sa fille; dans le fond, le
   peintre lui-même (*Don de Mme Redelsperger*). (XXXVII.)
   H. 2,05. — L. 1,46.

BELLY (LÉON-AUGUSTE-ADOLPHE); Saint-Omer 1827 — 1877.

14. Pèlerins allant à la Mecque. (XXXIX.)
   H. 1,60. — L. 2,40.

14ᴬ. Paysage d'Egypte (*Don de Mme veuve Belly*). (XXXIX.)
   H. 0,50. — L. 0,66.

14ᴮ. La pêche au filet le soir (*Don de Mme veuve Belly*). (XXXIX.
   H. 0,82. — L. 1,35.

BENOIST (ANTOINE); Joigny (Yonne) 1632 — Paris 1717.

15. Portrait du sculpteur Jacques Buirette. (XV.)
   H. 1,15. — L. 0,88.

BENOIST (MARIE-GUILHELMINE), née De Laville-Leroulx; Paris
   1768 — 1826.

16. Portrait d'une négresse. (III-E.)
   H. 0,81. — L. 0,65.

BENOUVILLE (FRANÇOIS-LÉON); Paris 1821 — 1859.

17. Saint François d'Assise, transporté mourant à Sainte-Marie
   des Anges, bénit la ville d'Assise. (II-S.)
   H. 0,95. — L. 2,40.

BERTHÉLEMY (JEAN-SIMON); Laon 1743 — Paris 1811.

★ Peinture de la voûte de la rotonde de Mars.
   (Voir aux Peintures décoratives, p. 218.)

BERTIN (NICOLAS); Paris 1667 — 1736.

18. Hercule délivrant Prométhée.
   H. 1,80 — L. 1,96.

BIDAULD (JEAN-JOSEPH-XAVIER); Carpentras 1758 — Montmorency 1846.

19. Paysage.

H. 1,13. — L. 1,44.

20. Vue de Subiaco. (XVI-S.)

H. 0,26. — L. 0,45.

21. Vue de la ville d'Avezzano et du lac de Celano, dans le royaume de Naples. (XVI-S.)

H. 0,38. — L. 0,49.

BLAIN ou **BELIN DE FONTENAY** (JEAN-BAPTISTE); Caen 1653 — Paris 1715.

22. Trophée d'armes et corbeille de fleurs.

H. 1,20. — L. 1,20.

23. Vases d'or, fleurs et fruits. (Salle des meubles, du XVIIe siècle.)

H. 2,17. — L. 1,61.

24. Vase doré rempli de fleurs. (Salle des meubles, du XVIIe siècle.)

H. 1,90. — L. 1,64.

BLANCHARD (JACQUES); Paris 1600 — 1638.

25. La Charité. (XIV-S.)

H. 1,10. — L. 1,36.

26. Saint Paul en méditation. (XIV-N.)

H. 1,28. — L. 0,96.

BLANCHARD (LOUIS-GABRIEL); Paris 1630 — 1704.

27. Portrait du peintre Louis-Gabriel Blanchard. (XV.)

H. 1,09. — L. 0,89.

BLONDEL (MERRY-JOSEPH); Paris 1781 — 1853.

★★★ Peintures à la voûte du Vestibule de la galerie d'Apollon; plafonds de la salle II des Peintures, et des salles I et II des Dessins.

(Voir aux Peintures décoratives, pp. 222, 223 et 230.)

BOILLY (LOUIS-LÉOPOLD); La Bassée près Lille 1761 — Paris 1845.

28. L'Arrivée d'une diligence dans la cour des messageries.(XVI-S.)
> H. 0,62. — L. 1,06.

BOISSIEU (JEAN-JACQUES DE); Lyon 1736 — 1810.

29. Paysagè.
> H. 0,45. — L. 0,58.

BOUCHER (FRANÇOIS); Paris 1703 — 1770.

30. Diane sortant du bain, avec une de ses compagnes. (XVI-S.)
> H. 1,56. — L. 1,73.

31. Vénus commandant à Vulcain des armes pour Enée. (XVI-S.)
> H. 2,05. — L. 1,70.

32. La Bergère endormie. (XVI-S).
> H. 0,88. — L. 1,15.

33. La Musette. (XVI-S).
> H. 0,88. — L. 1,15.

34. Le Nid. (XVI-N.)
> H. 0,98. — L. 1,46.

35. Berger et Bergères. (XVI-N.)
> H 0,98. — L. 1,47.

36. Vulcain présentant à Vénus des armes pour Enée. (XVI-N.)
> H. 3,20. — L. 3,20.

37. Vertumne et Pomone. (XVI-N.)
> H. 1,40. — L. 1,20.

38. Céphale et l'Aurore. (XVI-N.)
> H. 1,44. — L. 1,15.

39. L'Enlèvement d'Europe. (XVI-N.)
> H. 1,62. — L. 1,95.

40. Vénus demandant des armes à Vulcain.
> H. 2,95. — L. 1,80.

41. Neptune et Amymone.
>H. 2,95. — L. 1,80.

42. Le But. (XVI-N.)
>H. 2,60. — L. 1,60.

43. La Toilette de Vénus. (Première salle des meubles du
XVIIIᵉ siècle.)
>H. 1,07. — L. 1,73.

44. Vénus désarmant l'Amour. (Première salle des meubles du
XVIIIᵉ siècle.)
>H. 1,07. — L. 1,73.

45. Pastorale. (XVI-N.)
>H. 0,94 — L. 0,74.

45ᴬ. L'Oiseau pris dans es filets (Esquisse). (XVI-N.)
>H. 1,51. — L. 2,07.

46. Vénus chez Vulcain (*Coll. La Caze*). (I-O.)
>H. 0,92. — L. 1,23.

47. Les Trois Grâces (*Coll. La Caze*). (I-E.)
>H. 0,80. — L. 0,65.

48. Le Peintre dans son atelier (*Coll. La Caze*). (I-S.)
>H. 0,27. — L. 0,22.

49. Les Forges de Vulcain (*Coll. La Caze*). (I-O.)
>H. 0,46. — L. 0,72.

50. Portrait de jeune femme (*Coll. La Caze*). (I-E.)
>H. 0,64. — L. 0,53.

50ᴬ. Intérieur de famille (*Legs du Dʳ Malécot*). (XVI-N.)
>H. 0,82. — L. 0,65.

★ Plafond de la Salle des dessins du XVIIIᵉ siècle.
>(Voir aux Peintures décoratives, page 231.)

BOUCHOT (FRANÇOIS); Paris 1800 — 1842.

50ᴮ. Le 18 Brumaire. (VIII-E.)
>H. 4,25. — L. 4,50.

BOULOGNE (BON) ou de **BOULLONGNE**; Paris 1649 — 1717.

51. L'Annonciation de la Vierge. (XII.)
>H. 0,89. — L. 0,68.

52. Saint Benoît ressuscitant un enfant. (XIV-E.)
H. 1,08. — L. 2,35.

53. Hercule combat les centaures. (XIV-S.)
H. 1,56. — L. 1,84.

54. Junon et Flore. (Escalier de la Direction.)
H. 1,45. — L. 1,20.

BOULOGNE (LOUIS) ou de **BOULLONGNE**; Paris 1654 — 1733.

55. Mariage de sainte Catherine. (XIV-N.)
H. 0,41. — L. 0,30.

BOULONGNE (JEAN DE), dit **LE VALENTIN**; Coulommiers 1591 — Rome 1634.

56. L'Innocence de Suzanne reconnue. (XIV-S.)
H. 1,75. — L. 2,11.

57. Le Jugement de Salomon. (XIV-S.)
H. 1,76. — L. 2,10.

58. Le Denier de César. (Escalier Mollien.)
H. 1,11. — L. 1,54.

59. Un Concert. (XIV-S.)
H. 1,75. — L. 2,16.

60. Un Concert.
H. 1,73. — L. 2,14.

61. La Diseuse de bonne aventure.
H. 1,25. — L. 1,75.

62. Un Cabaret.
H. 0,96. — L. 1,33.

63. Réunion de buveurs (*Legs de Mme Bonjour*).
H. 1,27. — L. 1,73.

BOURDON (SÉBASTIEN); Montpellier 1616 — Paris 1671.

64. Le Sacrifice de Noé à la sortie de l'arche. (XIV-O.)
H. 1,71. — L. 2,27.

65. Salomon sacrifiant aux idoles. (XIII.)
H. 1,55. — L. 1,43.

66. L'Adoration des bergers. (XIV-N.)
  H. 1,36. — L. 1,02.

68. La Vierge, l'enfant Jésus et saint Jean.
  H. 0,33. — L. 0,25.

69. La Présentation au Temple. (XIV-N.)
  H. 0,72. — L. 0,60.

70. Le Christ et les enfants. (XIV-N.)
  H. 0,50. — L. 0,61.

71. La Descente de croix.
  H. 3,03. — L. 1,57.

72. Décollation de saint Protais.
  H. 3,58. — L. 6.77.

73. Le Martyre de saint Pierre.
  H. 3,60. — L. 2,60.

74. Jules César devant le tombeau d'Alexandre.
  H. 1,05. — L. 1,39.

75. Une Halte de bohémiens. (XIV-S.)
  H. 0,43. — L. 0,58.

76. Les Mendiants. (XIV-S.)
  H. 0,49. — L. 0,65.

77. Scène d'intérieur (*Coll. La Caze*). (I-E.)
  H. 0,32. — L. 0,44.

78. Portrait de René Descartes. (XIV-S.)
  H. 0,87. — L. 0,69.

79. Portrait d'homme, vêtu de noir et portant un rabat. (XIV-N.)
  H. 1,40. — L. 1,15.

80. Portrait de Sébastien Bourdon. (XV.)
  H. 1,30. — L. 0,97.

81. Portrait de Sébastien Bourdon. (XV.)
  H. 0,70. — L. 0,56.

BOURGUIGNON (JACQUES COURTOIS, dit *le Bourguignon*). —
V. Courtois.

BRASCASSAT (JACQUES-RAYMOND); Bordeaux 1804—Paris 1867.
82. Le Taureau (*Legs de M. Godard Desmarets*). (II-N.)
H. 1,50. — L. 1,90.

83. Paysage et animaux.
H. 0,96. — L. 1,30

BRION (GUSTAVE); Rothau (Vosges) 1824 — 1877.
84. La Fin du déluge. (VIII-E.)
H. 0,90. — L. 1,60.

BRUN (CHARLES LE) et **BRUN** (Mme Vigée Le). — V. Le Brun.

CABAT (LOUIS). Voir supplément, n°s 2930 et 2931, page 234.

CALLET (ANTOINE-FRANÇOIS); Paris 1741—1823.
85. Les Saturnales ou l'Hiver. (XVI-S.)
H. 3,20. — L. 3,22.

86. L'Automne ou les Fêtes de Bacchus. (XVI-S.)
H. 3,23. — L. 3,23.

87. Le Triomphe de Flore (*Coll. La Caze*). (I-S.)
H. 0,54. — L. 0,97.

★ Le Printemps. Peinture encastrée dans la voûte de la Galerie
d'Apollon.
(Voir aux Peintures décoratives, p. 222.)

CALS (LOUIS); Paris 1812 — 1893. Voir supplément, page 234.

CAZES (PIERRE-JACQUES); Paris 1676—1754.
88. Saint Pierre ressuscitant Tabithe. (XVI-S.)
H. 0,92. — L. 0,72.

CHALONS (SIMON DE). Travaillait à Avignon de 1545 à 1585.
88^A. L'incrédulité de Saint Thomas (*Acquis en* 1900). (XI.)
H. 1,40. — L. 0,75.

CHARDIN (Jean-Baptiste-Siméon); Paris 1699—1779.

89. Le Chat dans le garde-manger. (XVI-N.)
   H. 1,15. — L. 1,40.

90. Fruits sur une table de pierre, chien et perroquet. (XVI-N.)
   H. 1,90. — L. 1,28

91. La Mère laborieuse. (XVI-N.)
   H. 0,48. — L. 0,38.

92. Le Bénédicité. (XVI-N.)
   H. 0,49. — L. 0,39.

93. Le Bénédicité (*Coll. La Caze*). (I-O.)
   H. 0,49. — L. 0,41.

94. Lapin mort et ustensiles de chasse. (XVI-S.)
   H. 0,82. — L. 0,65.

95. Menu de maigre. (XVI-N.)
   H. 0,33. — L. 0,41.

96. Menu de gras. (XVI-N.)
   H. 0,33. — L. 0,41.

97. Le Singe antiquaire. (XVI-S.)
   H. 0,80. — L. 0,64.

98. Les Attributs des arts. (Première salle des meubles du XVIIIe siècle.)
   H. 0,92. — L. 1,46

99. La Pourvoyeuse. (XVI-S.)
   H. 0,46. — L. 0,37.

100. Les Attributs de la musique. (Première salle des meubles du XVIIIe siècle.)
   H. 0,90. — L. 1,46.

101. Pipes et vases à boire, sur une table de pierre. (XVI-N.)
   H. 0,32. — L. 0,42.

102. Panier de pêches sur une table de pierre. (XVI-N.)
   H. 0,33. — L. 0,40.

103. Le Château de cartes (*Coll. La Caze*). (I-O.)
H. 0,76. — L. 0,68.

104. Le Singe peintre (*Coll. La Caze*). (I-O.)
H. 0,72. — L. 0,60.

105. Melon, poires et pêches (*Coll. La Caze*). (I-O.)
H. 0,59. — L. 0,53.

106. Raisins et grenades (*Coll. La Caze*). (I-O.)
H. 0,47. — L. 0,56.

107. Le Bocal d'olives (*Coll. La Caze*). (I-O.)
H. 0,70. — L. 0, 98.

108. La Fontaine de cuivre (*Coll. La Caze*). (I-O.)
H. 0,28. — L. 0,23.

109. Un Dessert (*Coll. La Caze*). (I-O.)
H. 0,47. — L. 0,56.

110. Pêches, noix, raisin et verre de vin (*Coll. La Caze*). (I-O.)
H. 0,38. — L. 0,46.

111. Ustensiles divers (*Coll. La Caze*). (I-O.)
H. 0,38. — L. 0,45.

112. Poires et verre de vin (*Coll. La Caze*). (I-O.)
H. 0,33. — L. 0,40

113. Le Gobelet d'argent (*Coll. La Caze*). (I-O.)
H. 0,33. — L. 0,41

114. La Table de cuisine (*Coll. La Caze*). (I-O.)
H. 1,50. — L. 0,29.

115. Le Panier de raisins (*Coll. La Caze*). (I-O.)
H. 0,69. — L. 0,58.

116. Ustensiles de cuisine et œufs (*Coll. La Caze*). (I-O.)
H. 0,17. — L. 0,21.

CHARDIN (*Attribué à*).

117. Le Retour de l'école (*Coll. La Caze*). (I-O.)
H. 1,00. — L. 0,79.

118. Les Apprêts du pot-au-feu (*Coll. La Caze*). (I-O.)
H. 0,61. — L. 0,80.

CHARLET (NICOLAS-TOUSSAINT); Paris 1792 — 1845.

'19. Le Grenadier de la garde. (XXXVII.)
H. 0,82. — L. 0,65.

119ᴬ. Halte de troupes à l'entrée d'un village (*Acquis en* 1902).
(XXXVII.)
H. 0,62. — L. 0,81.

CHASSÉRIAU (THÉODORE) ; Samana (Amérique espagnole)
1819 — Paris 1856.

120. Le Tepidarium. (XXXIX.)
H. 1,70. — L. 3,50.

121. La Chaste Suzanne (*Don de Mme Ozy*). (II-N.)
H. 2,55. — L. 1,96.

CHÉRON (ELISABETH-SOPHIE), Mme LE HAY; Paris 1648 —
1711.

122. Portrait d'Elisabeth-Sophie Chéron, Mme Le Hay. (XII.)
H. 0,88. — L. 0,73.

CHINTREUIL (ANTOINE); Pont-de-Vaux (Ain) 1816 — 1873.

123. L'Espace. (XXXVII.)
H. 1,03. — L. 2,03.

124. Le Bosquet aux chevreuils. (XXXIX.)
H. 0,52. — L. 0,68.

125. Pluie et soleil (*Don de M. Desbrosses*). (XXXVII.)
H. 1,00. — L. 2,15.

125ᴬ. Dix-sept études diverses (*Don de M. C. Carpentier*). (XXXIX.)

CLAUDE (CLAUDE GELLÉE, dit CLAUDE LORRAIN). — V. Gellée.

CLOUET (*Attribué à* JEAN), dit JEHANNET, JEANNET ou JANET, né en Flandre (?) vers 1475 (?) — en France, 1541.

126. Portrait de François Ier, roi de France. (X.)

    H. 0,96. — L. 0,74.

127. Portrait de François Ier, roi de France (*Coll. Sauvageot*). (X.)

    H. 0,21. — L. 0,16.

CLOUET (FRANÇOIS), dit JEHANNET ou JANNET; Tours vers 1500 (?) — vers 1572.

128. Portrait de Charles IX, roi de France. (XI.)

    H. 0,32. — L. 0,18.

129. Portrait d'Elisabeth d'Autriche, reine de France, femme de Charles IX. (XI.)

    H. 0,36. — L. 0,27.

CLOUET (*Attribué à* FRANÇOIS).

130. Portrait en pied de Henri II, roi de France. (XI.)

    H. 0,35. — L. 0,20.

131. Portrait en pied de François de Lorraine, duc de Guise, tué au siège d'Orléans en 1563. (XI.)

    H. 0,23. — L. 0,16.

CLOUET (*D'après* FRANÇOIS).

132. Portrait de Charles IX (*Coll. Sauvageot*). (XI.)

    H. 0,42. — L. 0,58.

133. Portrait d'Elisabeth d'Autriche, reine de France, femme de Charles IX (*Coll. Sauvageot*). (XI.)

    H. 0,42. — L. 0,58.

CLOUET DE NAVARRE (*Attribué à*), présumé frère de François Clouet.

134. Portrait de Louis de Saint-Gelais, dit de Lezignem, baron de La Mothe-Saint-Héraye, seigneur de Lansac. (XI.)

    H. 0,32. — L. 0,23.

COCHEREAU (Léon-Mathieu); Montigny 1793 — Bizerte, côte
d'Afrique, 1817.

135. Intérieur de l'atelier de David. (III-S.)
H. 0,90. — L. 1,00.

COGNIET (Léon); Paris 1794— 1880.

★ Plafond de la salle des Fresques antiques.
(Voir aux Peintures décoratives, p. 226.)

COLOMBEL (Nicolas); Sotteville près Rouen 1646 — Paris
1717.

136. Saint Hyacinthe sauvant la statue de la Vierge.
H. 2,39. — L. 1,74.

CORNEILLE (Michel), dit l'Aîné; Paris 1642 — 1708.
137. Le Repos en Egypte. (XIV N.)
H. 0,45. — L. 0,62.

COROT (Jean-Baptiste-Camille); Paris 1796 — 1875.
138. Paysage; une matinée. (VIII-O.)
H. 0,97. — L. 1,32.

139. Vue du Forum romain (*Legs de l'artiste*). (XXXVII.)
H. 0,28. — L. 0,50.

140. Vue du Colysée, à Rome (*Legs de l'artiste*). (XXXVII.)
H. 0,28. — L. 0,48.

141. Paysage. (XXXVII.)
H. 0,64. — L. 0,88.

141^A. Souvenir d'Italie. — Castel Gandolfo (*Legs de M. Lalle-
mand*). (XXXVII.)
H. 0,62. — L. 0,79.

141^B. Paysage, panneau décoratif.
H. 2,00. — L. 1,50.
(Voir au supplément, collection Thomy Thiéry, page 226.)

COUDER (LOUIS-CHARLES-AUGUSTE); Paris 1790 — 1873.

142. Le Lévite d'Ephraïm.

> H. 3,60. — L. 2,95.

★ Peintures dans la voûte du Vestibule de la galerie d'Apollon.

> (Voir aux Peintures décoratives, p. 223.)

COURBET (GUSTAVE); Ornans (Doubs) 1819 — Tour de Peilz (Suisse) 1877.

143. L'Enterrement à Ornans (*Don de Mlle Courbet*). (II-S.)

> H. 3,14. — L. 6,65.

144. L'Homme blessé. (XXXIX.)

> H. 0,82. — L. 0,98.

144ᴬ. Portrait de Champfleury (*Don des héritiers de Champ-fleury*). (XXXIX.)

> H. 0,44. — L. 0,37.

145. Combat de cerfs. (VIII-O.)

> H. 3,58. — L. 5,04.

145ᴬ. La Remise des chevreuils (*Donné par une société d'amateurs*). (VIII-E.)

> H. 1,69. — L. 2,03

146. Chevreuils sous bois (*Legs de Mme Vve Boucicaut*). (XXXIX.)

> H. 1,11. — L. 0,86

146ᴬ. Le Ruisseau du Puits noir. (VIII-O.)

> H. 0,72. — L. 1,10.

147. L'Homme à la ceinture de cuir. Portrait de Courbet. (XXXIX.)

> H. 1,00. — L. 0,79.

147ᴬ. La Vague (*acquis en 1878*). (VIII-E.)

> H. 1,15. — L. 1,60.

COURT (JOSEPH-DÉSIRÉ); Rouen 1797 — Paris 1865.

148. La Mort de César.

> H. 4,30. — L. 5,22.

COURTOIS (JACQUES), dit LE BOURGUIGNON; Saint-Hippolyte (Franche-Comté) 1621 — Rome 1676.

149. Combat de cavalerie près d'un pont.
H. 0,34. — L. 0,97.

150. Marche de troupes.
H. 0,34. — L. 0,97.

151. Combat de cavalerie. (XII.)
H. 0,56. — L. 0,80.

152. Choc de cavalerie.
H. 0,60. — L. 0,90.

153. Cuirassiers aux prises avec des cavaliers turcs.
H. 0,57. — L. 0,87.

154. Une Bataille (*Legs de Mme Bonjour*). (Escalier Mollien.)
H. 0,73. — L. 0,99.

COUSIN (JEAN); Soucy près Sens 1500 ? — 1589 ?

155. Le Jugement dernier. (XI.)
H. 1,46. — L. 1,40.

COUTURE (THOMAS); Senlis (Oise) 1815 — Villiers-le-Bel 1879.

156. Les Romains de la décadence. (VIII-O.)
H. 4,66. — L. 7,73.

COYPEL (NOËL); Paris 1628 — 1707.

157. Solon défendant ses lois devant les Athéniens. (XIV-S.)
H. 0,49. — L. 0,88.

158. Ptolémée Philadelphe donnant la liberté aux juifs. (XIV-N.)
H. 0,49. — L. 0,83.

159. Trajan donnant des audiences publiques. (XIV-N.)
H. 0,49. — L. 0,88.

160. Prévoyance d'Alexandre Sévère. (XIV-S.)
H. 0,49. — L. 0,88.

161. La Réprobation de Caïn après la mort d'Abel.
H. 0,97. — L. 0,97.

162. Hercule combattant Acheloüs. (Salle des dessins hollandais.)
H. 1,18. — L. 1,93.

163. Hercule, Déjanire et le centaure Nessus. (Salle des dessins hollandais.)
H. 1,18. — L. 1,93.

164. Apollon couronné par la Victoire. (XIV-E.)
H. 2,15. — L. 1,15.

165. Apollon.
H. 3,20. — L. 2,45.

166. Portrait de Noël Coypel. (XV.)
H. 1,15. — L. 0,88.

COYPEL (ANTOINE); Paris 1661 — 1722.

167. Athalie chassée du Temple.
H. 1,57. — L. 2,13.

168. Athalie chassée du Temple. (XIV-S.)
H. 3,45. — L. 7,00.

169. Suzanne accusée par les vieillards.
H. 3,57. — L. 5,82.

170. Esther en présence d'Assuérus. (XVI-S.)
H. 1,05. — L. 1,37.

171. Rébecca et Eliézer. (XVI-S.)
H. 1,25. — L. 1,06.

172. Une Jeune Fille caressant un chien. (XVI-N.)
H. 0,30. — L. 0,22.

173. Flore et Zéphyre.
H. 1,45. — L. 1,20.

174. Démocrite (*Coll. La Caze*). (I-E.)
H. 0,69. — L. 0.58.

175. Portrait d'Antoine Coypel. (XV.)
H. 1,30. — L. 0,97.

COYPEL (Noel-Nicolas); Paris 1692 — 1734.

176. Vénus, Bacchus et l'Amour.
H. 2,44. — L. 1,43.

177. L'Innocence et l'Amour. (XVI-N.)
H. 0,72. — L. 0,56.

178. Nymphe et Amour. (XVI-N.)
H. 0,72. — L. 0,56.

179. Portrait de Noël-Nicolas Coypel. (XV.)
H. 0,89. — L. 0,70.

COYPEL (Charles-Antoine); Paris 1694 — 1752.

180. Persée délivrant Andromède. (XVI-S.)
H. 1,00. — L. 1,24.

181. Les Noces d'Angélique et Médor.
H. 3,00. — L. 6,15.

182. Portrait de l'acteur Jelyotte en costume de femme (*Coll. La Caze*). (I-E.)
H. 0,51. — L. 0,43.

183. Portrait de Charles-Antoine Coypel. (XV.)
H. 1,15. — L. 0,86.

DAUBIGNY (Charles-François); Paris 1817 — 1878.

184. Les Vendanges en Bourgogne. (VIII-S.)
H. 1,70. — L. 2,95.

184ᴬ. La Mare (XXXVII.)
H. 0,95. — L. 1,92.

185. Le Printemps. (VIII-N.)
H. 0,95. — L. 1,93.
(Voir au supplément, collection Thomy Thiéry, page 227.)

DAUZATS (Adrien); Bordeaux 1804 — Paris 1868.

186. Vue intérieure d'une église d'Espagne. (III-N.)
H. 1,30. — L. 1,04.

DAVID (JACQUES-LOUIS); Paris 1748 — Bruxelles 1825.

187. Léonidas aux Thermopyles.
> H. 3,92. — L. 5,33.

188. Les Sabines. (III-N.)
> H. 3,86. — L. 5,20.

189. Le Serment des Horaces. (VIII-O.)
> H. 3,30. — L. 4,27.

190. Le Serment des Horaces; esquisse du tableau précédent
(*Acquis en* 1873). (XVI-S.)
> H. 0,25. — L. 0,36.

191. Les Licteurs rapportant à Brutus les corps de ses fils.
(VIII-O.)
> H. 3,25. — L. 4,23.

192. Bélisaire demandant l'aumône. (II-N.)
> H. 1,01. — L. 1,15.

193. Combat de Minerve contre Mars. (XVI-N.)
> H. 1,14. — L. 1,40.

194. Les Amours de Pâris et d'Hélène. (XVI-E.)
> H. 1,47. — L. 1,80.

195. Figure académique.
> H. 1,21. — L. 1,71.

196. Portrait de M. Pécoul, entrepreneur des bâtiments du roi
Louis XV, beau-père de David. (III-S.)
> H. 0,95. — L. 0,73.

197. Portrait de Mme Pécoul, femme du précédent. (III-S.)
> H. 0,95. — L. 0,73.

197ᴬ. Portrait de M. Sériziat beau-frère de David (*Acquis en*
1902). (III-N.)
> H. 1,32. — L. 0,97.

197ᴮ. Portrait de Mme Sériziat belle-sœur de David et de son enfant (*Acquis en* 1902). (III-N.)
> H. 1,32. — L. 0,97.

198. Portrait du pape Pie VII. (III-S.)
H. 0,86. — L. 0,72.

199. Portrait de Mme Récamier. (III-N.)
H. 1,70. — L. 2,40.

199ᴬ. Portrait de Mme Chalgrin (*Legs de M. Horace Paul Delaroche*). (XVI-N.)
H. 1,30. — L. 0,98.

200. Portrait d'Antoine Mongez, membre de l'Institut, administrateur des monnaies, et de Mme Mongez (Angélique Levol), peintre (*Legs de Mme veuve Mongez*). (XV.)
H. 0,75. — L. 0,85.

200ᴬ. Les Trois Dames de Gand. — Portraits de Mme Morel de Tangry (née Isabelle-Rose Van Tieghem) et de ses deux filles (*Acquis en* 1894). (VIII-O.)
H. 1,32 — L. 1,04.

201. Portrait de Bailly (*Coll. La Caze*). (I-E.)
H. 0,49. — L. 0,33.

202. Portrait de David dans sa jeunesse (*Don de M. Eugène Isabey*). (III-S.)
H. 0,81. — L. 0,64.

202ᴬ. Sacre de Napoléon Iᵉʳ par le pape Pie VII à Notre-Dame de Paris. (III-S.)
H. 6,10 — L. 9,31.

DEBAR (BONAVENTURE); Paris 1700 — 1729.

203. Fête champêtre. (XVI-N.)
H. 0,95. — L. 1.30.

DECAMPS (ALEXANDRE-GABRIEL); Paris 1803 — Fontainebleau 1860.

204. Les Chevaux de halage (*Don de M. Revenaz*). (XXXVII.)
H. 0,62. — L. 0,82.

205. La Caravane, esquisse. (XXXVII.)
H. 0,60. — L. 1,00.

205ᴬ. Paysage. (XXXIX.)
H. 0,47. — L. 0,82.

206. Bouledogue et terrier écossais (*Acquis en* 1888). (XXXVII.)
H. 1,00. — L. 1,32.
(Voir au supplément, collection Thomy Thiéry, page 228.)

DEHODENCQ (EDME-ALFRED-ALEXIS) ; Paris 1822 — 1882.

206A. Son portrait (*Don de son fils*). (XXXIX.)
H. 0,65. — L. 0,55.

DELACROIX (FERDINAND-VICTOR-EUGÈNE) ; Charenton 1798 — Paris 1863.

207. Dante et Virgile, conduits par Phlégias, traversent le lac qui entoure la ville infernale de Dité. (VIII-N.)
H. 1,80. — L. 2,40.

208. Scènes des massacres de Scio. (VIII-N.)
H. 4,22. — L. 3,52.

209. Le 28 juillet 1830. (VIII-.N)
H. 2,60. — L. 3,25.

210. Femmes d'Alger dans leur appartement. (XXXVII.)
H. 1,77. — L. 2,27.

211. Noce juive dans le Maroc. (VIII-E.)
H. 1,40. — L. 1,00.

212. Le Naufrage de Don Juan (*Don de M. Adolphe Moreau.*) (VIII-N.)
H. 1,90. — L. 1,95.

213. Prise de Constantinople par les croisés. (VIII-E.)
H. 4,06. — L. 4,92.

214. Portrait de Delacroix (*Legs de Mlle Leguillon*). (XXXIX.)
H. 0,64. — L. 0,51.
(Voir au supplément, collection Thomy Thiéry, page 229.)

★ Apollon vainqueur du serpent Python ; tableau central de la voûte de la Galerie d'Apollon.
Voir aux Peintures décoratives, p. 222.)

DE LA MARRE (FLORENT-RICHARD) ; 1638 — 1718.

215. Portrait du peintre Antoine Paillet. (XV.)
H. 1,15. — L. 0,90.

DELAROCHE (PAUL); Paris 1797 — 1856.

216. Mort d'Elisabeth, reine d'Angleterre, en 1603. (VIII-S.)
> H. 4,20. — L. 3,40.

217. Les Enfants d'Edouard IV : Edouard V, roi mineur d'Angleterre, et Richard, duc d'Yorck, son frère puîné. (VIII-E.)
> H. 1,30. — L. 2,12.

217ᴬ. La jeune Martyre (*Legs de M. d'Eichthal*). (II-N.)
> H. 1,70. — L. 1,45.

DE LYEN (JACQUES-FRANÇOIS); Gand 1684 — Paris 1761.

218. Portrait du peintre Nicolas Bertin. (XV.)
> H. 1,26. — L. 0,95.

219. Portrait du sculpteur Guillaume Coustou. (XV.)
> H. 1,26. — L. 0,95.

220. Portrait de Jacques-François de Lyen. (XV.)
> H. 1,26. — L. 0,95.

DE MARNE (JEAN-LOUIS); Bruxelles 1744 — Batignolles 1829.

221. Une Route. (XVI-S.)
> H. 0,50. — L. 1,60.

222. Une Foire à la porte d'une auberge. (XVI-S.)
> H. 0,50. — L. 0,60.

223. Le Départ pour une noce de village. (XVI-S.)
> H. 0,76. — L. 0,99.

DESPORTES (FRANÇOIS); Champigneul 1661 — Paris 1743

224. Portrait d'un chasseur. (XVI-S.)
> H. 1,48. — L. 1,14.

225. La Chasse au loup. (XVI-N.)
> H. 2,63. — L. 3,43.

226. La Chasse au sanglier. (XVI-S.)
> H. 3,35. — L. 3,50.

227. La Chasse au cerf. (XVI-N.)
> H. 2,70. — L. 3,55.

228. La Chasse aux renards. (Escalier de la direction.)
>H. 2,65. — L. 2,00.

229. Diane et Blonde, chiennes de la meute du roi Louis XIV.
(XVI-N.)
>H. 1,62. — L. 2,00.

230. Bonne, Nonne et Ponne, chiennes de la meute de Louis XIV.
(XVI-N.)
>H. 1,62. — L. 2,00.

231. Folle et Misse, chiennes de Louis XIV. (XVI-N.)
>H. 1,63. — L. 2,00.

232. Tane, chienne de Louis XIV, arrêtant deux perdrix. (XVI-S.)
>H. 1,42. — L. 1,32.

233. Zette, chienne de la meute de Louis XIV.
>H. 1,69. — L. 1,76.

234. Une Chienne et deux perdrix. (Deuxième salle des meubles
du XVIIIᵉ siècle.)
>H. 1,15. — L. 1,30.

235. Pompée et Florissant, chiens de la meute de Louis XV. (XVI-S.)
>H. 1,71. — L. 1,41.

236. Chiens, lapins, cochons d'Inde et fruits.
>H. 1,76. — L. 1,68.

237. Volaille, gibier et légumes. (XVI-N.)
>H. 0,98. — L. 1,31.

238. Gibier gardé par un chien brun et un chien blanc.
>H. 1,20. — L. 1,60.

239. Gibier gardé par un lévrier et un épagneul.
>H. 1,20. — L. 1,65.

240. Gibier gardé par un chien barbet. (Salle des dessins français du XVIIIᵉ siècle.)
>H. 1,18. — L. 1,45.

241. Gibier, fleurs et fruits. (Deuxième salle des meubles du
XVIIIᵉ siècle.)
>H. 1,65. — L. 1,35.

242. Gibier, fleurs et fruits. (Deuxième salle des meubles du
     XVIII° siècle.)
> H. 1,65. — L. 1,35.

243. Fleurs, fruits et raisins, sur un banc de pierre.
> H. 1,27. — L. 1,00.

245. Fruits et gibier. (XVI-N.)
> H. 0,98. — L. 1,31.

246. Lévrier gardant deux lièvres morts. (Salle des dessins fran-
     çais du XVIII° siècle.)
> H. 1,10. — L. 1,30.

247. Deux Chiens gardant du gibier. (Deuxième salle des meubles
     du XVIII° siècle.)
> H. 1,10. — L. 1,36.

248. Petit Chien épagneul tenant une perdrix sous ses pattes.
     (XVI-N.)
> H. 1,71. — L. 1,40.

249. Portrait de Desportes. (XVI-N.)
> H. 1,97. — L. 1,63.

DEVÉRIA (Eugène-François-Marie-Joseph); Paris 1805 —
     Pau 1865.

250. La Naissance de Henri IV. (VIII-S.)
> H. 4,84. — L. 3,92.

250ᴬ. Esquisse du plafond de la troisième salle de céramique
     grecque. — Puget présentant le Milon de Crotone à
     Louis XIV (*Acquis en* 1898).
> H. 0,45. — L. 0,38.

★ Plafond de la salle de la Poterie étrusque trouvée à Chiusi
     (Céramique antique).
> (Voir aux Peintures décoratives, p. 224.)

DIAZ DE LA PEÑA (Narcisse) ; Bordeaux 1809 — Menton 1876.

251. Les Pyrénées; étude (*Acquis en* 1877). (XXXVII.)
> H. 0,20. — L. 0,26.

252. Etude de bouleau. (XXXVII.)
> H. 0,32. — L. 0,22.

253. Sous bois; étude (*Acquis en* 1877). (XXXVII.)
H. 0,31. — L. 0,42.

254. A la reine Blanche; étude. (XXXVII.)
H. 0,32. — L. 0,42.

255. Les Bohémiens. (XXXVII.)
H. 0,54. — L. 0,37.

256. La Fée aux perles. (XXXVII.)
H. 0,66. — L. 0,41.

257. « N'entrez pas ! » (*Legs de M. van Ouwenhuysen*). (XXXVII.)
H. 0,61. — L. 0,50.
(Voir au supplément, collection Thomy Thiéry, page 236.)

DOMENCHIN DE CHAVANNE (PIERRE-SALOMON); Paris 1673 — 1744.

258. Les Pasteurs.
H. 1,50. — L. 1,90.

DORIGNY (MICHEL); Saint-Quentin 1617 — Paris 1665.

259. Flore et Zéphire. (XVI-S.)
H. 3,00. — L 2,50.

DOYEN (GABRIEL-FRANÇOIS); Paris 1726 — Saint-Pétersbourg 1806.

260. Triomphe d'Amphitrite (XVI-S).
H. 2,90. — L. 2,41.

260¹. Esquisse du tableau de Sainte-Geneviève des Ardents, qui se trouve à l'église Saint-Roch (*Acquis en* 1891). (XVI-S.)
H. 0,80. — L. 0,50.

DROLLING (MARTIN); Oberhergheim, près Colmar, 1752 — Paris 1817.

261. Intérieur d'une cuisine. (XV.-S.)
H. 0,66. — L. 0,81.

262. Femme à une fenêtre (*Coll. La Caze*). (I-S.)
H. 0,11. — L. 0,13.

263. Joueur de violon à une fenêtre (*Coll. La Caze*). (I-S.)
H. 0,15¹/₂. — L. 0,14.

DROLLING (MICHEL-MARTIN); Paris 1786 — 1851.

★★ Plafonds de la première salle des Vases italo-grecs (Céramique antique) et de la salle III des Dessins.
(Voir aux Peintures décoratives, p. 226 et 231.)

DROUAIS (HUBERT); La Roque (Eure) 1699 — Paris 1767.

264. Portrait du peintre Joseph Christophe. (XV.)
H. 1,26. — L. 0,95.

265. Portrait du sculpteur Robert Le Lorrain (*Don de M. Maréchal*).
H. 1,30. — L. 0,96.

DROUAIS (FRANÇOIS-HUBERT); Paris 1727 — 1775.

266. Portraits de Charles-Philippe de France, comte d'Artois (depuis Charles X), et de Marie-Adélaïde-Clotilde-Xavière de France (madame Clotilde, depuis reine de Sardaigne). (Deuxième salle des meubles du XVIIIᵉ siècle.)
H. 1,28. — L. 0,96.

267. Portrait du sculpteur Edme Bouchardon. (XV.)
H. 1,26. — L. 0,96.

268. Portrait du sculpteur Coustou le fils. (Salle des dessins français du XVIIIᵉ siècle.)
H. 1,27. — L. 0,95.

DROUAIS (JEAN-GERMAIN); Paris 1763 — Rome 1788.

269. Le Christ et la Cananéenne. (XVI-S.)
H. 1,14. — L. 1,46.

270. Marius à Minturnes.
H. 2,72. — L. 3,65.

DUBOIS (AMBROISE); Anvers 1543 — Fontainebleau 1614.

271. Chariclée subit l'épreuve du feu; elle est reconnue par le roi Hydaspe et la reine Persina dont elle est la fille (XI.)
H. 1,90. — L. 1,40.

272. Le Baptême de Clorinde. (XI.)
> H. 1,70 — L. 210.

DUBUFE (EDOUARD); Paris 1820 — Versailles 1883.

272ᴬ. Portrait du peintre Philippe Rousseau (*Don de M. Rossigneux*). (XV.)
> H. 0,91. — L. 1,13.

DUFRESNOY (CHARLES-ALPHONSE); Paris 1611 — Villiers-le-Bel (Seine-et-Oise) 1668.

274. Les Naïades.
> H. 2,36. — L. 1,45.

DUMONT (JACQUES), dit *le Romain;* Paris 1700 — 1781.

275. Mme Mercier, nourrice du duc d'Anjou (Louis XV), entourée de sa famille (*Acquis en* 1888). (Salle des dessins français du XVIIIᵉ siècle.)
> H. 2,23. — L. 3,80.

DUPLESSIS (JOSEPH-SILFRÈDE); Carpentras 1725 — Versailles 1802.

276. Portrait du sculpteur Christophe-Gabriel Allegrain. (XV.)
> H. 1,26. — L. 0,95.

277. Portrait du peintre Joseph-Marie Vien.
> H. 1,30. — L. 0,98.

DUPRÉ (JULES). Voir au supplément, collection Thomy Thiery, page 230 et page 235.

DURAMEAU (LOUIS-JACQUES); Paris 1733 — Versailles 1796.

✶ L'Été. Peinture encastrée dans la voûte de la Galerie d'Apollon.
> (Voir aux Peintures décoratives, p. 222.)

FABRE (FRANÇOIS-XAVIER); Montpellier 1766 — 1837.

278. Néoptolème et Ulysse enlèvent à Philoctète les flèches d'Hercule.
> H. 2,90. — L. 1,55.

FAVRAY (Le chevalier ANTOINE DE); Bagnolet (Seine) 1706 — Malte 1791.

279. Dames de Malte se rendant visite. (XVI-N.)
H. 0,49. — L. 0,65.

280. Portrait de jeune femme maltaise (*Coll. La Caze*). (I-O.)
H. 0,78. — L. 0,62.

FERDINAND (LOUIS ELLE), dit *le Vieux;* Paris 1612 — Paris 1689.

281. Portrait du sculpteur Thomas Regnaudin. (XV.)
H. 1,18. — L. 0,89.

FERDINAND (LOUIS ELLE) fils; Paris 1648 — Rennes 1717.

282. Portrait de Samuel Bernard, peintre en miniature, père du fameux banquier Samuel Bernard. (XV.)
H. 1,22. — L. 1,12.

FLANDRIN (JEAN-HIPPOLYTE); Lyon 1809 — Rome 1864.

283. Figure d'étude.
H. 0,98. — L. 1,24.

284. Portrait de jeune fille (*Legs de M. Marcotte Genlis*). (VIII-E.)
H. 0,65. — L. 0,52.

285. Portrait de Mme Vinet (*Legs de M. E. Vinet*). (VIII-E.)
H. 0,60. — L. 0,52.

FLANDRIN (*d'après*).

285ᴬ. Portrait de Edouard Gatteaux, sculpteur et graveur en médailles (*Don de M. Paul Brame et de M. L. Orville*). (XV.)
H. 1,00. — L. 0,80

FLERS (CAMILLE); Paris 1802 — Annet (Seine-et-Marne) 1868.

286. Paysage. Environs de Paris. (XXXIX.)
H. 1,02. — L. 1,46.

FORBIN (LOUIS-NICOLAS-PHILIPPE-AUGUSTE, comte de); La Roque d'Antheron (Bouches-du-Rhône) 1777 — Paris 1841.

287. Intérieur du péristyle d'un monastère.

> H. 1,80. — L. 1,53.

FOUCQUET (JEAN); Tours, vers 1415 (?) — vers 1480.

288. Portrait de Guillaume Juvénal des Ursins, chancelier de France sous Charles VII et Louis XI. (IV-S.)

> H. 0,92. — L. 0,74.

289. Portrait de Charles VII, roi de France. (X.)

> H. 0,86. — L. 0,72.

FRAGONARD (JEAN-HONORÉ); Grasse 1732 — Paris 1806.

290. Le Grand Prêtre Corésus se sacrifie pour sauver Callirhoé. (XVI-S.)

291. La Leçon de musique (*Don de M. Walferdin*). (XVI-S.)

> H. 1,10. — L. 1,20.

292. L'Heure du berger (*Coll. La Caze*). (I-O.)

> H. 0,47. — L. 0,41.

293. Les Baigneuses (*Coll. La Caze*). (I-O.)

> H. 0,65. — L. 0,81.

294. Bacchante endormie (*Coll. La Caze*). (I-O.)

> H. 0,46. — L. 0,55.

295. La Chemise enlevée (*Coll. La Caze*). (I-O.)

> H. 0,35. — L. 0,42.

296. La Musique (*Coll. La Caze*). (I-O.)

> H. 0,80. - L. 0,65.

297. L'Étude (*Coll. La Caze*). (I-O.)

> H. 0,80. — L. 0,65.

298. L'Inspiration (*Coll. La Caze*). (I-O.)

> H. 0,80. — L. 0,65.

299. Figure de fantaisie (*Coll. La Caze*). (I-O.)

> H. 0,80. — L. 0,55.

300. Jeune Femme (*Coll. La Caze*). (I-O.)

H. 0,47. — L. 0,32.

301. L'Orage (*Coll. La Caze*). (I-O.)

H. 0,73. — L. 0,96.

302. Portrait de Fragonard (*Don de M. Wells*). (XV.)

H. 0,58. — L. 0,44.

FRAGONARD (*Attribué à*).

303. Figure d'homme agenouillé et buvant (*Coll. La Caze*). (I-O.)

H. 1,00. — L. 0,70.

FRAGONARD (ALEXANDRE-ÉVARISTE); Grasse 1780 — Paris
1850.

★★★★ Plafonds de la salle des Antiquités étrusques trouvées à
Cervetri et de la salle des Vases grecs à figures noires
(Céramique antique).

Peintures en grisailles dans la salle I du Musée Charles X
(Antiquités égyptiennes) et dans la salle VI (Céramique
grecque venant de Cyrénaïque, etc.).

(Voir aux Peintures décoratives, p. 225, 226 et 228.)

FRÉMINET (MARTIN); Paris 1567 — 1619.

304. Mercure ordonne à Enée d'abandonner Didon. (XI.)

H. 2,49. — L. 1,78.

FRESNOY (CH.-A. DU). — Voir Dufresnoy.

FROMENT (NICOLAS), d'Avignon, peintre du roi René, travaillait de 1461 à 1482.

304ᴬ. Portrait du bon roi René et de sa seconde femme Jeanne
de Laval. — Diptyque exécuté pour être donné par le
roi René à Jean de Matheron, d'Aix en Provence (*Acquis
en* 1891). (X.)

H. 0,175. — L. 0,137.

FROMENTIN (Eugène); La Rochelle 1820 — 1876.

305. Chasse au faucon en Algérie; la curée. (XXXIX.)
H. 1,62. — L. 1,16.

306. Le Campement arabe. (VIII-E.)
H. 1,02. — L. 1,42.

307. Femmes arabes au bord du Nil (*Legs de Mme Vve Boucicaut*). (XXXIX.)
H. 1,20. — L. 1,05.
(Voir au supplément, collection Thomy Thiéry, page 231.)

GARNIER (Étienne-Barthélemy); Paris 1759 — 1849.

★ Peinture dans la Salle grecque.
(Voir aux Peintures décoratives, p. 218.)

GASCARD (Henri); Paris 1635 — Rome 1701.

308. Portrait du peintre Louis El ou Elle, dit Ferdinand le Vieux. (XV.)
H. 1,15. — L. 0,90.

309. Portrait du peintre Pierre de Sève, le Jeune. (XV.)
H. 1,15. — L. 0,82.

GASSIES (Jean-Bruno); Bordeaux 1786 — Paris 1832.

★ Décoration des voussures de la salle I des Dessins.
(Voir aux Peintures décoratives, p. 230.)

GELLÉE (Claude), dit **CLAUDE LORRAIN**; au château de Chamagne, diocèse de Toul, 1600 — Rome 1682.

310. Vue d'un port; effet de soleil levant. (XIV-N.)
H. 0,56. — L. 0,72.

311. Vue du Campo Vaccino, à Rome. (XIV-N.)
H. 0,56. — L. 0,72.

312. La Fête villageoise. (XIV-S.)
H. 1,03. — L. 1,35.

313. Un Port de mer au soleil couchant. (XIV-S.)
H. 1,03. — L. 1,37.

314. Le Débarquement de Cléopâtre à Tarse. (XIV-N.)
H. 1,19. — L. 1,70.

315. David sacré roi par Samuel. (XIV-S.)
H. 1,19. — L. 1,50.

316. Ulysse remet Chryséis à son père. (XIV-N.)
H. 1,19. — L. 1,50.

317. Vue d'un port de mer ; effet de soleil voilé par une brume. (XIV-S.)
H. 1,19. — L. 1,50.

318. Un Port de mer. (XIV-N.)
H. 1,05. — L. 1,50.

319. Marine.
H. 0,33. — L. 0,42.

320. Paysage.
H. 0,33. — L. 0,42.

321. Paysage. (XIV-S.)
H. 0,52. — L. 0,69.

322. Le Gué. (XIV-S.)
H. 1,18. — L. 1,00.

323. Entrée d'un port, vue de la mer. (XIV-S.)
H. 0,64. — L. 1,01.

324. Siège de la Rochelle prise par Louis XIII le 8 octobre 1628. (XIV-N.)
H. 0,28. — L. 0,12.

325. Le Pas de Suze forcé par Louis XIII en 1629. (XIV-N.)
H. 1,28. — L. 0,42.

GELLÉE (*Attribué à* CLAUDE).

326. Paysage (*Coll. La Caze*). (I-E.)
H. 0,22 ¹/₂. — L. 0,53.

GÉRARD (FRANÇOIS-PASCAL-SIMON, baron); Rome 1770 —
Paris 1837.

327. Entrée d'Henri IV à Paris le 22 mars 1594.
H. 1,73. — L. 3,25.

328. Psyché reçoit le premier baiser de l'Amour. (III-O.)
H. 1,86. — L. 1,32.

329. Daphnis et Chloé. (II.-O.)
H. 2,04. — L. 2,31.

330. La Victoire et la Renommée. (Escalier Mollien.)
H. 4,35. — L. 2,00.

331. L'Histoire et la Poésie. (Escalier Mollien.)
H. 4,35. — L. 2,00.

332. Portrait de M. Isabey, peintre en miniature, et de sa fille
(depuis Mme Ciceri). (III-O.)
H. 1,92. — L. 1,30.

333. Portrait du sculpteur Antonio Canova. (III N.)
H. 0,54 — L. 0,65.

334. Portrait du roi Charles X.
H. 0,87. — L. 0,74.

335. Portrait de l'impératrice Marie-Louise (*Coll. La Caze*). (I-E.)
H. 0,65. — L. 0,64.

336. Portrait de la comtesse Regnault de Saint-Jean-d'Angély
(*Legs de Mme de Sampayo*). (III-E.)
H. 0,99 — L. 0,75.

337. Portrait de la marquise Visconti (*Legs de la comtesse da
Porto*). (III-N.)
H. 2,24 — L. 1,44.

GÉRICAULT (JEAN-LOUIS-ANDRÉ-THÉODORE); Rouen 1791 —
Paris 1824.

338. Le Radeau de la Méduse. (III-E.)
H. 4,91. — L. 7,46.

339. Officier de chasseurs à cheval de la garde impériale, char-
     geant. — Portrait équestre de M. D[ieudonné], officier
     des guides de l'Empereur. (III-S.)
     H. 2,92. — L. 1,94.

340. Officier de chasseurs à cheval de la garde impériale (*Don
     de M. His de la Salle*). (III-S.)
     H. 0,52. — L. 0,38.

341. Cuirassier blessé quittant le feu. (III-S.)
     H. 2,92. — L. 2,27.

342. Le Cuirassier blessé (*Don de M. His de la Salle*). (III-S.)
     H. 0,45. — L. 0,38.

343. Un Carabinier. (III-N.)
     H. 1,01. — L. 0,82.

344. Le Four à plâtre. (III-E.)
     H. 0,50. — L. 0,60.

345. Cheval turc dans une écurie.
     H. 0,35. — L. 0,25.

346. Cheval espagnol dans une écurie. (III-S.)
     H. 0,50. — L. 0,60.

347. Ecurie de cinq chevaux vus par la croupe.
     H. 0,38. — L. 0,46.

348. Course de chevaux à Epsom en 1821. (III-S.)
     H. 0,38. — L. 1,20.

349. La Course (*Don de M. His de la Salle*).
     H. 0,29. — L. 0,41.

350. Tête de chien bouledogue (*Don de M. His de la Salle*).
     H. 0,23. — L. 0,26.

351. Chevaux de course (*Coll. Coutan. — Don Hauguet, Schu-
     bert et Milliet*). (III-S.)
     H. 0,27. — L. 0,38.

352. Chevaux de course (*Coll. Coutan. — Don Hauguet, Schu-
     bert et Milliet*). (III-S.)
     H. 0,27. — L. 0,38.

353. Cheval (*Coll. Coutan. — Don Hauguet, Schubert et Milliet*).
H. 0,25. — L. 0,34.

354. Intérieur d'écurie (*Coll. Coutan. — Don Hauguet, Schubert et Milliet*). (iii-O.)
H. 0,38. — L. 0,46.

355. Tête de cheval (*Dón de M. Jules Jullienne Montini*). (iii-N.)
H. 0,65. — L. 0,54.

355ᴬ. L'épave, esquisse (*Don de M. A. Chaber*).
H. 0,18. — L. 0,23.

355ᴮ. Portrait présumé du peintre (*Acquis en* 1901). (xv.)
H. 1,47. — L. 1,14.

GÉRICAULT (d'après Prud'hon).

356. La Justice et la Vengeance divine poursuivant le Crime (*Don de M. Ilis de la Salle*). (iii-S.)
H. 0,30. — L. 0,42.

GEUSLAIN (Charles-Etienne); Paris 1685 — 1765.

357. Portrait du sculpteur François Barrois. (xv.)
H. 1,28. — L. 0,97.

358. Portrait du peintre Nicolas de Largillière. (xv.)
H. 1,26. — L. 0,95.

GIRAUD (Victor); Paris 1840 — 1871.

359. Un Marchand d'esclaves.
H. 2,38. — L. 4,45.

GIRODET DE ROUCY TRIOSON (Anne-Louis); Montargis 1767 — Paris 1824.

360. Scène du déluge. (iii-E.)
H. 4,31. — L. 3,41.

361. Le Sommeil d'Endymion. (ii-O.)
H. 1,99. — L. 2,61.

362. Atala au tombeau. (III-O.)
> H. 2,10. — L. 2,67.

362ᴬ. Portrait du baron Larrey (*Don de Mlle Dodu*). (III-E.)
> H. 0,65. — L. 0,55.

GLEYRE (CHARLES); Chevilly (Suisse) 1807 — 1876.
363. Les Illusions perdues. (VIII-O.)
> H. 1,37. — L. 2,40.

GOBERT (PIERRE), Fontainebleau 1662 — Paris 1744.
364. Portrait du sculpteur Corneille Van Clève. (XV.)
> H. 1,14. — L. 0,87.

GOSSE (NICOLAS-LOUIS-FRANÇOIS); Paris 1787 — 1877.
★★★★ Peintures en grisailles dans quatre salles du Musée Charles X.
> (Voir aux Peintures décoratives, p. 227, 229 et 230.

GOURMONT (JEAN DE). Vivait en 1557.
365. La Nativité. (X.)
> H. 0,95. — L. 1,16.

GRANET (FRANÇOIS-MARIUS); Aix en Provence 1775 — 1849.
366. Vue intérieure du Colisée.
> H. 1,25. — L. 1,60.

367. Le Peintre Sodoma porté à l'hôpital. (XVI-S.)
> H. 0,75. — L. 1,00.

GREUZE (JEAN-BAPTISTE); Tournus 1725 — Paris 1805.
368. L'Empereur Sévère reproche à Caracalla, son fils, d'avoir voulu l'assassiner. (XVI-E.)
> H. 1,24. — L. 1,60.

369. L'Accordée de village. (XVI-N.)
> H. 0,90. — L. 1,18.

370. La Malédiction paternelle. (XVI-E.)
H. 1,30. — L. 1,62.

371. Le Fils puni. (XVI-E.)
H. 1,30. — L. 1,62.

372. La Cruche cassée. (XVI-N.)
H. 1,10. — L. 0,85.

372ᴬ. La Laitière (*Legs de Mme la baronne Nathaniel de Rothschild*). (XVI-N.)
H. 1,08. — L. 0,85.

373. Portrait du peintre Étienne Jeaurat. (XV.)
H. 0,81. — L. 0,65.

373ᴬ. Portrait d'homme (*Acquis en* 1898). (CXVI-N.)
H. 0,69. — L. 0,58.

373ᴮ. Portrait du médecin Duval (*Acquis en* 1898). (XVI-N.)
H. 0,46. — L. 0,38.

374. Jeune fille; étude. (XVI-S.)
H. 0,41. — L. 0,33.

375. Jeune fille ; étude. (XVI-S.)
H. 0,41. — L. 0,33.

376. Tête de jeune fille (*Coll. La Caze*). (I-O.)
H. 0,46. — L. 0,38.

377. Danaë (*Coll. La Caze*). (I-O.)
H. 0,32. — L. 0,40.

378. Portrait de Gensonné (*Coll. La Caze*). (I-O.)
H. 0,55. — L. 0,46.

379. Portrait de Fabre d'Eglantine (*Coll. La Caze*). (I-O.)
H. 0,60. — L. 0,49.

380. Tête de jeune garçon (*Coll. La Caze*). (I-E.)
H. 0,41. — L. 0,32.

381. Portrait de Greuze. (XV.)
H. 0,74. — L. 0,60.

382. Portrait de Greuze (*Coll. La Caze*). (I-O.)
H. 0,65. — L. 0,52.

GREUZE (*École de*).

383. Portrait d'un jeune homme.
H. 0,66. — L. 0,53.

GRIMOU (JEAN-ALEXIS); Romont (Suisse) 1678 — Paris 1740.

384. Portrait de Grimou. (XVI-S.)
H. 1,00. — L. 0,85.

385. Un Buveur. (XVI-S.)
H. 1,00. — L. 0,85.

386. Portrait d'un jeune militaire. (XVI-S.)
H. 0,58. — L. 0,47.

387. Portrait d'un jeune militaire.
H. 0,81. — L. 0,55.

GROS (ANTOINE-JEAN, baron); Paris 1771 — 1835.

388. Le Général en chef Bonaparte visite les pestiférés de Jaffa
(11 mars 1799). (III-O.)
H. 5,32. — L. 7,20.

389. Napoléon sur le champ de bataille d'Eylau (9 février 1807).
(VIII-E.)
H. 5,33. — L. 8,00.

390. François Ier et Charles Quint visitant les tombeaux de
l'église de Saint-Denis. (VIII-O.)
H. 2,63. — L. 1,66.

391. Bonaparte à Arcole (*Coll. Coutan.* — *Don Hauguet, Schubert et Milliet*). (III-S.)
H. 0,72. — L. 0,59.

391A. Portrait de Christine Boyer, première femme du prince
Lucien Bonaparte (*Acquis en* 1894). (III-O.)
H. 2,14. — L. 1,32.

391B. Portrait du père du baron Gros (*Legs de M. Charles Muller*).
(III-E.)
H. 0,46. — L. 0,39.

392. Portrait d'Alcide de La Rivallière, élève de Gros (*Don de M. Pierre-Augustin Chevalier*). (III-O.)

H. 1,20. — L. 0,95.

392ᴬ. Portrait du lieutenant-général comte Fournier-Sarlovèze (*Don de M. B. Fournier-Sarlovèze*). (III-E.)

H. 2,46. — L, 1,73.

392ᴮ. Portrait d'homme (*Don de M. Kraemer*). (III-E.)

H. 0,44. — L. 0,36.

★★ Plafonds des salles I (Antiquités égyptiennes) et V (salle des Colonnes) du musée Charles X.

(Voir aux Peintures décoratives, p. 226 et 228.)

GUÉRIN (PIERRE-NARCISSE, baron) ; Paris 1774 — Rome 1833.

393. Le Retour de Marcus Sextus. (III-O.)

H. 2.41. — L. 2,40.

394. Offrande à Esculape.

H. 3,00. — L. 2,65.

395. Phèdre et Hippolyte.

H. 2,57. — L. 3,65.

396. Andromaque et Pyrrhus. (III-O.)

H. 3,42. — L. 4,57.

397. Enée racontant à Didon les malheurs de la ville de Troie. (XVI-N.)

H. 2,95. — L. 3,90.

397ᴬ. Énée et Didon (esquisse) ; première pensée du grand tableau (*Legs de M. Destouches*). (XVI-N.)

H. 0,35. — L. 0,45.

398. Clytemnestre. (III-E.)

H. 3,42. — L. 3,25.

399. L'Aurore et Céphale (*Legs de Mme la comtesse de Somma-riva*). (II-N.)

H. 2,52. — L. 1,83.

★ Deux génies. Médaillon du plafond de la salle des Antonins.

(Voir aux Peintures décoratives, p. 220.)

GUYARD (Mme), née Adélaïde Labille des Vertus (en secon-
des noces Mme Vincent); Paris 1749 — 1803.

400. Portrait du peintre Charles-Louis-Amédée Van Loo. (XV.)
H. 1,26. — L. 0,95.

HALLÉ (CLAUDE-GUY); Paris 1652 — 1736.

401. Portrait du sculpteur Simon Hurtrelle ou Hurtrel. (XV.)
H. 1,26. — L. 0,95.

HALLÉ (NOËL); Paris 1711 — 1781.

402. L'Automne.
H. 3,00. — L. 2,38.

403. Les Génies de la poésie, de l'histoire, de la physique et de
l'astronomie. (XVI-N.)
H. 3,20. — L. 3,20.

404. Libéralité de Cimon l'Athénien. (XVI-N.)
H. 3,20. — L. 3,20.

405. Dispute de Minerve et de Neptune. (XVI-N.)
H. 1,56. — L. 1,96.

HAMON (JEAN-LOUIS); Plouha (Côtes-du-Nord) 1821 — Saint-
Raphaël (Var) 1874.

406. La Comédie humaine. (VIII-O.)
H. 1,37. — L. 3,16.

HAUDEBOURT LESCOT (Mme ANTOINETTE-CÉCILE-HOR-
TENSE); Paris 1784 — 1845.

407. Portrait de Mme Haudebourt Lescot (*Don de Mme Buhner*).
(XV.)
H. 0,73. — L. 0,59.

HEIM (FRANÇOIS-JOSEPH); Belfort 1787 — Paris 1865.

408. Sujet tiré de l'histoire des juifs par Josèphe. (VIII-E.)
H. 3,92. — L. 4,60.

409. Le roi Charles X distribuant des récompenses aux artistes à la fin de l'exposition de 1824. (VIII-E.)

H. 1,72. — L. 2,56.

★★ Plafonds de la salle des Vases de style corinthien (céramique antique), et de la salle VIII (Vases italo-grecs, seconde salle) du musée Charles X.

(Voir aux Peintures décoratives, p. 225 et 229.)

HENNEQUIN (PHILIPPE-AUGUSTE); Lyon 1763 — Leuze, près de Tournai, 1833.

★ L'Hercule français. Peinture dans le plafond de la salle des Antonins.

(Voir aux Peintures décoratives, p. 220.)

HILAIRE (JEAN-BAPTISTE), travaillait en 1781.

410. La Lecture. (XVI-N.)

H. 1,36. — L. 1,17.

410ᴬ. La Musique. (XVI-N.)

H. 1,36. — L. 1,17.

HIRN (JEAN-GEORGE); Mulhouse 1777 — Logelbach, près Colmar, 1839.

410ᴮ. Fleurs et fruits (*Don de M. G.-A. Hirn*).

H. 0,98. — L. 0,87.

HUET (JEAN-BAPTISTE); Paris 1745 — 1811.

411. Chien attaquant deux oies. (Quatrième salle des meubles du XVIIIᵉ siècle.)

H. 1,30. — L. 1,62.

HUET (PAUL); Paris 1804 — 1868.

412. L'Inondation de Saint-Cloud (VIII-S.)

H. 2,04. — L. 3,04.

412ᴬ. Coucher de soleil à Senneport (*Don de M. René-Paul Huet*). (XXXII.)

H. 1,12. — L. 2,13.

413. Calme du matin. (XXXVII.)

H. 0,55. — L. 0.84.

414. Intérieur de forêt; étude (*Legs de M. Paul Huet*). (VIII-O.)

H. 0,67. — L. 1,02.

(Voir au supplément, page 000.)

HYRE ou HIRE (LAURENT DE LA). — V. La Hyre.

INGRES (JEAN-AUGUSTE-DOMINIQUE); Montauban 1780 — Paris 1867.

415. Jésus-Christ donne à saint Pierre les clés du paradis. (VIII-S.)

H. 2,58. — L. 2,15.

416. La Vierge à l'hostie. (II-O.)

Diam. 1,13 (forme ronde).

417. Homère déifié. (VIII-O.)

H. 3,86. — L. 5,15.

418. Chérubini, portrait historique. (VIII-E.)

H. 1,05. — L. 0,94.

419. Roger délivrant Angélique. (VIII-S.)

H. 1,43. — L. 1,90.

419ᴬ. Vénus Anadyomène (*Legs de M. Marcotte-Genlis*). (Salle des dessins de Ingres.)

H. 0,30. — L. 0,19.

420. Jeanne d'Arc assistant au sacre de Charles VII, dans la cathédrale de Reims. (VIII-S.)

H. 2,40. — L. 1,78.

421. Œdipe expliquant l'énigme (*Legs de Mme la comtesse Duchâtel*). (V.)

H. 1,85. — L. 1,45.

422. La Source (*Legs de Mme la comtesse Duchâtel*). (V.)

H. 1,65. — L. 0,80.

422ᴬ. La Source (*Legs de M.Marcotte-Genlis*). (Salle des dessins de Ingres.)

H. 0,24. — L. 0,15.

422ᴮ. La grande Odalisque (*Acquis en* 1899). (VIII-S.)
H. 0,91. — L. 1,62.

423. La Baigneuse (*Acquis en* 1879). (VIII-O.)
H. 1,45. — L. 0,98.

423ᴬ. Apothéose de Napoléon Iᵉʳ. — Esquisse d'un plafond de l'ancien Hôte cᴠille de Paris. (Salle des dessins de Ingres.)
Forme ronde. — Diam. 0,47.

424. La Chapelle Sixtine (*Coll. Contan. — Don Hauguet, Schubert et Milliet*). (Salle des dessins de Ingres.)
H. 0,69. — L. 0,59.

425. Portrait de M. Cordier (*Legs de Mme la comtesse Mortier, née Cordier*). (VIII-N.)
H. 0,90. — L. 0,70.

426. Portrait de M. Philibert Rivière, maître des requêtes (*Legs de Mme Vve Rivière*). (VIII-O.)
H. 1,16. — L. 0,90.

427. Portrait de Mme Rivière (Marie-Françoise Beauregard), femme de M. Philibert Rivière (*Legs de Mme Vve Rivière*). (VIII-O.)
H. 1,16. — L. 0,90.

428. Portrait de Mlle Rivière (*Legs de Mme Vve Rivière*). (VIII-O.)
H. 1,00. — L. 0,70.

428ᴬ. Portrait de M. Bochet, ami du peintre (*Acquis en* 1878). (VIII-N.)
H. 0,93. — L. 0,69.

428ᴮ. Portrait de M. Bertin (*Acquis en* 1897). (VIII-E.)
H. 1,16. — L. 1,93.

ISABEY (Eugène); Paris 1804 — Lagny 1886. Voir au supplément, collection Thomas Thiery, page 231 et page 236.

JACOBBER (Jakob Ber, dit); Blieskastel (Bavière) 1786 — Paris 1863. Naturalisé français.

429. Fleurs (*Legs de Mlle Aumont*). (II-N.)
H. 0,98. — L. 0,76.

430. Fleurs et fruits. (II-N.)
H. 1,00. — L. 0,80.

JOUVENET (JEAN), dit *le Grand*; Rouen 1644 — Paris 1717.

431. Jésus-Christ chez Marthe et Marie. (XIV-N.)
H. 1,48. — L. 1,10.

432. Jésus guérissant les malades.
H. 4,17. — L. 7,75.

433. La Pêche miraculeuse. (XIV-S.)
H. 3,92. — L. 6,64.

434. La Résurrection de Lazare. (XIV-S.)
H. 3,88. — L. 6,64.

435. Les Vendeurs chassés du temple.
H. 3,88. — L. 6,82.

436. Le Repas chez Simon le Pharisien.
H. 3,88. — L. 6,82.

437. La Descente de croix. (IV-O.)
H. 4,23. — L. 3,02.

438. L'Ascension. (XIV-S.)
H. 1,90. — L. 1,04.

439. L'Extrême-onction.
H. 2,33. — L. 1,72.

440. Vue du maître-autel de Notre-Dame de Paris. (XIV-S.)
H. 1,62. — L. 1,44.

440ᴬ. Esquisse du plafond de la Chambre des enquêtes du parlement de Rouen.
H. 1,36. — L. 1,09.

441. Portrait de Fagon, premier médecin du roi Louis XIV. (XIV-S.)
H. 0,74. — L. 0,60.

441ᴬ. Portrait de Jouvenet. (XV.)
H. 0,53. — L. 0,64.

LA BERGE (AUGUSTE-CHARLES DE); Paris 1805 — 1842.

442. Paysage (*Don de la famille*). (XXXVII.)
> H. 0,59. — L. 0,92.

443. Arrivée de la diligence dans un bourg de Normandie.
(XXXVII.)
> H. 1,50. — L. 2,85.

LA FOSSE (CHARLES DE); Paris 1636 — 1716.

444. Moïse sauvé des eaux. (XVI-S.)
> H. 1,25. — L. 1,10.

445. L'Annonciation de la Vierge. (XVI-S.)
> H. 1,10. — L. 1,25.

446. Le Mariage de la Vierge. (XVI-N.)
> H. 1,17. — L. 0,83.

447. Le Triomphe de Bacchus. (XVI-S.)
> H. 1,05. — L. 1,35.

LAGRENÉE (LOUIS-JEAN-FRANÇOIS), dit *l'Aîné;* Paris 1724 —
1805.

448. L'Enlèvement de Déjanire. (XVI-E.)
> H. 1,61. — L. 1,93.

LAGRENÉE (JEAN-JACQUES), dit *le Jeune;* Paris 1740 — 1821.

450. La Mélancolie. (XVI-N.)
> H. 0,51. — L. 0,63.

★ L'Hiver. Peinture encastrée dans la voûte de la Galerie
d'Apollon.
> (Voir aux Peintures décoratives, p. 222.)

LAGRENÉE (*Attribué à* JEAN-JACQUES).

451. Les Trois Grâces. (XVI-S.)
> H. 1,16. — L. 1,34.

LA HYRE (LAURENT DE); Paris 1606 — 1656.

452. La Vierge et l'Enfant Jésus. (XIV-N.)
> H. 1,11. — L. 0,92.

453. L'Apparition de Jésus aux trois Maries. (XIV-N.)
> H. 3,95. — L. 2,51.

454. Saint Pierre guérissant les malades avec son ombre.
> H. 3,19. — L. 2,31.

455. Saint Pierre guérissant les malades; esquisse du tableau précédent. (XIV-N.)
> H. 0,66. — L 0,48.

456. Le pape Nicolas V, en 1449, se fait ouvrir le caveau qui contenait le corps de saint François d'Assise. (XIV-S.)
> H. 2,31. — L. 1,64.

457. Allégorie. La France reçoit la paix des mains de la Victoire. (XIV-N.)
> H. 3,25. — L. 1,62.

458. Paysage. (XIV-N.)
> H. 0,74. — L. 0,46.

459. Paysage.
> H. 0,66. — L. 0,87.

460. Paysage.
> H. 0,62. — L. 0,72.

LAMBERT (MARTIN); Paris 1630 — 1699.

461. Portraits de Henri Beaubrun et de Charles Beaubrun, son cousin, peintres de portraits. (XIV.-S)
> H. 1,46. — L. 1,80.

LANCRET (NICOLAS); Paris 1690 — 1743.

462. Le Printemps. (XVI-S.)
> H. 0,68. — L. 0,88.

463. L'Été. (XVI-S.)
> H. 0,68. — L. 0,88.

464. L'Automne. (XVI-S.)
> H. 0,68. — L. 0,88.

465. L'Hiver. (XVI-S.)
> H. 0,68. — L. 0,88.

466. Les Tourterelles. (XVI-N.)
> H. 0,16. — L. 0,21.

467. Le Nid d'oiseaux. (XVI-N.)
> H. 0,16. — L. 0,21.

468. La Leçon de musique. (XVI-N.)
> H. 0,88. — L. 0,93.

469. L'Innocence. (XVI-N.)
> H. 0,85. — L. 0,96.

470. Les Acteurs de la comédie italienne (*Coll. La Caze*). (I-O.)
> H. 0,25. — L. 0,22.

471. Le Gascon puni (*Coll. La Caze*). (I-O.)
> H. 0,28. — L. 0,36.

472. La Cage (*Coll. La Caze*). (I-O.)
> H. 0,38. — L. 0,27.

473. Deux Figures dans un paysage (*Coll. La Caze*). (I-O.)
> H. 0,24. — L. 0,18.

LANDON (CHARLES-PAUL); Nonant (Orne) 1760 — Paris 1826.
474. Léda. (XVI-E.)
> H. 2,04. — L. 1,49.

LANGLOIS (JÉROME-MARTIN); Paris 1779 — 1838.
476. Portrait du peintre David (*Don de M. Langlois*). (XV.)
> H. 0,83. — L. 0,75.

LANOUE (FÉLIX-HIPPOLYTE); Versailles 1812 — 1872.
477. Vue de la forêt de pins du Gombo, cascines de Pise.
(XXXIX.)
> H. 0,75. — L. 1,50.

478. Vue du Tibre, prise de l'Aqua-Acetosa ; campagne de Rome.
(Palier Henri II, 2ᵉ étage.)
H. 0,75. — L. 1,50.

LA PORTE (Henri-Horace-Roland de) ; (?) 1724 — 1793.

479. Vase, globe et instrument de musique. (xvi-N.)
H. 1,01. — L. 0,81.

480. Ustensiles sur une table de pierre (*Coll. La Caze*). (i-O.)
H. 0,92. — L. 0,73.

LARGILLIÈRE (Nicolas de) ; Paris 1656 — 1746.

481. Le Prévôt des marchands et les Échevins de la ville de
Paris (*Coll. La Caze*). (i-S.)
H. 0,31¹/₂. — L. 0,43.

482. Portrait de Charles Le Brun, premier peintre du roi. (xv.)
H. 2,32. — L. 1,87.

483. Portrait du comte de la Châtre. (xiv-N.)
H. 0,82. — L. 0,70.

484. Portrait de M. Du Vaucel (*Coll. La Caze*). (i-E.)
H. 1,37. — L. 1,05.

485. Portrait de jeune femme en Diane (*Coll. La Caze*). (i-E.)
H. 1,33. — L. 1,08.

486. Portrait d'homme (*Coll. La Caze*). (i-E.)
H. 0,81. — L. 0,65.

487. Portrait d'un échevin (*Coll. La Caze*). (i-E.)
H. 1,36. — L. 1,02.

488. Portrait du président de Laage (*Coll. La Caze*). (i-E.)
H. 1,39. — L. 1,07.

489. Portrait d'acteur représentant Apollon (*Coll. La Caze*). (i-O.)
H. 1,35. — L. 1,08.

490. Portrait d'un magistrat (*Coll. La Caze*). (i-O.)
H. 0,81. — L. 0,65.

490ᴬ. Portrait d'homme (*Coll. La Caze*). (I-O.)
> H. 0,92. — L. 0,68.

491. Portrait de Largillière, de sa femme et de sa fille (*Coll. La Caze*). (I-E.)
> H. 1,49. — L. 2,00.

492. Portrait du sculpteur Nicolas Coustou. (XV.)
> H. 0,96. — L. 0,77.

LE BOUTEUX (PIERRE); Paris 1683 — Lille 1750.

493. Portrait du peintre Guy-Louis Vernansal. (XV.)
> H. 1,26. — L. 0,95

LE BRUN (CHARLES); Paris 1619 — 1690.

494. L'Adoration des bergers. (XIV-S.)
> H. 1,51. — L. 2,13.

495. Le Sommeil de l'Enfant Jésus. (XIV-N.)
> H. 0,87. — L. 1,18.

496. Sainte Famille, dite *le Benedicite*. (XIV-N.)
> H. 1,39. — L. 0,89.

497. Le Christ servi dans le désert par les anges. (XIV-S.)
> H. 3,90. — L. 2,51.

498. Entrée de Jésus-Christ dans Jérusalem. (XIV-N.)
> H. 1,52. — L. 2,14.

499. Jésus portant sa croix. (XIV-O.)
> H. 1,53. — L. 2,14.

500. Jésus élevé en croix. (XIV-N.)
> H. 1,56. — L. 2,00.

501. Le Crucifix aux anges. (XIV-S.)
> H. 1,74. — L. 1,28.

502. Le Christ mort sur les genoux de la Vierge. (XIV-S.
> H. 1,46. — L. 2,22.

503. La Descente du Saint-Esprit.
> H. 3,17. — L. 2,65.

504. Le Martyre de saint Etienne. (XIV-S.)

H. 4,00. — L. 3,12.

505. Sainte Madeleine renonçant aux vanités de la vie.

H. 2,52. — L. 1,71.

508. La Mort de Caton.

H. 0,96. — L. 1,30.

509. Le Passage du Granique. (XIV-N.)

H. 4,70. — L. 10,29.

510. La Bataille d'Arbelles. (XIV-S.)

H. 4,70. — L. 12,65

511. La Tente de Darius. (XIV-S.)

H. 2,98. — L. 4,53.

512. Alexandre et Porus. (XIV-N.)

H. 4,70. — L. 12,64.

513. Entrée d'Alexandre dans Babylone. (XIV-S.)

H. 4,50. — L. 7,07.

514. La Chasse de Méléagre et d'Atalante. (XIV-N.)

H. 3,10. — L. 5,11.

515. La Mort de Méléagre. (XIV-N.)

H. 3,05. — L. 4,85.

517. Portrait de Charles-Alphonse du Fresnoy, peintre d'histoire et poète. (XIV-S.)

H. 0,76. — L. 0,59.

518. Portrait du peintre Louis Testelin. (XV.)

H. 0,64. — L. 0,52.

519. Portrait de Charles Le Brun dans sa jeunesse. (XIV-S.)

H. 1,04. — L. 0,85.

★★★ Le Soir ou Morphée; — la Nuit ou Diane; — le Triomphe des Eaux. Peintures de la voûte de la Galerie d'Apollon.

(Voir aux Peintures décoratives, p. 222.)

LE BRUN (*D'après* CHARLES).

★★ L'Aurore; — le Triomphe de la Terre. Peintures de la voûte de la Galerie d'Apollon.

> (Voir aux Peintures décoratives, p. 221 et 222.)

LE BRUN (Mme ÉLISABETH-LOUISE VIGÉE); Paris 1755 — 1842.

520. La Paix ramenant l'Abondance. (XVI-N.)

> H. 1,05. — L. 1,30.

521. Portrait de Mme Le Brun et de sa fille. (XV.)

> H. 1,30. — L. 0,94.

522. Portrait de Mme Le Brun et de sa fille (*Don de Mme Tripier Le Franc, née Le Brun*). (XVI-N.)

> H. 1,05. — L. 0,85.

523. Portrait de Jean Paesiello, compositeur de musique. (III-O.)

> H. 1,30. — L. 1,00.

524. Portrait du peintre Hubert Robert. (XV.)

> H. 1,05. — L. 0,85.

525. Portrait du peintre Joseph Vernet. (XV.)

> H. 0,92. — L. 0,72

526. Portrait de Mme Molé Raymond, de la Comédie-Français (*Legs de Mlle Raymond*). (XVI-N.)

> H. 1,04. — L. 0,76.

527. Portrait de Stanislas-Auguste Poniatowski, dernier roi de Pologne (*Legs de M. Tripier Le Franc*). (XVI-S.)

> H. 0,98. — L. 0,78.

LE CLERC (SÉBASTIEN); Paris 1676 — 1763.

528. La Mort de Saphire, femme d'Ananie. (XII.)

> H. 0,92. — L. 0,74.

LEFEBVRE (CLAUDE); Fontainebleau 1632 — Paris 1675.

529. Portrait d'un maître et de son élève. (XIV-S.)

> H. 1,34. — L. 1,10.

530. Portrait d'homme. (XIV-N.)
> H. 0,74. — L. 0,60.

LE FÈVRE (ROBERT); Bayeux 1756 — Paris 1830.

531. L'Amour désarmé par Vénus. (XVI-E.)
> H. 1,84. — L. 1,30.

531ᴬ. Portrait du peintre Carle Vernet (*Legs de M. Horace Paul Delaroche*). (XV.)
> H. 1,29. — L. 0,90.

LEGROS (JEAN); Paris 1671 — Le Pecq 1745.

532. Portrait du sculpteur Nicolas Coustou. (XV.)
> H. 1,25. — L. 0,95.

533. Portrait du peintre Claude-Guy Hallé. (XV.)
> H. 1,16. — L. 0,96.

LEMAIRE (FRANÇOIS); Maison-Rouge, commune d'Aufferville (Seine-et-Marne) 1620 — Paris 1688.

534. Portrait de Jacques Sarrazin. (XV.)
> H. 1,04. — L. 0,89.

LE MOINE ou **LE MOYNE** (FRANÇOIS); Paris 1688 — 1737.

535. L'Olympe, esquisse d'un plafond. (XVI-N.)
> H. 0,49. — L. 0,65.

536. Junon, Iris et Flore. (XVI-S.)
> H. 1,00. — L. 1,00.

537. Hercule et Omphale (*Coll. La Caze*). (I-E.)
> H. 1,84. — L. 1,49.

538. L'Éducation de l'Amour (*Coll. La Caze*). (I-S.)
> H. 0,25. — L. 0,32.

LE NAIN (les frères ANTOINE, LOUIS et MATHIEU), travaillaient au XVIIᵉ siècle.

539. La Crèche. (XIII.)
> H. 2,86. — L. 1,39.

540. Un Maréchal dans sa forge. (XIII.) *
>   H. 0,69. — L. 0,57.

541. Le Repas villageois.
>   H. 0,92. — L. 1,17.

542. Le Retour de la fenaison (*Legs de M. le vicomte de Saint-Albin*). (XIII.)
>   H. 0,58. — L. 0,74.

543. Portraits dans un intérieur (*Acquis en* 1888). (XIII.)
>   H. 0,27. — L. 0,37 1/2.

543ᴬ. Réunion de famille (*Don de M. Stéphane Bourgeois*). (XIII.)
>   H. 0,34. — L. 0,45.

544. Procession dans l'intérieur d'une église. (XIII.)
>   H. 0,34. — L. 0,65.

545. Portrait d'Henri II, duc de Montmorency, amiral et maréchal de France (*Coll. Sauvageot*). (XIII.)
>   H. 0,64. — L. 0,54.

546. Jeunes Gens jouant aux cartes (*Acquis en* 1874). (XIII.)
>   H. 0,13. — L. 0,16.

547. Le Reniement de saint Pierre (*Legs de M. Vallé*). (XIII.)
>   H. 0,97. — L. 1,52.

548. Repas de paysans (*Coll. La Caze*). (I-E.)
>   H. 0,97. — L. 0,122.

LÉPICIÉ (NICOLAS-BERNARD) ; Paris 1735 — 1784.

549. Cour d'une ferme. (XVI-S.)
>   H. 0,65. — L. 0,79.

549ᴬ. Portrait de Carle Vernet enfant (*Legs de M. Horace Paul Delaroche*). (XVI-N.)
>   H. 0,41. — L. 0,33.

LE PRINCE (JEAN-BAPTISTE); Metz 1733 — Saint-Denis-du-Port 1781.

550. Le Corps de garde. (XVI-S.)
>   H. 0,43. — L. 0,35.

LE PRINCE (A.-XAVIER); Paris 1799 — Nice 1826.

551. Embarquement de bestiaux dans le *Passager*, à Honfleur. (XXXVII.)
> H. 1,31. — L. 1,63.

552. Passage du Susten (canton d'Uri), en Suisse. (XXXVII.)
> H. 0,81. — L. 1,01.

LE SUEUR (EUSTACHE); Paris 1617 — 1655.

553. L'Ange du Seigneur apparaît dans le désert à Agar. (XIV-N.)
> H. 1,59. — L. 1,14.

554. Le Père de Tobie donnant des instructions à son fils. (XIII.)
> H. 1,48. — L. 1,16.

555. La Salutation angélique. (XIV-E.)
> H. 2,97. — L. 2,27.

556. Jésus portant sa croix. (XIV-S.)
> H. 0,61. — L. 1,26.

557. La Descente de croix. (XIV-S.)
> H. 1,34. — L. 1,32.

558. Apparition de Jésus à la Madeleine. (XIII.)
> H. 1,48. — L. 1,21.

559. Saint Gervais et Saint Protais, amenés devant Astasius, refusent de sacrifier à Jupiter. (XIV-N.)
> H. 3,57. — L. 6,84.

560. Prédication de saint Paul à Ephèse. (XIV-S.)
> H. 3,44. — L. 3,28.

561. Martyre de saint Laurent.
> H. 1,76. — L. 0,96.

562. Apparition de sainte Scholastique à saint Benoît. (XIV-S.)
> H. 1,44. — L. 1,30.

563. La Messe de saint Martin, évêque de Tours. (XIV-N.)
> H. 1,12. — L. 0,84.

PEINTURES EXÉCUTÉES POUR LE PETIT CLOITRE DES CHARTREUX DE PARIS, DE 1645 A 1648

(LA VIE DE SAINT BRUNO)

564. 1° Saint Bruno assiste au sermon de Raymond Diocrès. (XII.)
> H. 1,93. — L. 1,30.

565. 2° Mort de Raymond Diocrès. (XII.)
> H. 1,93. — L. 1,30.

566. 3° Raymond Diocrès répondant après sa mort. (XII.)
> H. 1,93. — L. 1,30.

567. 4° Saint Bruno en prière. (XII.)
> H. 1,93. — L. 1,30.

568. 5° Saint Bruno enseigne la théologie dans les écoles de Reims. (XII.)
> H. 1,93. — L. 1,30.

569. 6° Saint Bruno engage ses disciples et ses amis à quitter le monde. (XII.)
> H. 1,93. — L. 1,30.

570. 7° Songe de saint Bruno. (XII.)
> H. 1,93. — L. 1,30.

571. 8° Saint Bruno et ses compagnons, avant de partir pour Grenoble, distribuent tous leurs biens aux pauvres. (XII.)
> H. 1,93. — L. 1,30.

572. 9° Arrivée de saint Bruno à Grenoble, chez saint Hugues. (XII.)
> H. 1,93. — L. 1,30.

573. 10° Voyage à la Chartreuse. (XII.)
> H. 1,93. — L. 1,30.

574. 11° Saint Bruno fait construire le monastère. (XI.)
> H. 1,93. — L. 1,30.

575. 12° Saint Bruno prend l'habit monastique. (XII.)
> H. 1,93. — L. 1,30.

576. 13° Le pape Victor III confirme l'institution des Chartreux.
(XII.)
H. 1,93. — L. 1,30.

577. 14° Saint Bruno donne l'habit à plusieurs personnes. (XII.)
H. 1,93. — L. 1,30.

578. 15° Saint Bruno reçoit un message du pape. (XII.)
H. 1,93. — L. 1,30.

579. 16° Arrivée de saint Bruno à Rome. (XII.)
H. 1,93. — L. 1,30.

580. 17° Saint Bruno refuse l'archevêché de Reggio que lui offre
Urbain II. (XII.)
H. 1,93. — L. 1,30.

581. 18° Saint Bruno en prière dans sa cellule. (XII.)
H. 1,93. — L. 1,30.

582. 19° Rencontre de saint Bruno par le comte Roger. (XII.)
H. 1,93. — L. 1,30.

583. 20° Apparition de saint Bruno au comte Roger. (XII.)
H. 1,93. — L. 1,30.

584. 21° Mort de saint Bruno, le 6 octobre 1101. (XII.)
H. 1,93. — L. 1,30.

585. 22° Saint Bruno est enlevé au ciel. (XII.)
H. 1,93. — L. 1,30.

---

586. Saint Bruno et ses compagnons distribuent tous leurs biens
aux pauvres. Esquisse du n° 571. (XIII.)
H. 0,72. — L. 0,57.

587. Saint Bruno examine le plan de la Chartreuse de Rome. (XIII.)
H. 1,62. — L. 1,14.

588. Plan de l'ancienne Chartreuse de Paris, porté par deux
anges. (Salle des dessins français du XVII° siècle.)
H. 2,00. — L. 2,90.

589. Dédicace de l'église des Chartreux. (Salle des dessins français du XVII° siècle.)
H. 2,00. — L. 2,90.

590. Réunion d'artistes. (XIII.)
H. 1,36. — L. 1,95.

PEINTURES EXÉCUTÉES POUR LA DÉCORATION DE L'HOTEL LAMBERT

A PARIS

591. 1° La Naissance de l'Amour. (Salle des dessins français du
XVIe siècle.)

H. 1,83. — L. 1,27.

592. 2° Vénus présente l'Amour à Jupiter. (Salle des dessins
français du XVIe siècle.)

H. 1,00. — L. 1,97.

593. 3° L'Amour, réprimandé par sa mère, se réfugie dans les
bras de Cérès. (Salle des dessins français du XVIe siècle.)

H. 1,00. — L. 2,50.

594. 4° L'Amour reçoit l'hommage des dieux. (Salle des dessins
français du XVIe siècle.)

H. 1,00. — L. 1,97.

595. 5° L'Amour ordonne à Mercure d'annoncer son pouvoir à
l'univers. (Salle des dessins français du XVIe siècle.)

H. 1,00. — L. 2,50.

596. 6° L'Amour dérobe la foudre de Jupiter. (Salle des dessins
français du XVIIe siècle.)

Diam. 1,36. Forme ronde.

597. 7° Phaéton demande à Apollon la conduite du char du Soleil.
(Salle des dessins français du XVIIe siècle.)

H. 2,82. — L. 3,55.

598. 8° Clio, Euterpe et Thalie. (Salle des meubles du
XVIIe siècle.)

H. 1,32. — L. 1,30.

599. 9° Melpomène, Erato et Polymnie. (Salle des meubles du
XVIIe siècle.)

H. 1,32. — L. 1,38.

600. 10° Uranie. (Salle des dessins français du XVIIe siècle.)

H. 1,12. — L. 0,75.

601. 11° Terpsichore. (Salle des dessins français du XVII° siècle.)
H. 1,12. — L. 0,75.

602. 12° Calliope. (Salle des dessins français du XVII° siècle.)
H. 1,12. — L. 0,75.

603. 13° Ganymède enlevé par Jupiter. (Salle des dessins français du XVII° siècle.)
H. 1,27. — L. 1,10.

————

LE SUEUR (*Attribué à*).

605. Le Christ à la colonne. (XIV-N.)
H. 1,28. — L. 0,66.

LESUEUR (PIERRE); Paris (?) — Bordeaux 1786.

607. Portrait du peintre Robert Levrac Tournières. (XV.)
H. 1,25. — L. 0,96.

608. Portrait du peintre Charles André dit Carle Van Loo. (XV.)
H. 1,25. — L. 0,96.

LETHIÈRE (GUILLAUME-GUILLON); Sainte-Anne (Guadeloupe) 1760 — Paris 1832.

609. Brutus condamne ses fils à mort. (VIII-E.)
H. 4,36. — L. 7,62.

610. La Mort de Virginie (*Don de M. Boyard*). (VIII-O.)
H. 4,58. — L. 7,83.

★ Peinture d'un tympan dans la Salle des Antonins.
(Voir aux Peintures décoratives, p. 220.)

LORRAIN (CLAUDE GELLÉE dit CLAUDE LORRAIN). — V. Gellée.

LOUTHERBOURG (PHILIPPE-JACQUES); Strasbourg 1740 — Chiswick (Angleterre) 1812.

611. Le Passage du gué (*Legs de Mme Lanté*). (XVI-N.)
H. 0,72. — L. 0,58.

LUSURIER (CATHERINE) ; (?) 1752 — Paris 1781.

612. Portrait du peintre Jean-Germain Drouais, à l'âge de
     15 ans. (XV.)
> H. 0,80. — L. 0,65.

LYEN (JACQUES-FRANÇOIS DE). — Voir De Lyen.

MACHY (PIERRE-ANTOINE DE) ; Paris 1722 — 1807.

613. Un Temple en ruine. (III-N.)
> H. 1,62. — L. 1,30.

MARILHAT (PROSPER) ; Vertaizon (Puy-de-Dôme) 1811 —
     Paris 1847.

615. Ruines de la mosquée du khalife Hakem, au Caire (*Acquis
     en* 1877). (VIII-E.)
> H. 0,84. — L. 1,30.

615^A. Paysage (*Don de M. H. de la Salle*).
> H. 0,43. — L. 0,62.

MARTIN (JEAN-BAPTISTE), dit *l'Aîné* ; Paris 1659 — 1735.

616. Siège de Fribourg, en 1677. (Escalier de la Direction.)
> H. 2,25. — L. 1,85.

MARTIN (PIERRE-DENIS), dit *le Jeune* ; (?) vers 1673 — Paris
     1742.

617. Louis XIV se rendant à l'église de l'hôtel des Invalides le
     14 juillet 1701.
> H. 1,10. — L. 1,60.

618. Vue de Paris prise de la Rapée.
> H. 1,70. — L. 3,15.

MAUZAISSE (JEAN-BAPTISTE) ; Corbeil 1784 — Paris 1844.

619. Portrait de la mère de l'auteur. (III-E.)
> H. 0,70. — L. 0,53.

★★★★ Plafonds de la Rotonde de Mars, de la Salle des Bijoux antiques et de la salle IV des Dessins. — Grisailles dans le Vestibule de la galerie d'Apollon.

(Voir aux Peintures décoratives, p. 218, 223 et 231.)

MAYER (Mademoiselle CONSTANCE); Paris 1778 — 1821.

620. La Mère heureuse. (XVI-E.)

H. 1,92. — L. 1,45.

621. La Mère abandonnée. (XVI-E.)

H. 1,92. — L. 1,45.

622. Le Rêve du bonheur. (II-S.)

H. 1,32. — L. 1,84.

MEISSONIER (ERNEST); Lyon 1815 — Paris 1891. Voir au supplément, collection Thomy Thiery, page 232 et page 236.

MÉRIMÉE (JEAN-FRANÇOIS-LÉONOR); Paris 1757 — 1836.

★ Peinture d'un tympan dans la Salle grecque.

(Voir aux Peintures décoratives, p. 218.)

MEYNIER (CHARLES); Paris 1768 — 1832.

★★★★ Plafonds de la salle de Mécène, de la salle de vente des Photographies, de la salle V des Peintures et de la salle VII (Céramique grecque trouvée en Grèce) du musée Charles X.

(Voir aux Peintures décoratives, p. 219, 221 et 228.)

MICHALLON (ACHILLE-ETNA); Paris 1796 — 1822.

623. Paysage. (XVI E.)

H. 1,26. — L. 1,72.

624. La Mort de Roland. (Palier de l'Escalier de la collection Thomy Thiéry.)

H. 2,81. — L. 1,90.

625. Thésée poursuivant les Centaures. (VIII-N.)

H. 2,17. — L. 2,73.

MICHEL (GEORGES); Paris 1763 — 1843.

626. Aux environs de Montmartre. (XXXVII.)
    H. 0,63. — L. 0,78.

627. Intérieur de forêt. (XXXVII.)
    H. 0,63. — L. 0,78.

MIGNARD (PIERRE), surnommé *le Romain;* Troyes (Aube)
    1612 — Paris 1695.

628. La Vierge à la grappe. (XIV-N.)
    H. 1,23. — L. 0,95.

629. Jésus-Christ et la Samaritaine. (XIV-N.)
    H. 0,38. — L. 0,46.

630. Jésus sur le chemin du Calvaire. (XIV-N.)
    H. 1,50. — L. 1,98.

633. Saint Luc peignant la Vierge.
    H. 1,23. — L. 1,01.

634. Sainte Cécile chantant les louanges du Seigneur. (XIV-N.)
    H. 0,74. — L. 0,56.

637. Neptune offrant ses richesses à la France; allégorie à
    Louis XIV.
    H. 3,42. — L. 7,20.

638. Portraits en pied de Louis de France, dauphin, fils de
    Louis XIV (le grand dauphin), de sa femme et de ses
    enfants en bas âge. (XVI-N.)
    H. 2,32. — L. 3,04.

639. Portrait de Françoise d'Aubigné, marquise de Maintenon.
    (XIV-N.)
    H. 1,30. — L. 0,95.

640. Portrait de Pierre Mignard. (XV.)
    H. 2,35. — L. 1,88.

MILLET (JEAN-FRANÇOIS) ; Gréville (Manche) 1814 — Bar-
    bizon 1875.

641. Eglise de Gréville. (XXXIX.)
    H. 0,59. — L. 0,73.

642. Baigneuses. (XXXVII.)

H. 0,29. — L. 0,20.

642ᴬ. Paysanne allaitant (*Acquis en* 1896).

H. 0,81. — L. 0,54.

643. Le Printemps (*Don de Mme Hartmann*). (VIII-O.)

H. 0,85. — L. 1,10.

644. Les Glaneuses (*Don de Mme Vve Pommery*). (VIII-O.)

H. 0,84. — L. 1,12.

(Voir au supplément, collection Thomy Thiéry, page 232.)

MONNOYER (JEAN-BAPTISTE), dit BAPTISTE; Lille 1634 — Londres 1699.

645. Vase d'or avec des fleurs, et perroquet rouge.

H. 1,26. — L. 1,10.

646. Vase d'or avec des fleurs.

H. 1,10. — L. 1,35.

647. Fruits, vase de porcelaine et tapis.

H. 1,08. — L. 1,06.

648. Fleurs (*Coll. La Caze*). (I-O.)

H. 0,89. — L. 0,89.

649. Vase orné de fleurs (*Coll. La Caze*). (2ᵉ salle des meubles du XVIIIᵉ siècle.)

H. 0,89. — L. 1,79.

MOREAU (LOUIS-GABRIEL); Paris 1740 — 1806.

650. Vue prise aux environs de Paris (*Acquis en* 1872). (XVI-S.)

H. 0,45. — L. 0,84.

651. Vue des coteaux de Meudon prise du parc de Saint-Cloud (*Acquis en* 1892). (XVI-S.)

H. 0.54. — L. 0.79.

MOREAU (*Attribué à* LOUIS-GABRIEL).

651ᴬ. Paysage (*Acquis en* 1893). (XVI-S.)

H. 0,64. — L. 0,54.

MOSNIER ou **MONIER** (JEAN); Blois 1600 — 1656.

652. La Magnificence royale.

H. 2,70. — L. 1,70.

MOSNIER (JEAN-LAURENT); Paris 1746 — après 1789.

653. Portrait de Louis-Jean-François Lagrenée, dit *l'Aîné*. (XV.)

H. 1,29. — L. 0,98.

NATOIRE (CHARLES-JOSEPH); Nîmes 1700 — Castel Gandolfo près Rome 1777.

654. Les Trois Grâces. (Troisième salle des meubles du XVIIIᵉ siècle.)

H. 0,92. — L. 1,38.

655. Junon. (Troisième salle des meubles du XVIIIᵉ siècle.)

H. 1,00. — L. 1,32.

656. Triomphe de Bacchus.

H. 1,62. — L. 1,95.

NATTIER (JEAN-MARC); Paris 1685 — 1766.

657. La Madeleine. (XVI-S.)

H. 0,71. — L. 0,76.

658. Portrait en pied de Madame Adélaïde de France, quatrième fille de Louis XV. (Première salle des meubles du XVIIIᵉ siècle.)

H. 2,22. — L. 1,48.

659. Portrait de Mlle de Lambesc et du jeune comte de Brienne (*Coll. La Caze*). (I-O.)

H. 1,91. — L. 1,59.

660. Portrait d'un chevalier de Malte (*Coll. La Caze*). (I-O.)

H. 0,81. — L. 0,65.

661. Portrait de l'une des filles de Louis XV en vestale (*Coll. La Caze*). (I-O.)

H. 0,81. — L. 0,65.

661ᴬ. Portrait de jeune femme (*Legs du Dʳ Malécot*). (XVI-N.)

H. 0,81. — L. 0,65.

NOCRET (CHARLES); Paris 1647 — 1719.

662. Portrait du peintre Jean Nocret. (XV.)
H. 1,50. — L. 1,25.

NONNOTTE (DONATIEN); Besançon 1708 — Lyon 1785.

663. Portrait du peintre Sébastien Le Clerc. (XV.)
H. 1,26. — L. 0,95.

663ᴬ. Portrait de Jean-Gabriel Charvet (*Don de M. Charvet*). (XVI-O.)
H. 0,58. — L. 0,47.

OCTAVIEN (FRANÇOIS); Rome (?) —Paris 1736.

664. La Foire de Vesoul. (XVI-E.)
H. 1,35. — L. 1,95.

OLLIVIER (MICHEL-BARTHÉLEMY); Marseille 1712 — Paris 1784.

665. Le Thé à l'anglaise dans le salon des quatre glaces au Temple, avec toute la cour du prince de Conti écoutant le jeune Mozart. (XVI-N.)
H. 0,35, — L. 0,68.

OUDRY (JEAN-BAPTISTE); Paris 1686 — Beauvais 1755.

666. Blanche, chienne de la meute de Louis XV. (XVI-S.)
H. 1,22. — L. 1,56.

667. La Chasse au loup. (XVI-S.)
H. 2,67. — L. 3,55.

668. Un Chien gardant des pièces de gibier. (XVI-S.)
H. 1,20. — L. 1,62.

669. Combat de deux coqs. (XVI-S.)
H. 1,16. — L. 1,30.

670. La Ferme. (XVI-N.)
H. 1,30. — L. 2,12.

671. Un Chien avec une jatte près de lui. (XVI-S.)
H. 1,15. — L. 1,35.

672. Paysage. (XVI-S.)
> H. 1,06. — L. 1,40.

673. Basse et Cahier de musique (*Coll. La Caze*). (I-O.)
> H. 0,81. — L. 0,99.

PAGNEST (AMABLE-LOUIS-CLAUDE); Paris 1790 — 1819.

674. Portrait de M. de Nanteuil-Lanorville. (III-O.)
> H. 1,27. — L. 1,02.

675. Portrait en buste du général de Salle. (III-S.)
> H. 0,66. — L. 0,56.

PAJOU (JACQUES-AUGUSTIN-CATHERINE); Paris 1776 — 1828.

675ᴬ. Portrait d'un modèle de Greuze (*Don de M. Kraemer*). (XVI-S.)
> H. 0,44. — L. 0,36.

PARROCEL (JOSEPH), dit *des Batailles;* Brignolles 1648 — Paris 1704.

676. Une Bataille; esquisse.
> H. 0,46. — L. 0,62.

677. Une Bataille; esquisse.
> H. 0,46. — L. 0,62.

678. Le Passage du Rhin par l'armée de Louis XIV, en 1672. (XVI-N.)
> H. 2,34. — L. 1,64.

PARROCEL (CHARLES); Paris 1688 — 1752.

679. Une Halte de la maison du roi. (XVI-S.)
> H. 2,22. — L. 2,49.

PATEL (PIERRE), le père; vers 1620 — Paris 1676.

680. Paysage. Josabeth exposant Moïse sur le Nil. (XIV-S.)
> H. 0,92. — L. 0,82.

681. Paysage. Moïse enterrant sous le sable l'Egyptien qu'il avait tué. (XIV-S.)
> H. 0,92. — L. 0,82.

682. Paysage. (XVI-N.)
H. 0,73. — L. 1,50.

683. Paysage orné d'architecture. (XIV-N.)
H. 0,76. — L. 0,38.

PATEL (PIERRE-ANTOINE), le fils ; 1648 ou 1654 — Paris 1708.

684. Le Mois de janvier. (XVI-N.)
H. 0,45. — L. 0,65.

685. Le Mois d'avril. (XIV-S.)
H. 0,44. — L. 0,68.

686. Le Mois d'août. (XIV-S.)
H. 0,45. — L. 0,65.

687. Le Mois de septembre. (XVI-N.)
H. 0,45. — L. 0,65.

688. Paysage. (XIV-S.)
H. 0,81. — L. 1,05.

PATER (JEAN-BAPTISTE-JOSEPH) ; Valenciennes 1695—Paris 1736.

689. Une Fête champêtre. (XVI-S.)
H. 1,14. — L. 1,54.

690. Réunion de comédiens dans un parc (*Coll. La Caze*). (I-O.)
H. 0,24. — L. 0,32.

691. La Toilette (*Coll. La Caze*). (I-O.)
H. 0,46. — L. 0,37.

692. Conversation dans un parc (*Coll. La Caze*). (I-O.)
H. 0,48. — L. 0,39.

693. La Baigneuse (*Coll. La Caze*). (I-O.)
H. 0,17. — L. 0,20.

PERIGNON (ALEXIS-NICOLAS) ; Paris 1785—1864.

693ᴀ. Portrait du baron Larrey (*Don de Mlle Dodu*). (III-N.)
H. 0,55. — L. 0,45.

PERRIER (FRANÇOIS) ; Saint-Jean-de-Losne 1590 — Paris 1656.

694. Acis et Galatée.
H. 0,97. — L. 1,30.

695. Orphée devant Pluton.
H. 0,54. — L. 0,70.

696. Enée et ses guerriers combattant les Harpies. (XIV-E.)
H. 1,50. — L. 2,20.

PERRONNEAU (JEAN-BAPTISTE) ; Paris 1715 — Amsterdam 1783.

697. Portrait du sculpteur Lambert-Sigisbert Adam l'aîné. (XV.)
H. 1,28. — L. 0,95.

698. Portrait du peintre Jean-Baptiste Oudry. (XVI-N.)
H. 1,28. — L. 0,95.

PESNE (ANTOINE); Paris 1683 — Berlin 1757.

699. Portrait du peintre Nicolas Vleughels. (XV.)
H. 1,30. — L. 0,90.

PEYRON (JEAN-FRANÇOIS-PIERRE); Aix 1744 — 1820.

700. Les Funérailles de Miltiade. (XVI-N.)
H. 1,06. — L. 1,38.

★ Peinture d'un tympan dans la Salle des Antonins.
(Voir aux Peintures décoratives, p. 220.)

PICOT (FRANÇOIS-ÉDOUARD); Paris 1786 — 1868.

★★ Plafonds des salles IV (Antiquités égyptiennes) et VI (Céra-
mique grecque — Cyrénaïque, Crimée, Tarse) du musée
Charles X.
(Voir aux Peintures décoratives, p. 227 et 228.)

PIERRE (JEAN-BAPTISTE-MARIE); Paris 1713 —1789.

701. Aglaure métamorphosée en pierre. (XVI-S.)
H. 3,20. — L. 3,20.

PILS (ISIDORE-ADRIEN-AUGUSTE); Paris 1815 — 1875.

702. Rouget de l'Isle chantant pour la première fois la *Marseil-
laise* chez Dietrich, maire de Strasbourg. (VIII-O.)
H. 0,69. — L. 0,93.

POTERLET ; Epernay 1802 — Paris 1835.

703. Dispute de Trissotin et de Vadius. (XXXVII.)
H. 0,86. — L. 1,18.

POUSSIN (NICOLAS) ; Les Andelys 1594 — Rome 1665.

704. Eliézer et Rébecca. (XIV-O.)
H. 1,17. — L. 1,98.

705. Moïse sauvé des eaux. (XIV-N.)
H. 0,85. — L. 1,20.

706. Moïse sauvé des eaux. (XIV-S.)
H. 1,21. — L. 1,95.

707. Moïse enfant foulant aux pieds la couronne de Pharaon.
(XIV-S.)
H. 0,92. — L. 1,28.

708. Moïse changeant en serpent la verge d'Aaron. (XIV-S.)
H. 0,92. — L. 1,28.

709. Les Israélites recueillant la manne dans le désert. (XIV-S.)
H. 0,49. — L. 2,00.

710. Les Philistins frappés de la peste. (XIV-S.)
H. 1,45. — L. 1,92.

711. Le Jugement de Salomon. (XIV-N.)
H. 1,01. — L. 1,50.

712. L'Adoration des Mages. (XIV-S.)
H. 1,63. — L. 1,74.

713. Sainte Famille. (XIV-S.)
H. 0,68. — L. 0,51.

714. Sainte Famille. (XIV-N.)
H. 0,94. — L. 1,22.

715. Les Aveugles de Jéricho. (XIV-S.)
H. 1,19. — L. 1,76.

716. La Femme adultère. (XIV-N.)
H. 1,22. — L. 1,95.

717. Jésus-Christ instituant le sacrement de l'Eucharistie. (XIV-O.)
H. 3,25. — L. 2,50.

718. L'Assomption de la Vierge. (xiv-S.)
H. 0,51. — L. 0,40.

719. Apparition de la Vierge à saint Jacques le Majeur. (xiv-O.)
H. 3,01. — L. 2,42.

720. La Mort de Saphire. (xiv-N.)
H. 1,22. — L. 2,00.

721. Saint Jean baptisant le peuple sur les bords du Jourdain. (xiv-N.)
H. 0,94. — L. 1,20.

722. Le Ravissement de saint Paul. (xiv-N.)
H. 1,48. — L. 1,20.

723. Saint François-Xavier rappelant à la vie la fille d'un habitant de Cangorima (dans le Japon). (iv-N.)
H. 4,44. — L. 2,34.

724. L'Enlèvement des Sabines. (xiv-S.)
H. 1,50. — L. 2,07.

725. Camille livre le maître d'école des Falisques à ses écoliers. (xiv-S.)
H. 2,52. — L. 2,68.

726. Le jeune Pyrrhus sauvé. (xiv-S.)
H. 1,16. — L. 1,60.

727. Mars et Vénus. (xiv-N.)
H. 0,81. — L. 1,45.

728. Mars et Rhéa Sylvia. (xiv-S.)
H. 0,74. — L. 1,45.

729. Bacchanale. (xiv-N.)
H. 0,97. — L. 1,36.

730. Bacchanale. (xiv-O.)
H. 1,21. — L. 1,75.

731. Echo et Narcisse. (iv-E.)
H. 0,74. — L. 0,99.

732. Le Triomphe de Flore. (xiv-N.)
H. 1,65. — L. 2,41.

733. Le Concert. (xiv-N.)

H. 0,57. — L. 0,52.

734. Les Bergers d'Arcadie. (xiv-N.)

H. 0,85. — L. 1,21.

735. Le Temps soustrait la Vérité aux atteintes de l'Envie et de la Discorde. (xiv-N.)

Diam. 2,97 (forme ronde).

736. Le Printemps ou le Paradis terrestre. (xiv-N.)

H. 1,17. — L. 1,60.

737. L'Été ou Ruth et Booz. (xiv-N.)

H. 1,17. — L. 1,60.

738. L'Automne ou la Grappe de la terre promise. (xiv-N.)

H. 1,17. — L. 1,60.

739. L'Hiver ou le Déluge. (xiv-N.)

H. 1,17. — L. 1,60.

740. Orphée et Eurydice ; paysage. (xiv-S.)

H. 1,20. — L. 2,00.

741. Diogène jetant son écuelle ; paysage. (iv-O.)

H. 1,61. — L. 2,20.

742. Apollon amoureux de Daphné. (xiv-S.)

H. 1,55. — L. 2,00.

743. Portrait de Poussin. (iv-S.)

H. 0,95. — L. 0,75.

PRUD'HON (Pierre); Cluny (Saône-et-Loire) 1758 — Paris 1823.

744. Le Christ sur la croix. (iii-N.)

H. 2,65. — L. 1,75.

745. Le Christ sur la croix, esquisse du tableau précédent (*Coll. Coutan. — Don Hauguet, Schubert et Milliet*). (iii-S.)

H. 0,23. — L. 0,16.

746. L'Assomption de la Vierge. (iii-S.)

H. 2,15. — L. 1,45.

747. La Justice et la Vengeance divine poursuivant le Crime. (III-O.)

H. 2,43. — L. 2,92.

748. Entrevue de Napoléon Ier et de l'empereur François II à Sarutschitz en Moravie, après la bataille d'Austerlitz. (VIII-S.)

H. 3,94. — L. 2,56.

749. Esquisse du plafond de la Salle grecque, au Louvre (*Don de M. His de la Salle*). (III-S.)

H. 0,34. — L. 0,34.

750. L'Etude (*Don de M. His de la Salle*). (III-S.)

H. 0,66. — L. 0,73.

751. Portrait de l'impératrice Joséphine. (III-E.)

H. 2,44. — L. 1,79.

752. Portrait de Mme Jarre (*Don de Mme Vve Jarre*). (III E.)

H. 0,65. — L. 0,55.

753. Portrait de jeune homme (*Acquis en* 1895). (III-E.)

H. 0,64. — L. 0,54. — Forme ovale.

754. Portrait du baron Denon, directeur général des musées, membre de l'Institut. (III-S.)

H. 0,66. — L. 0,51.

755. Portrait de Marie-Marguerite Lagnier (devenue plus tard Mme Versigny), peint en 1796 (*Don de la famille Versigny*). (III-E.)

H. 0,65. — L. 0,54.

756. L'Enlèvement de Psyché (*Legs de Mme la comtesse de Sommariva*). (III-O.)

H. 1,93. — L. 1,54.

757. Composition allégorique, en l'honneur du mariage de Napoléon Ier avec Marie-Louise. Esquisse (*Coll. Coutan. — Don Hauguel, Schubert et Milliet*). (III-S.)

H. 0,08. — L. 0,59.

758. La Sagesse ramenant la Vérité sur la Terre.

H. 3,50. — L. 3,50.

758ᴬ. Jeune fille taquinée par les Amours (*Acquis en* 1903) (Salle des dessins de Prud'hon.)

H. 0,27. — L. 0,22.

759. Portrait de M. Vallet (*Legs de Mme Sévène*). (III-E.)

H. 0,60. — L. 0,49.

★★ Plafond de la Salle grecque. — Génies des arts; médaillon du plafond de la Salle des Antonins.

(Voir aux Peintures décoratives, p. 218 et 220.)

PUGET (FRANÇOIS); ? — 1707.

760. Portrait du célèbre sculpteur Pierre Puget. (XV.)

H. 0,75. — L. 0,61.

761. Portraits de plusieurs musiciens et artistes. (XIV-S.)

H. 1,47. — L. 2,12.

PUJOL (ABEL-ALEXANDRE-DENIS de) ; Valenciennes 1785 — Paris 1861.

★★ Plafond et grisailles de la salle III, et grisailles de la salle II du musée Charles X (Antiquités égyptiennes).

(Voir aux Peintures décoratives, p. 227.)

RAFFET (DENIS-AUGUSTE-MARIE); Paris 1804 — Gênes 1860.

761ᴬ. Un grenadier, soldat d'infanterie de la 1ʳᵉ République (*Don de M. Cain*). (XXXVII.)

H. 0,31. — L. 0,23.

RANC (JEAN); Montpellier 1674 — Madrid 1735.

762. Portrait du peintre Nicolas Van Plattenberg, dit de Platte Montagne ou Montagne. (XV.)

H. 1,26. — L. 0,95.

763. Portrait du peintre François Verdier. (XV.)

H. 1,26. — L. 0,95.

RAOUX (JEAN); Montpellier 1677 — Paris 1734.

764. Télémaque raconte ses aventures à Calypso. (XVI-S.)

H. 1,14. — L. 1,48.

765. Jeune Fille lisant une lettre (*Coll. La Caze*). (I O.)
H. 1,00. — L. 0,81.

766. Pygmalion amoureux de sa statue. (XVI-S.)
H. 1,34. — L. 1,00.

REGNAULT (JEAN-BAPTISTE, baron); Paris 1754 — 1829.

767. Le Christ descendu de la croix. (XVI-E.)
H. 4,20. — L. 2,38.

768. Education d'Achille par le centaure Chiron. (XVI-S.)
H. 2,61. — L. 2,10.

769. Les Trois Grâces (*Coll. La Caze*). (I-O.)
H. 2,00. — L. 1,53.

REGNAULT (ALEXANDRE-GEORGES-HENRI); Paris 1843 — Buzen val 1871.

770. Portrait équestre de Juan Prim. (VIII-N.)
H. 3,15. — L. 2,58.

771. Exécution sans jugement sous les rois Maures de Grenade. (VIII-N.)
H. 3,02. — L. 1,47.

772. Portrait de la comtesse de Barck (*Acquis en* 1879). (XXXIX.)
H. 0,60. — L. 0,44.

RENOU (ANTOINE); Paris 1731 — 1806.

★ Castor. Peinture encastrée dans la voûte de la Galerie d'Apollon.
(Voir aux Peintures décoratives, p. 221.)

RESTOUT (JEAN); Rouen 1692 — Paris 1768.

773. Le Christ guérissant la paralytique. (XVI-N.)
H. 3,84. — L. 4,58.

774. Ananie impose les mains à saint Paul. (XVI S
H. 0,90. — L. 0,73.

775. Herminie chez le berger. (XVI-S.)
H. 1,00. — L. 1,40.

RESTOUT (JEAN-BERNARD) ; Paris 1732 — 1797.

776. Saint Bruno en prière dans le désert.
H. 0,47. — L. 0,56.

REVEL (GABRIEL) ; Château-Thierry 1643 — Dijon 1712.

777. Portrait du sculpteur François Girardon. (XV.)
H. 1,09. — L. 0,88.

RICARD (LOUIS-GUSTAVE) ; Marseille 1824 — Paris 1873.

778. Portrait de Ricard. (XV.)
H. 0,60. — L. 0,50.

778ᴬ. Portrait du peintre Heilbuth (*Legs de M. Heilbuth*). (XV.)
H. 0,66. — L. 0,58.

778ᴮ. Portrait de Paul de Musset (*Don de Mme P. de Musset*).
(XXXVII).
H. 0,82. — L. 0,65.

778ᶜ. Portrait de dame (*Legs de Mlle Goldber*). (XXXIX.)
H. 0,69. — L. 0,53.

RIESENER (HENRI-FRANÇOIS) ; Paris 1767 — 1828.

779. Portrait de M. Ravrio, fabricant de bronzes (*Don de M. Riesener*). (III-N.)
H. 1,17. — L. 0,90.

RIESENER (LOUIS-ANTOINE-LÉON) ; Paris 1808 — 1878.

779ᴬ. Bacchante (XXXIX.)
H. 1,16. — L. 1,34.

RIGAUD Y ROS (HYACINTHE-FRANÇOIS-HONORAT-MATHIAS-
PIERRE-ANDRÉ-JEAN) ; Perpignan 1659 — Paris 1743.

780. La Présentation au Temple. (XIV-N.)
H. 0.83. — L. 0,68.

781. Portrait du roi Louis XIV, peint en 1701. (XIV-N.)
H. 2,76. — L. 1,88.

782. Portrait de Philippe V, roi d'Espagne, peint en 1700. (xiv-N.)

H. 2,30. — L. 1,55.

783. Portrait de Jacques-Bénigne Bossuet, évêque de Meaux, peint en 1699. (xiv-N.)

H. 2,40. — L. 1,65.

784. Portraits de Marie Serre, mère de Rigaud. (xiv-N.)

H. 0,81. — L. 1,01.

785. Portrait de Martin van den Bogaert, sculpteur connu en France sous le nom de Desjardins. (xv.)

H. 1,41. — L. 1,06.

786. Portraits des peintres Charles Le Brun et Pierre Mignard. (Salle des derniers français du xviii⁰ siècle.)

H. 1,30. — L. 1,45.

787. Portrait de Jules Hardouin-Mansard, architecte et intendant des bâtiments du roi. (xv.)

H. 1,40. — L. 1,05.

788. Portraits de personnes inconnues. (xiv-N.)

H. 1,25. — L. 1,54.

789. Portraits de deux femmes et d'un homme inconnus. (xiv-N.)

H. 0,81. — L. 1,01.

790. Portrait de Robert de Cotte, premier architecte du roi, intendant des bâtiments et directeur de la monnaie des médailles. (xiv-S.)

H. 1,18. — L. 0,90.

791. Portrait du cardinal de Polignac (*Coll. La Caze*). (i-E.)

H. 1,40. — L. 1,10.

792. Portrait de J.-F.-P. de Créqui, duc de Lesdiguières, enfant (*Coll. La Caze*). (i-E.)

H. 0,81. — L. 0,65.

793. Portrait de P. de Bérulle, premier président au parlement de Grenoble (*Coll. La Caze*). (i-E.)

H. 1,39. — L. 1,07.

794. Portrait d'homme âgé (*Coll. La Caze*). (i-E.)

H. 0,81. — L. 0,64.

795. Portrait d'homme (*Coll. La Caze*). (I-E.)

H. 0,54. — L. 1,45.

796. Portrait de Rigaud. (Salle des derniers français du XVIIIe siècle.)

H. 1,29. — L. 0,97.

ROBERT (HUBERT); Paris 1733 — 1808.

797. L'Arc de triomphe de la ville d'Orange; au second plan, le monument et le petit arc de Saint-Remy; dans le fond, le théâtre d'Orange (*Legs de Mme Vve Hubert Robert*). (Salle des derniers français du XVIIIe siècle.)

H. 2,42. — L. 2,45.

798. La Maison Carrée, les Arènes et la tour Magne à Nîmes (*Legs de Mme Vve Hubert Robert*). (Salle des derniers français du XVIIIe siècle.)

H. 2,42. — L. 2,45.

799. Intérieur du temple de Diane à Nîmes. (XVI-N.)

H. 2,32. — L. 2,45.

800. Vue du pont du Gard. (Salle des derniers français du XVIIIe siècle.)

H. 2,42. — L. 2,45.

801. Ruines antiques. (XVI-N.)

H. 0,72. — L. 0,59.

802. L'Ancien Portique de Marc-Aurèle. (Troisième salle des meubles du XVIIIe siècle.)

H. 1,61. — L. 1,16.

803. Le Portique d'Octavie à Rome, servant de marché au poisson. (XVI-N.)

H. 1,61. — L. 1,16.

804. Temple circulaire surmonté d'un pigeonnier. (Palier de l'Escalier Mollien.)

H. 1,00. — L. 0,57.

805. Vue d'un parc. (Quatrième salle des meubles du XVIIIe siècle).

H. 1,71. — L. 0,98.

806. Ruines antiques. (XVI-N.)

H. 0,80. — L. 0,64.

807. Ruines d'un portique. (XVI-N.)

H. 1,40. — L. 0,93.

808. Ruines d'un temple. (XVI-S.)

H. 1,71. — L. 0,98.

809. Paysage. (XVI-S.)

H. 1,50. — L. 0,72.

810. Intérieur de parc. (XVI-S.)

H. 1,44. — L. 0,73.

811. Paysage. Jeune fille puisant de l'eau. (XVI-S.)

H. 0,40. — L. 0,33.

812. Fontaine sous un portique (*Coll. La Caze*). (I-O.)

H. 0,32. — L. 0,40.

813. Escalier tournant sur les marches duquel se voient trois figures debout (*Coll. La Caze*). (I-O.)

H. 0,25. — L. 0,34.

814. Paysage (*Coll. La Caze*). (I-O.)

H. 0,71. — L. 0,57.

815. Les Cascatelles de Tivoli (*Coll. La Caze*). (I-O.)

H. 0,73. — L. 0,61.

ROBERT (LÉOPOLD-LOUIS); La Chaux-de-Fonds (Suisse) 1794 — Venise 1835.

816. L'Arrivée des moissonneurs dans les marais Pontins. (VIII-O.)

H. 1,37. — L. 2,11.

817. Le Retour du pèlerinage à la Madone de l'Arc. (VIII-O.)

H. 1,37. — L. 2,14.

818. Paysanne de la campagne de Rome (*Don de M. His de la Salle*).

H. 0,45. — L. 0,37.

ROBERT FLEURY (JOSEPH-NICOLAS); Paris 1797 — 1890.

(Voir au supplément, page 238).

ROQUEPLAN (Camille) ; Mallemort (Bouches-du-Rhône) 1800 — Paris 1855.

819. Marine. Vue prise sur les côtes de Normandie.

> H. 1,04. — L. 1,58.

ROSLIN (Alexandre); Malmoé (Suède) 1718 — Paris 1793.

820. Jeune Fille ornant la statue de l'Amour d'une guirlande de fleurs. (Deuxième salle des meubles du XVIIIe siècle.)

> H. 1,40. — L. 1,05.

821. Portrait du peintre Joseph-Marie Vien (*Legs de M. Coubard*). (XV.)

> H. 0,50. — L. 0,38.

822. Portrait de Mme Vien (Marie-Thérèse Reboul), peintre (*Legs de M. Coubart*). (XV.)

> H. 0,50. — L. 0,38.

823. Portrait du peintre Hyacinthe Collin de Vermont. (XV.)

> H. 1,26. — L. 0,95.

824. Portrait du peintre Michel-François Dandré-Bardon. (XV.)

> H. 0,76. — L. 0,63.

825. Portrait du peintre Etienne Jeaurat. (Salle des derniers français du XVIIIe siècle.)

> H. 1,28. — L. 0,96.

826. Portrait de femme (*Coll. La Caze*). (I-E.)

> H. 0,61. — L. 0,46.

ROUGET (Georges); Paris 1784 — 1869.

826^A. Portrait de M. de Cailleux, secrétaire général des musées, membre de l'Institut (*Acquis en* 1891). (III-E.)

> H. 0,65. — L. 0,54.

826^B. Portraits de Mlles Françoise-Elisabeth et Gaspard-Pauline Mollien (*Don de la famille Ravaisson Mollien*). (II-N.)

> H. 1,30. — L. 0,97.

ROUSSEAU (THÉODORE); Paris 1812 — Barbizon 1867.

827. Sortie de forêt à Fontainebleau ; coucher de soleil. (VIII-N.)
> H. 1,12. — L. 1,96.

828. Lisière d'une forêt, esquisse. (XXXIX.)
> H. 0,29. — L. 0,59.

829. Le Vieux Dormoir du Bas-Bréau, dans la forêt de Fontainebleau. (VIII-O.)
> H. 0,65. — L. 1,03.

830. Le Marais dans les Landes (*Acquis en* 1881). (VIII-O.)
> H. 0,73. — L. 0,97.

831. Bord de rivière. (XXXVII.)
> H. 0,27. — L. 0,34.

832. Effet d'orage. (XXXVII.)
> H. 0,23. — L. 0,36.
>
> (Voir au supplément, collection Thomy Thiéry, page 234).

SAINT-JEAN (SIMON); Lyon 1808 — 1860.

833. Les Fleurs dans les ruines.
> H. 1,58. — L. 1,17.

834. La Récolte : raisins, pêches, prunes et melons. (II-S.)
> H. 1,78. — L. 1,17.

834ᴬ. Fleurs et fruits (*Legs du Dʳ Malécot*). (II-N.)
> H. 1,23. — L. 0,84.

834ᴮ. La Madone aux roses (II-N.).
> H. 1,25. — L. 0,68.

SANTERRE (JEAN-BAPTISTE); Magny (Seine-et-Oise) 1658 —
Paris 1717.

835. Suzanne au bain. (XVI-O.)
> H. 2,05. — L. 1,45.

836. Portrait de femme en costume vénitien. (XVI-S.)
> H. 0,90. — L. 0,72.

837. Portrait de Santerre (*Acquis en* 1889).
H. 0,90. — L. 0,80.

SCHEFFER (ARY); Dordrecht 1795 — Paris 1858.

838. La Mort de Géricault. (VIII-E.)
H. 0,38. — L. 0,46.

839. Les Femmes Souliotes.
H. 2,48. — L. 3,54.

840. La Tentation du Christ.
H. 3,38. — L. 2,35.

841. Saint Augustin et sa mère, sainte Monique. (VIII-E.)
H. 1,45. — L. 1,10.

842. Le Christ au roseau (*Legs de Mlle de Kattendyke*).
H. 1,15. — L. 0,87.

842ᴬ. Portrait de Villemain (*Legs de Mme Marjollin Scheffer*). (VIII-E.)
H. 1,07. — L. 0,90.

842ᴰ. Portrait de Lamennais (*Legs de Mme Marjollin Scheffer*). (VIII-E.)
H. 0,92. — L. 0,73.

842ᶜ. Portrait de Mlle de Fauveau (*Legs de Mme Marjollin Scheffer* (VIII-O.)
H. 1,04. — L. 0,72.

SCHNETZ (JEAN-VICTOR); Versailles 1787 — Paris 1870.

843. Vœu à la Madone. (VIII-E.)
H. 2,84. — L. 4,90.

844. Jeunesse de Sixte-Quint.
H. 1,55. — L. 1,60.

★ Plafond de la salle des Vases grecs à figures rouges (Céramique antique).
(Voir aux Peintures décoratives, p. 225 et 226.)

SERVANDONY (JEAN-NICOLAS); Lyon 1695 — Paris 1766.

845. Portrait de Servandony. (XV.)
H. 1,26. — L. 0,95.

SERVIN (ELIE-AMÉDÉE); Paris 1829 — Villiers-sur-Marne 1886.

845ᴬ. Le puits de mon charcutier (*Legs de M. Lûtz*). (XXXIX.)

H. 1,00. — L. 0,72.

SIGALON (XAVIER); Uzès (Gard) 1788 — Rome 1837.

846. La Vision de saint Jérôme. (XVI-E.)

H. 4,38. — L. 2,65.

847. La Jeune Courtisane. (II-N.)

H. 1,22. — L. 1,58.

SILVESTRE (*Attribué à* NICOLAS-CHARLES DE); Paris 1699 — Valenton (Seine-et-Oise) 1767.

848. Paysage. (XVI-S.)

H. 0,30. — L. 0,36.

STELLA (JACQUES); Lyon 1596 — Paris 1657.

849. Jésus-Christ recevant la Vierge dans le ciel. (XIV-N.)

H. 0.30. — L. 0.41.

851. Sainte Cécile jouant de l'orgue. (XIV-N.)

H. 0,35. — L. 0,33.

STEUBEN (ALEXANDRE-JOSEPH, baron de); Paris 1814—1862.

★ Plafond de la salle des Terres cuites (Céramique antique).

(Voir aux Peintures décoratives, p. 224.)

SUBLEYRAS (PIERRE); Uzès (Gard) 1699 — Rome 1749.

852. Le Serpent d'airain.

H. 0,97. — L. 1,30.

853. La Madeleine aux pieds de Jésus-Christ, chez Simon le Pharisien. (XVI-O.)

H. 2,15. — L. 6,79.

854. La Madeleine aux pieds de Jésus-Christ, chez Simon le
Pharisien ; esquisse terminée du tableau précédent.
(XVI-S.)
H. 0,24. — L. 0,63.

855. Le Martyre de saint Hippolyte. (XVI-S.)
H. 0,74. — L. 1,00.

856. Le Martyre de saint Pierre. (XVI-S.)
H. 1,36. — L. 0,82.

857. La Messe de saint Basile. (XVI-S.)
H. 1,34. — L. 0,78.

858. L'Empereur Théodose recevant la bénédiction de saint Ambroise. (XVI-S.)
H. 0,50. — L. 0,32.

859. Saint Benoît ressuscitant un enfant. (XVI-S.)
H. 0,50. — L. 0,32.

860. Les Oies du frère Philippe (conte de La Fontaine). (XVI-S.)
H. 0,30. — L. 0,23.

861. Le Faucon (conte de La Fontaine). (XVI-S.)
H. 0,33. — L. 0,28.

862. L'Ermite (conte de La Fontaine). (XVI-S.)
H. 0,30. — L. 0,23.

SUEUR (EUSTACHE LE). — V. Le Sueur.

TARAVAL (HUGUES) ; Paris 1728 — 1785.

863. Le Triomphe d'Amphitrite. (XVI-S.)
H. 3,25. — L. 2,25.

★ L'Automne. Peinture encastrée dans la voûte de la Galerie
d'Apollon.
(Voir aux Peintures décoratives, p. 222.)

TAUNAY (NICOLAS-ANTOINE) ; Paris 1755 — 1830.

864. Pierre l'Hermite prêchant la première croisade. (XVI-S.)
H. 0,42. — L. 0,54.

THÉAULON ou **THÉOLON** (ETIENNE); Aigues-Mortes 1739 — Paris 1780.

865. Portrait d'une vieille femme. (XVI-S.)
H. 0,33. — L. 0,28.

TIMBAL (LOUIS-CHARLES); Paris 1821 — 1880.

866. La Muse et le Poète. (II-S.)
H. 2,20. — L. 1,55.

TOCQUÉ (LOUIS); Paris 1696 — 1772.

867. Portrait de Marie Leczinska, reine de France. (XVI-N.)
H. 2,80. — L. 1,90.

868. Portrait de Louis de France, dauphin, fils de Louis XV, à l'âge de 10 ans. (XVI-S.)
H. 1,95. — L. 1,46.

868ᴬ. Portrait de Mme Dangers (*Acquis en* 1903). (XVI-S.)
H. 0,80. — L. 0,63.

869. Portrait présumé de Mme de Graffigny. (XVI-N.)
H. 0,81. — L. 0,65.

870. Portrait de Dumarsais (*Coll. La Caze*). (I-O.)
H. 0,80. — L. 0,65.

871. Portrait du peintre Louis Galloche. (XV.)
H. 1,28. — L. 0,96.

872. Portrait du sculpteur Jean-Louis Lemoyne l'aîné.
H. 1,26. — L. 0,95.

873. Portrait du sculpteur Jean-Baptiste Lemoyne le fils. (XV.)
H. 1,26. — L. 0,95.

874. Portrait du peintre Jean-Baptiste Massé. (XVI-N.)
H. 1,15. — L. 0,83.

875. Portrait d'homme. (XVI-E.)
H. 0,80. — L. 0,64.

876. Portrait d'homme. (XVI-S.)
H. 0,81. — L. 0,64.

TORTEBAT (JEAN); Paris 1652 — 1718.

877. Portrait du peintre René-Antoine Houasse. (XV.)
   H. 1,88. — L. 0,88.

878. Portrait du peintre Jean Jouvenet, dit le Grand. (XV.)
   H. 1,15. — L. 0,88.

TOURNEMINE (CHARLES-EMILE DE); Toulon 1814—1873.

879. Eléphants d'Afrique. (XXXIX.)
   H. 0,90. — L. 1,80.

880. Habitations turques près Adalia (Asie Mineure). (XXXIX.)
   H. 0,69. — L. 1,24.

TOURNIÈRES (ROBERT LE VRAC); Ifs (Calvados) 1668 — Caen
  1752.

881. Portrait du peintre Michel Corneille, dit Corneille l'aîné.
  (XVI-N.)
   H. 1,15. — L. 0,88.

882. Portrait du peintre Pierre Mosnier ou Monnier. (XV.)
   H. 1,15. — L. 0,88.

TROY (JEAN-FRANÇOIS DE); Paris 1679 — Rome 1752.

883. Premier chapitre de l'ordre du Saint-Esprit, tenu par
  Henri IV, dans l'église du couvent des Grands-Augustins
  à Paris, le 8 janvier 1595. (XVI-S.)
   H. 3,84. — L. 3,20.

884. La Toilette d'Esther. (XVI-N.)
   H. 3,20. — L. 3,20.

885. L'Évanouissement d'Esther. (XVI-N.)
   H. 3,20. — L. 4,70.

886. Tête de femme (*Coll. La Caze*). (I-O.)
   H. 0,34. — L. 0,28

887. Portrait d'homme (*Coll. La Caze*). (I-E.)
   H. 0,81. — L. 0,64.

888. Portrait d'un échevin (*Coll. La Caze*). (I-O.)
   H. 0,92. — L. 0,73.

TROYON (CONSTANT); Sèvres 1810 — Paris 1865.

889. Bœufs se rendant au labour; effet du matin. (VIII-O.)
H. 2,60. — L. 4,00.

890. Le Retour à la ferme (*Don de Mme Vve Troyon*). (VIII-E.)
H. 2,60. — L. 3,90.

TRUTAT (FÉLIX); 1824 — 1848.

890^A. Femme nue (*Don de M. Joliet*). (XXXIX.)
H. 1,10. — L. 1,78.

VALADE (JEAN); Poitiers 1709 — Paris 1787.

891. Portrait du peintre Louis de Silvestre. (XV.)
H. 1,28. — L. 0,97.
(Voir au supplément, collection Thomy Thiéry, page 238.)

VALENCIENNES (PIERRE-HENRI); Toulouse 1750 —Paris 1819.

892. Cicéron, étant questeur en Sicile, découvre le tombeau d'Archimède. (II-S.)
H. 1,19. — L. 1,62.

VALENTIN (JEAN DE BOULONGNE, dit le VALENTIN). — Voir Boulongne.

VALLAYER COSTER (Mme ANNE); Paris 1744 — 1818.

893. Les Attributs de la peinture et de la sculpture. (Quatrième salle des meubles.)
H. 0,77. — L. 1,35.

894. Les Attributs de la musique. (Quatrième salle des meubles.)
H. 0,87. — L. 1,16.

VAN-LOO (JEAN-BAPTISTE); Aix 1684 — 1745.

Institution de l'ordre du Saint-Esprit par Henri III, dans l'église du couvent des Grands-Augustins à Paris, le 31 décembre 1578. (XVI-N.)
H. 4,80. — L. 3,50.

896. Diane et Endymion. (XVI-S.)
H. 2,22. — L. 1,73.

VAN-LOO (CHARLES-ANDRÉ), dit *Carle;* Nice 1705 — Paris 1765.

897. Mariage de la Vierge et de saint Joseph. (XVI-S.)
> H. 0,62. — L. 0,36.

898. Enée portant son père Anchise au milieu de l'incendie de
> Troie.
> H. 1,10. — L. 1,05.

899. Une Halte de chasse. (XVI-N.)
> H. 2,22. — L. 2,50.

900. Portrait de Marie Leczinska, reine de France, née en 1703,
> morte en 1768. (Première salle des meubles du XVIIIe
> siècle.)
> H. 2,75. — L. 1,94.

901. Portrait de l'architecte Jacques-Germain Soufflot. (XV.)
> H. 1,43. — L. 1,07.

VAN-LOO (LOUIS-MICHEL); Toulon 1707 — Paris 1771.

902. Portrait de l'architecte Jacques-Germain Soufflot (*Don de
> M. Soufflot*). (XVI-S.)
> H. 0,77. — L. 0,06.

903. Portrait de Louis-Michel Van-Loo. (Salle des dessins fran-
> çais du XVIIIe siècle.)
> H. 1,26. — L. 0,95.

904. Portrait de Louis-Michel Van-Loo. (XV.)
> H. 0,71. — L. 1,06.

VAN-LOO (CHARLES-AMÉDÉE-PHILIPPE); Turin 1718 — (?)
> après 1785.

905. La Toilette d'une sultane. (XVI-S.)
> H. 3,20. — L. 3,80.

906. La Sultane commande des ouvrages aux odalisques.
> (XVI-S.)
> H. 3,20. — L. 3,80.

VAN-LOO (JULES-CÉSAR-DENIS); Paris 1743 — 1821.

907. Effet de neige (*Coll. La Caze*). (I-E.)
> H. 1,20. — L. 1,57.

VERDIER (FRANÇOIS); Paris 1651 — 1730.

908. L'Assomption de la Vierge.
H. 3,25. — L. 2,60.

909. Vénus et Adonis. (Salle XIII des dessins.)
H. 2,00. — L. 2,25.

910. Mercure endormant Argus. (XVI-N.)
H. 0,68. — L. 1,00.

911. Io adorée sous le nom d'Isis par les Egyptiens. (XVI-N.)
H. 0,70. — L. 1,00.

VERNET (CLAUDE-JOSEPH); Avignon 1714 — Paris 1789.

912. Marine. Le Naufrage.
H. 0,98. — L. 1,33.

913. Paysage. Effet de clair de lune. (XVI-S.)
H. 0,44. — L. 0,61.

914. Marine. Le Matin ou la Pêche. (XVI-N.)
H. 0,83. — L. 1,35.

915. Marine. Le Midi ou la Tempête. (Musée de marine.)
H. 0,83. — L. 1,35.

916. Marine. Le Soir ou le Coucher du soleil. (XVI-S.)
H. 0,83. — L. 1,35.

917. Marine. La Nuit ou le Clair de lune. (Musée de marine.)
H. 0,83. — L. 1,35.

918. Paysage. Le Matin. (XVI-S.)
H. 1,86. — L. 1,43.

919. Marine. La Nuit. (XVI-S.)
H. 1,08. — L. 1,47.

920. Paysage. Le Torrent. (XVI-S.)
H. 1,09. — L. 1,48.

921. Paysage. Les Baigneuses. (XVI-N.)
H. 0,98. — L. 1,62.

922. Marine. Le Retour de la pêche. (XVI-E.)
H. 0,98. — L. 1,62.

923. Paysage. (XVI-N.)
> H. 0,97. — L. 1,62.

924. Vue des cascatelles de Tivoli. (Palier Henri IV, 2e étage.)
> H. 1,24. — L. 1,60.

925. Un port de mer; effet de clair de lune. (XVI-E.)
> H. 0,99. — L. 1,65.

926. Port de mer; effet de brouillard. (Musée de marine.)
> H. 0.75. — L. 1,27.

927. Marine. Le Midi ou le Calme. (Musée de marine.)
> H. 0,78. — L. 1,56.

928. Marine. Le Soir ou la Tempête. (Musée de marine.)
> H. 0,76. — L. 1,54.

929. Marine. Effet de soleil couchant par un temps brumeux.
     (XVI-N.)
> H. 0,69. — L. 0,98.

930. Marine. Effet de clair de lune. (XVI-N.)
> H. 0,66. — L. 0,98.

931. Marine. Le Midi. (XVI-N.)
> H. 0,44. — L. 0,65.

932. Marine. Effet de soleil couchant. (XVI-N.)
> H. 0,43. — L. 0,65.

933. Vue des environs de Marseille. (XVI-S.)
> H. 0,33. — L. 0,38.

934. Vue des environs de Marseille. (XVI-N.)
> H. 0,33. — L. 0,38.

935. Vue du pont et du château Saint-Ange, à Rome. (XVI-S.)
> H. 0,40. — L. 0,77.

936. Vue des restes du pont Palatin, dit Ponte Rotto, à Rome.
     (XVI-S.)
> H. 0,40. — L. 0,77.

937. Marine. Effet de soleil couchant.
> H. 1,16. — L. 1,50.

938. Marine et paysage sur les bords de la Méditerranée. (XVI-O.)

> H. 1,66. — L. 2,63.

939. Paysage. Le Coup de tonnerre. (XVI-N.)

> H. 0,50. — L. 0,64.

SUITE DES PORTS DE MER DE FRANCE, COMMANDÉE PAR LOUIS XV

EN 1753

(Tous exposés dans les salles du Musée de marine.)

940. 1° Vue de l'entrée du port de Marseille, prise de la montagne appelée Tête-de-More; 1754.

> H. 1,65. — L. 2,53.

941. 2° Vue de l'intérieur du port de Marseille, prise du pavillon de l'horloge du parc; 1754.

> H. 1,65. — L. 2,63.

942. 3° Vue du golfe de Bandol; 1755.

> H. 1,65. — L. 2,63.

943. 4° Vue du port neuf de Toulon, prise de l'angle du parc d'artillerie; 1756.

> H. 1,65. — L. 2,63.

944. 5° Vue de la ville et de la rade de Toulon; 1756.

> H. 1,65. — L. 2,63.

945. 6° Vue du vieux port de Toulon, prise du côté des magasins aux vivres; 1756.

> H. 1,65. — L. 2,63.

946. 7° Vue de la rade d'Antibes prise du côté de la terre; 1756.

> H. 1,65. — L. 2,63.

947. 8° Vue du port de Cette prise du côté de la mer, derrière la jetée isolée; 1756.

> H. 1,65. — L. 2,63.

948. 9° Vue de la ville et du port de Bordeaux, prise du côté des Salinières; 1758.

> H. 1,65. — L. 2,63.

949. 10° Vue de la ville et du port de Bordeaux, prise du château Trompette; 1759.

> H. 1,65. — L. 2,63.

950. 11° Vue de la ville et du port de Bayonne prise à mi-côte sur le glacis de la citadelle; 1761.

> H. 1,65. — L. 2,63.

951. 12° Vue du port et de la ville de Bayonne, prise de l'allée de Boufflers près de la porte de Mousserole; 1761.

> H. 1,65. — L. 2,63.

952. 13° Vue du port de la Rochelle, prise de la petite rive; 1762.

> H. 1,65. — L. 2,63.

953. 14° Vue du port de Rochefort, prise du magasin des colonies; 1762.

> H. 1,65. — L. 2,63.

954. 15° Vue de la ville et du port de Dieppe; 1765.

> H. 1,65. — L. 2,63.

VERNET (ANTOINE-CHARLES-HORACE, dit *Carle*); Bordeaux 1758 — Paris 1836.

955. Chasse au daim pour la Saint-Hubert, en 1818, dans les bois de Meudon. (II-E.)

> H. 2,27. — L. 3,28.

VERNET (EMILE-JEAN-HORACE); Paris 1789 — 1863.

956. La Barrière de Clichy, défense de Paris en 1814. (VIII-O.)

> H. 0,97. — L. 1,30.

957. Judith et Holopherne. (VIII-N.)

> H. 2,98. — L. 1,96.

958. Raphaël au Vatican.

> H. 3,92. — L. 3,00.

958^A. Portrait de Jean-Baptiste Isabey, peintre en miniature (*Don de M. et Mme Levrat et de Mme Vve Isabey*). (XV.)

> H. 0,81 — L. 0,66.

★ Plafond de la salle II (Antiquités égyptiennes) du musée Charles X.

> (Voir aux Peintures décoratives, p. 227.)

VESTIER (ANTOINE); Avallon 1740 — Paris 1824.

959. Portrait de la femme du peintre (*Legs de M. Phidias Ves-tier*). (XVI-S.)
>H. 1,76. — L. 1,32.

960. Portrait de jeune femme (*Coll. La Caze*). (I-E.)
>H. 0,59. — L. 0,49.

961. Portrait de jeune femme (*Coll. La Caze*). (I-E.)
>H. 0,62. — L. 0,49.

962. Portrait du peintre Nicolas-Guy Brenet. (XV.)
>H. 1,26. — L. 0,95.

963. Portrait du peintre Gabriel-François Doyen. (XV.)
>H. 1,27. — L. 0,95.

VIEN (JOSEPH-MARIE, comte); Montpellier 1716 — Paris 1809.

964. Saint Germain, évêque d'Auxerre, et Saint Vincent, diacre de l'église de Saragosse. (XVI-E.)
>H. 2,14. — L. 1,40.

965. L'Ermite endormi. (XVI-N.)
>H. 2,23. — L. 1,47.

VIGNON (PHILIPPE); Paris 1634 — 1701.

966. Portrait du sculpteur Philippe de Buyster. (XV.)
>H. 1,15. — L. 0,88.

VILLEQUIN (ETIENNE); Ferrières-en-Brie 1619 — Paris 1688.

967. Jésus guérissant les aveugles de Jéricho.
>H. 0,33. — L. 0,42.

VINCENT (FRANÇOIS-ANDRÉ); Paris 1746 — 1816.

968. Zeuxis choisissant pour modèles les plus belles filles de la ville de Crotone. (XVI-N.)
>H. 3,25. — L. 4,20.

VINCHON (AUGUSTE-JEAN-BAPTISTE); Paris 1789 — Ems 1855.

★★★★ Peintures en grisailles dans quatre salles du Musée Charles X.
>(Voir aux Peintures décoratives, p. 227, 229 et 230.)

VOIRIOT (GUILLAUME); travaillait de 1759 à 1791.

969. Portrait du peintre Jean-Marc Nattier. (XVI-N.)
H. 1,20. — L. 0,95.

970. Portrait du peintre Jean-Baptiste-Marie Pierre. (Salle des dessins français du XVIIIe siècle.)
H. 1,26. — L. 0,95.

VOUET (SIMON); Paris 1590 — 1649.

971. La Présentation de Jésus au temple. (XIV-N.)
H. 3,93. — L. 2,50.

972. La Vierge, l'Enfant Jésus et Saint Jean. (XIV-S.)
H. 1,11. — L. 0,95.

973. Le Christ en croix. (XII.)
H. 1,08. — L. 0,78.

974. Le Christ en croix.
H. 1,95. — L. 1,22.

975. Le Christ au tombeau. (XIV-N.)
H. 0,55. — L. 0,43.

976. Portrait de Louis XIII. (XIV-N.)
H. 1,63. — L. 1,54.

977. Allégorie à la richesse. (XIV-N.)
H. 1,70. — L. 1,24.

978. La Foi. (XIV-N.)
H. 1,94. — L. 1,37.

979. La Victoire, debout, tenant une couronne de laurier. (XIV-E.)
H. 2,43. — L. 1,15.

980. L'Éloquence (*Coll. La Caze*). (I-E.)
H. 0,81. — L. 1,00.

981. La Chaste Suzanne (*Coll. La Caze*). (I-E.)
H. 1,04. — L. 1,10.

VOUET (*Ecole de* SIMON).

81ᴬ. Le Christ apparaissant à la Madeleine (*Legs de M. le comte de Hautpoul*).
H. 1,42. — L. 1,10.

WATTEAU (JEAN-ANTOINE); Valenciennes 1684 — Nogent-sur-Marne 1721.

982. L'Embarquement pour l'île de Cythère. (XVI-N.)
H. 1,29. — L. 1,92.

983. Gilles (*Coll. La Caze*). (I-O.)
H. 1,84. — L. 1,49.

984. L'Indifférent (*Coll. La Caze*). (I-O.)
H. 0,26. — L. 0,19.

985. La Finette (*Coll. La Caze*). (I-O.)
H. 0,25. — L. 0,19.

986. Assemblée dans un parc (*Coll. La Caze*). (I-O.)
H. 0,32. — L. 0,46.

987. L'Escamoteur (*Coll. La Caze*). (I-O.)
H. 0,27. — L. 0,35.

988. Le Jugement de Pâris (*Coll. La Caze*). (I-O.)
H. 0,47. — L. 0,34.

989. Le Faux Pas (*Coll. La Caze*). (I-O.)
H. 0,40. — L. 0,44.

990. L'Automne (*Coll. La Caze*). (I-O.)
H. 0,46. — L. 0,36.

991. Jupiter et Antiope (*Coll. La Caze*). (I-O.)
H. 0,72. — L. 1,107.

992. Scène de bergerie (*Coll. La Caze*). (I-O.)
H. 0,50. — L. 0,46.

WATTEAU (*Attribué à*).

993. Gibier mort (*Coll. La Caze*). (I-O.)
H. 0,38. — L. 0,46.

WINTERHALTER (F. XAVIER); Bade.

993ᴬ. Portrait de Mme Rimsky Kondakow. (*Legs de MM. Rimsky Kondakow, ses fils*). (II-N.)
H. 1,17. — L. 0,90.

INCONNUS DE L'ÉCOLE FRANÇAISE

XIVᵉ siècle.

994. Panneau peint des deux côtés. Sur une face, saint Pierre et saint Paul; sur l'autre, la Flagellation du Christ (*Don de M. Maciet*). (x.)

H. 2,12. — L. 0,77.

(Règne de Charles VI [1380-1422]).

995. Martyre de saint Denis l'Aréopagite, premier évêque de Paris (*Don de M. Reiset*). (x.)

Ce tableau, provenant de la chartreuse de Champmol près Dijon, est très probablement la peinture, exécutée aux frais du duc de Bourgogne, Jean-sans-Peur, que l'on sait avoir été commencée par JEAN MALOUEL, et terminée après la mort de celui-ci en 1415, par HENRI BELLECHOSE.

H. 1,60. — L. 2,08.

996. Le Christ mort soutenu par le Père Éternel. (x.)

Ce tableau peut être attribué à JEAN MALOUEL, peintre du duc de Bourgogne († 1415).

Diam. 0,64 (forme ronde).

997. La Mise au tombeau. (x.)

H. 0,32. — L. 0,24.

XVᵉ siècle.

998. Le Christ descendu de la croix. (x.)

H. 1,00. — L. 2,04.

999. Portraits de Jean Juvénal des Ursins, baron de Trainel, président au parlement, mort en 1431, de sa femme Michelle de Vitry et de leurs onze enfants. (x.)

H. 1,63. — L. 3,50.

1000. Portrait de femme. (x.)

H. 0,36. — L. 0,26.

1001. Le Christ mort sur les genoux de la Vierge (*Don de M. Maciel*). (X.)
> H. 0,29. — L. 0,20.

1001ᴬ. La Vierge et l'Enfant (*Acquis en* 1892). (X.)
> H. 0,30. — L. 0,20.

(École de Bourgogne).

1002. Portrait de Jean Sans Peur, duc de Bourgogne (*Coll. Sauvageot*). (X.)
> H. 0,29. — L. 0,20.

1003. Portrait de Philippe le Bon, duc de Bourgogne (*Coll. Sauvageot*). (X.)
> H. 0,32. — L. 0,23.

(1488).

1004. Pierre II, duc de Bourbon, sire de Beaujeu, gendre du roi Louis XI (avec saint Pierre dans un paysage). (X.)
> H. 0,73. — L. 0,60.

1005. Anne de France, duchesse de Bourbon, dame de Beaujeu, fille du roi Louis XI (avec saint Jean l'Evangéliste dans un paysage) (*Don de M. Maciel*). (X.)
> H. 0,72. — L. 0,51.

XVIe siècle (entre 1500 et 1560).

1006. Abbesse agenouillée devant son prie-dieu (*Coll. Sauvageot*). (X.)
> H. 0,81. — L. 0,40.

1007. Portrait de François Ier, roi de France. (XI.)
> H. 0,83. — L. 0,58.

1008. Portrait d'homme (XI.)
> H. 0,15. — L. 0,15.

1009. Portrait de Charles de Cossé, 1er du nom, comte de Brissac, maréchal de France. (XI.)
> H. 0,17. — L. 0,13.

1010. Portrait (présumé) de Jean d'Albon, seigneur de Saint-André (*Coll. Timbal*). (XI.)
> H. 0,14. — L. 0,15.

1011. Portrait de Jean de Bourbon-Vendôme, comte d'Enghien. (XI.)

H. 0,16. — L. 0,13.

1011ᴬ. Portrait (présumé) de Louise de Rieux, marquise d'El-beuf (*Don de M. Rodolphe Kann*). (XI.)

H. 0,165. — L. 0,125.

(Entre 1525 et 1531).

1012. Portrait de Guillaume, baron de Montmorency. (X.)

H. 0,40. — L. 0,29:

(École de Fontainebleau).

1013. Diane. (XI.)

H. 1,80. — L. 1,00.

1014. La Continence de Scipion. (XI.)

H. 1,27. — L. 1,17.

1014ᴬ. Vénus à sa toilette (*Don de M. Maciet*). (XI.)

H. 0,96. — L. 1,25.

(Entre 1550 et 1600).

1015. Portrait de François de Lorraine, duc de Guise, tué au siège d'Orléans en 1563. (XI.)

H. 0,32. — L. 0,24.

1016. Portrait de Jacques Berthaut, contrôleur de la maison du roi. (XI.)

H. 0,20. — L. 0,15.

1017. Portrait de Michel de l'Hôpital, chancelier de France. (XI.)

H. 0,32. — L. 0,23.

1018. Portrait de Jean Babou, seigneur de la Bourdaisière, etc., maréchal général de l'artillerie en 1567. (XI.)

H. 0,32. — L. 0,23.

1019. Portrait d'homme inconnu (*Don de M. Maciet*). (XI.)

H. 0,25. — L. 0,18.

1020. Portrait d'homme inconnu. (XI.)

H. 0,30. — L. 0,24.

1021. Portrait de Silvie Pic de la Mirandole, comtesse de la Rochefoucauld. (XI.)

H. 0,30. — L. 0,23.

1022. Portrait de François, duc d'Alençon, enfant (*Coll. Sauvageot*). (X.)

H. 0,35. — L. 0,25.

1023. Portrait de Louise de Lorraine, reine de France, femme de Henri III (*Coll. Sauvageot*). (X.)

H. 0,34. — L. 0,24.

1024. Portrait de Diane de France, duchesse d'Angoulême, fille naturelle et légitimée de Henri II, roi de France. (XI.)

H. 0,32. — L. 0,23.

1025. Portrait de Nicolas de Neuville, seigneur de Villeroy, secrétaire d'Etat sous les rois Charles IX, Henri III, Henri IV et Louis XIII. (XI.)

H. 0,32. — L. 0,23.

1026. Portrait de Claude de Beaune, dame de Châteaubrun, duchesse de Roannois. (XI.)

H. 0,31. — L. 0,23.

1027. Portrait de femme (*Coll. Sauvageot*). (XI.)

H. 0,31. — L. 0,24.

1028. Portrait de Chrestien de Savigny, l'un des lieutenants du duc de Mayenne (*Coll. Sauvageot*). (XI.)

H. 0,32. — L. 0,25.

1029. Portrait de Gaspard de Coligny (*Coll. Sauvageot*). (XI.)

H. 0,17. — L. 0,12.

1030. Portrait de Catherine de Médicis, reine de France. (XI.)

H. 0,30. — L. 0,25.

1031. Portrait de femme (*Coll. Sauvageot*). (XI.)

H. 0,32. — L. 0,25.

1032. Portrait en pied de Henri III, roi de France. (XI.)

H. 1,98. — L. 1,08.

1033. Portrait de Henri III, roi de France (*Coll. Sauvageot*). (XI.)

H. 0,36. — L. 0,32.

1034. Un Bal à la cour de Henri III. (XI.)

H. 1,20. — L. 1,83.

1035. Bal donné à la cour de Henri III à l'occasion du mariage
d'Anne, duc de Joyeuse, avec Marguerite de Lorraine,
en 1581. (XI.)

H. 0,41. — L. 0,65.

1036. Henri III à genoux, au pied de la croix (*Don de M. Rodolphe Kann*). (XI.)

H. 0,20. — L. 0,13.

1037. Portrait d'Antoinette d'Orléans, duchesse de Retz.

H. 0,29. — L. 0,25.

XVIIe siècle.

1038. Portrait de Louis XIV en costume des cent-suisses. (XIV-N.)

H. 1,22. — L. 0,85.

1039. Douze paysages sous le même numéro. Peints sur les volets
qui servaient à recouvrir les sujets de la vie de saint
Bruno, par Le Sueur.

XVIIIe siècle.

1040. Portrait de femme. (XVI-E.)

H. 0,74. — L. 0,60.

1041. Portrait de femme (*Coll. La Caze*). (I-O.)

H. 0,80. — L. 0,65.

1042. Un Berger offre des fleurs à deux dames. (XVI-S.)

H. 0,21. — L. 0,26.

1043. Deux Jeunes Femmes dans un parc. (XVI-S.)

H. 0,21. — L. 0,26.

1044. Deux Amours sur des nuages. (XVI-S.)

H. 0,70. — L. 0,47.

1045. Deux Amours enguirlandant de fleurs un casque et une épée.
(XVI-S.)

H. 0,70. — L. 0,47.

1046. Portrait de César-Gabriel de Choiseul, duc de Praslin. (XVI-N.)

H. 0,75. — L. 0,60.

1047. Portrait du comte d'Artois, depuis le roi Charles X. (XVI-N.)

H. 0,75. — L. 0,60.

1047ᴬ. Portrait de Moreau le Jeune.

H. 0,35. — L. 0,28.

ADDITIONS.

PERRÉAL (*A été attribué, mais d'une façon très contestable, à* JEAN), dit JEHAN DE PARIS; Lyon, vers 1460 ou 1463 (?) — 1529 (?).

1048. La Vierge entre deux donateurs (*Don de M. Bancel*). (X.)

H. 0,77. — L. 0,55.

ÉCOLE FRANÇAISE OU FRANCO-FLAMANDE,
XVᵉ et XVIᵉ siècles.

1049. Le Calvaire et la légende de saint Georges (*Don de M. Maciet*). (X.)

Ce tableau paraît provenir, comme le n° 995, de la chartreuse de Champmol près Dijon.

H. 1,60. — L. 2,10.

1050. Saint-Jérôme (*Legs de M. Gigoux*). (X.)

H. 0,54. — L. 0,41.

1051. Une donatrice, au revers une sainte dans une niche, grisaille. (*Acquis en* 1902). (X.)

H. 0,80. — L. 0,47.

1052. Portrait de femme (X.)

H. 0,30. — L. 0,23.

ÉCOLES D'ITALIE

ALBANI (Francesco), dit l'Albane ; Bologne 1578 — 1660.
(Ecole bolonaise.)

1102. L'Annonciation.
> H. 0,57. — L. 0,43.

1105. Le Christ et la Madeleine.
> H. 0,19. — L. 0,14.

1107. La Toilette de Vénus.
> H. 2,03. — L. 2,52.

1108. Vénus et Vulcain. (vi tr. B. N.)
> H. 2,03. — L. 2,55.

1109. Les Amours désarmés. (Troisième salle des dessins italiens.)
> H. 1,98. — L. 2,45.

1110. Vénus et Adonis. (Troisième salle des dessins italiens.)
> H. 2,03. — L. 2,55.

1111. Diane et Actéon. (ix-N.)
> H. 0,50. — L. 0,61.

1112. Apollon et Daphné.
> H. 0,17. — L. 0,35.

1113. Salmacis et Hermaphrodite.
> H. 0,14. — L. 0,31

ALBERTINELLI (MARIOTTO) DI BIAGIO DI BINDO ; Florence
   1474 — 1515. (Ecole florentine.)

1114. La Vierge et l'Enfant. (VI tr. A. N.)
   H. 1,86. — L. 1.76.

1115. Le Christ apparaissant à la Madeleine. (VI tr. A. N.)
   H. 0,57. — L. 0,48.

ALFANI (ORAZIO); Pérouse 1510 (?) — Rome 1583. (Ecole ombrienne.)

1116. Mariage mystique de sainte Catherine d'Alexandrie.
   H. 2,12. — L. 1,45.

ALLEGRI (ANTONIO) da Correggio, dit le CORRÈGE; Correggio
   1494 — 1534. (Ecole lombarde.)

1117. Mariage mystique de sainte Catherine d'Alexandrie. (IV-N.)
   H. 1,05. — L. 1,02.

1118. L'Antiope. (IV-N.)
   H. 1,90. — L. 1,24.

ALLORI (CRISTOFANO); Florence 1577 — 1621. (Ecole florentine.)

1119. Isabelle d'Aragon, aux pieds de Charles VIII, l'implore en
   faveur de son père et de son mari.
   H. 1,21. — L. 1,57.

ALUNNO (NICCOLO) da Foligno. Né à Foligno. A peint de 1458 à
   1499. (Ecole ombrienne.)

1120. Prédelle en trois compartiments renfermant six scènes de la
   Passion. (VI tr. A. N.)
   H. 0,36. — L. 0,15.

AMERIGHI (MICHELANGELO) da Caravaggio, dit MICHEL-ANGE
   DE CARAVAGE; Caravaggio 1569 — Porto Ercole 1609. (Ecole
   lombarde.)

1121. La Mort de la Vierge. (VI tr. D. N.)
   H. 3,69. — L. 2,45.

1122. La Diseuse de bonne aventure. (VI tr. D. N.)
   H. 0,99 — L. 1,31.

1123. Concert. (VI tr. D. N.)
> H. 1,21. — L. 1,72.

1124. Portrait d'Alof de Wignacourt, grand maître de Malte en 1601. (VI tr. D. N.)
> H. 1,95. — L. 1,34.

ANDREASI (IPPOLITO); Mantoue 1548 — 1608. (Ecole lombarde.)

1125. Sainte Famille.
> H. 0,69. — L. 0,54.

ANGELI (FILIPPO DI LIANO D'), dit le NAPOLITAIN; Rome 1600 — 1660. (Ecole **romaine**.)

1126. Le Satyre et le Paysan. (IX-S.)
> H. 0,37. — L. 0,50.

ANGELI (GIUSEPPE); Venise 1715(?) — 1795(?). (Ecole vénitienne.)

1127. Le Petit Tambour. (VI tr. B. N.)
> H. 0,82. — L. 0,68.

ANGELICO (FRA GIOVANNI DA FIESOLE, dit *Beato Angelico*, ou *Fra Angelico*). — V. Fiesole.

ANSANO ou **SANO DI PIETRO** di Menico; Sienne 1406 — 1481. (Ecole de Sienne.)

1128. Songe de saint Jérôme. (VII-E.)
> H. 0,23. — L. 0,35.

1129. Saint Jérôme agenouillé dans le désert. (VII-E.)
> H. 0,23. — L. 0,37.

1130. Légende de saint Jérôme. (VII-E.)
> H. 0,23. — L. 0,78.

1131. Mort de saint Jérôme. (VII-E.)
> H. 0,23. — L. 0,37.

1132. Apparition de saint Jérôme à deux personnages, et apparition de saint Jérôme et de saint Jean à saint Augustin. (VII-E.)
> H. 0,23. — L. 0,36.

ANSELMI (MICHELANGELO), dit MICHEL-ANGE DE LUCQUES;
　　Lucques 1491 — Parme 1554. (Ecole florentine.)

1133. Vierge glorieuse. (VI tr. A. S.)
　　　　H. 1,69. — L. 1,23.

ANSUINO (*Attribué à*).

1133ᴬ. L'Adoration des Mages. (VI tr. A. N.)

ANTONELLO degli Antoni, dit ANTONELLO DE MESSINE; Messine
　　vers 1444 — Venise vers 1493. (Ecole napolitaine.)

1134. Portrait d'homme. (VI tr. B. S.)
　　　　H. 0,35. — L. 0,28.

BACCIO DELLA PORTA (FRA BARTOLOMMEO, dit *Baccio Della
　　Porta*). — V. Bartolommeo.

BAGNACAVALLO (BARTOLOMMEO RAMENGHI, dit *Il Bagnaca-
　　vallo*). — V. Ramenghi.

BARBARELLI (GIORGIO), dit le GIORGIONE; Castelfranco 1477
　　ou 1478 — Venise 1510. (Ecole vénitienne.)

1135. Sainte Famille. (VI tr. B. S.)
　　　　H. 1,00. — L. 1,36.

1136. Concert champêtre. (IV-N.)
　　　　H. 1,10. — L. 1,38.

BARBIERI (GIOVANNI-FRANCESCO), dit le GUERCHIN; Cento, près
　　Bologne 1591 — Bologne 1666. (Ecole bolonaise.)

1137. Loth et ses Filles.
　　　　H. 1,72. — L. 2,21.

1139. La Résurrection de Lazare. (VI tr. B. N.)
　　　　H. 1,59. — L. 2,33.

1140. Salomé recevant la tête de saint Jean-Baptiste.
　　　　H. 1,99. — L. 1,67.

1141. Vision de saint Jérôme.
　　　　H. 0,42. — L. 0,48.

1142. Saint Benoît et Saint François d'Assise.
　　　　H. 2,80. — L. 1,83.

1143. Les Saints protecteurs de la ville de Modène. (IV-S.)
　　　　H. 3,32. — L. 2,30.

1146. Hersilie séparant Romulus et Tatius.
H. 2,53. — L. 2,67.

1147. Circé. (VI tr. B. N.)
H. 1,24. — L. 0,96.

1148. Portrait du Guerchin. (XV.)
H. 0,77. — L. 0,62.

1148ᴬ. Saint Benoît et Saint François d'Assise.

BAROCCI (FEDERIGO), dit le BAROCHE ; Urbino 1528 — 1612. (Ecole romaine.)

1149. La Circoncision. (VI tr. B. N.)
H. 3,74. — L. 2,52.

1150. Vierge glorieuse. (IV-O.)
H. 2,85. — L. 2,20.

BARTOLO DI MAESTRO FREDI ; Sienne 1330(?) — 1410. (Ecole de Sienne.)

1151. La Présentation au temple. (VII-N.)
H. 1,80. — L. 1,25.

BARTOLO (TADDEO DI) ; Sienne 1363 — 1422. (Ecole de Sienne.)

1152. Saint Pierre. (VII-E.)
H. 0,91. — L. 0,45.

BARTOLOMMEO (FRA) di Paolo del Fattorino, dit BACCIO DELLA PORTA ; Florence 1475 — 1517. (Ecole florentine.)

1153. L'Annonciation. (VI tr. A. S.)
H. 0,96. — L. 0,76.

1154. Sainte Famille. (VI tr. A. S.)
H. 2,57. — L. 2,28.

BARTOLOMMEO (*École de* FRA).

1154ᴬ. La Vierge et l'Enfant (*Legs de Mme la baronne Nathaniel de Rothschild*).
H. 0,67. — L. 0,51.

BASSAN (JACOPO DA PONTE, dit le *Bassan*). — V. Ponte.

BATTONI (Pompeo-Girolano) ; Lucques 1708 — Rome 1787. (Ecole romaine.)

1155. La Vierge.
H. 0,47. — L. 0,37.

BELLINI (Gentile) ; Venise 1426(?) — 1507. (Ecole vénitienne.)

1156. Portraits d'hommes. (VI tr. B. S.)
H. 0,44. — L. 0,63.

BELLINI (*École de* Gentile).

1157. Réception d'un ambassadeur vénitien au Caire. (VI tr. B. S.)
H. 1,18. — L. 2,03.

BELLINI (Giovanni) ; Padoue (?) 1427 — Venise 1516. (Ecole vénitienne.)

1158. Sainte Famille. (VI tr. B. S.)
H. 0,84. — L. 0,62.

1158A. Portrait d'homme (*Don de M. de Vandeul*). (VI tr. B. S.)
H. 0,32. — L. 0,26.

BELLINI (*École de* Giovanni).

1159. La Vierge, l'Enfant et Saint Sébastien. (VI tr. B. S.)
H. 0,74. — L. 0,86.

BELTRAFFIO. — V. Boltraffio.

BERRETTINI (Pietro), dit Pierre de Cortone ; Cortona (Toscane) 1596 — Rome 1669. (Ecole florentine.)

1160. Alliance de Jacob et de Laban. (Palier Henri IV, 1er étage.)
H. 1,97. — L. 1,75.

1161. La Nativité de la Vierge.
H. 1,68. — L. 1,21.

1163. La Vierge et l'Enfant. (VI tr. B. N.)
H. 1,28. — L. 1,60.

1164. La Vierge et l'Enfant.
H. 1,15. — L. 1,50.

1165. Romulus et Rémus.

   H. 2,51. — L. 2,66.

1166. La Rencontre d'Enée et de Didon.

   H. 1,20. — L. 1,74.

BIANCHI (FRANCESCO DE'), ou DEL BIANCHO FERRARO ; Ferrare (?) — 1510. (Ecole ferraraise.)

1167. La Vierge et l'Enfant. (VI tr. A. N.)

   H. 2,20. — L. 1,38.

BOCCACCINO (BOCCACCIO) ; Crémone 1460 (?) — 1518. (Ecole lombarde.)

1168. Sainte Famille. (VI tr. A. S.)

   H. 0,34. — L. 0,29.

BOLTRAFFIO ou **BELTRAFFIO** (GIOVANNI-ANTONIO) ; Milan 1467 — 1516. (Ecole lombarde.)

1169. La Vierge de la famille Casio. (VI tr. A. S.)

   H. 1,86. — L. 1,84.

BONIFAZIO ; Vérone 1491 — Venise 1553. (Ecole vénitienne.

1170. La Résurrection de Lazare. (VI tr. B. S.)

   H. 1,83. — L. 2,82.

1171. Sainte Famille. (VI tr. B. N.,

   H. 1,55. — L. 2,05.

1172. Sainte Famille. (VI tr. B. N.)

   H. 1,04. — L. 1,51.

1172ᴬ. Le Christ et la femme adultère (*Don de Mme de Nolleval*). (Salle des dessins vénitiens.)

   H. 1,73. — L. 3,35.

BONINI (GIROLAMO), dit l'ANCONITANO ; Ancône (?) — vers 1680. (Ecole bolonaise.)

1173. Le Christ adoré par des Saints. (VI tr. B. N.)

   H. 2,48. — L. 1,78.

BONONI (BARTOLOMMEO); Pavie, commencement du XVIe siècle. (Ecole lombarde.)

1174. La Vierge et l'Enfant. (VI tr. A. N.)

> H. 1,68. — L. 1,14.

BONVICINO (ALESSANDRO), dit MORETTO DE BRESCIA; Rovato, près Brescia, vers 1498 — Brescia 1555. (Ecole vénitienne.)

1175. Saint Bernardin de Sienne et Saint Louis, évêque de Toulouse. (VI tr. B. S.)

> H. 1,13. — L. 0,60.

1176. Saint Bonaventure et Saint Antoine de Padoue. (VI tr. B. S.)

> H. 1,13. — L. 0,60.

BONZI (PIETRO-PAOLO), dit IL GOBBO DE' CARRACCI; Cortona 1580 (?) — Rome 1640. (Ecole bolonaise.)

1177. Latone métamorphosant les paysans en grenouilles.

> H. 0,34. — L. 0,45.

BORDONE (PARIS); Trévise 1500 — Venise 1570. (Ecole vénitienne.)

1178. Vertumne et Pomone. (VI tr. B. N.)

> H. 1,30. — L. 1,24.

1179. Portrait d'homme. (VI tr. B. S.)

> H. 1,07. — L. 0,86.

1180. Portraits d'homme et d'enfant. (VI tr. B. S.)

> H. 1,15. — L. 0,53

1180ᴬ. Portrait de femme (*Don de M. de Vandeul*). (VI tr. B. S.)

> H. 1,03. — L. 0,85.

BORGOGNONE (AMBROGIO STEFANI DA FOSSANO, dit IL); Milan entre 1450 et 1460 — 1523. (Ecole lombarde.)

1181. La Présentation de Notre-Seigneur au Temple. (VI tr. A. S.)

> H. 0,97.   L. 0,73.

1182. Saint Pierre de Vérone et une femme agenouillée (*Acquis en* 1872). (VI tr. A. S.)

H. 1,48. — L. 0,65.

1182 *bis*. Saint Augustin et un donateur (*Acquis en* 1899). (VI tr. A. S.)

H. 1,48. — L. 0,65.

BOTTICELLI (SANDRO FILIPEPI, dit *Il Botticelli*). — V. Filipepi.

BRAMANTINO (BARTOLOMMEO SUARDI, dit *Il Bramantino*). — V. Suardi.

BRONZINO (AGNOLO DI COSIMO, dit IL); Monticelli, près Florence, 1502 — Florence 1572. (Ecole florentine.)

1183. Le Christ et la Madeleine.

H. 2,91. — L. 1,95.

1183ᴬ. Sainte Famille (*Don de M. de Vandeul*). (VI tr. A. S.)

H. 1,30. — L. 1,03.

1184. Portrait d'un sculpteur. (VI tr. A. S.)

H. 1,11. — L. 0,91.

CAGNACCI (GUIDO CANLASSI, dit *Il Cagnacci*). — V. Canlassi.

CALABRESE (MATTIA PRETI, dit *Il Calabrese*). — V. Preti.

CALCAR (GIOVANNI) ou Johan Stephan Von Calcker; Calcar (duché de Clèves) vers 1500 — Naples 1546. (Ecole vénitienne.)

1185. Portrait d'un jeune homme. (VI tr. B. S.)

H. 1,09. — L. 0,88.

CALDARA (POLIDORO), dit POLIDORE DE CARAVAGE; Caravaggio (Lombardie) 1495 (?) — Messine 1543. (Ecole romaine.)

1186. Psyché reçue dans l'Olympe.

H. 1,04. — L. 1.58.

CALIARI (PAOLO), dit PAUL VÉRONÈSE; Vérone 1528 — Venise 1588. (École vénitienne.)

1187. L'Incendie de Sodome. (VI tr. B. N.)
> H. 0,93. — L. 1,20.

1188. Suzanne et les Vieillards. (VI tr. B. N.)
> H. 1,98. — L. 1,98.

1189. L'Évanouissement d'Esther. (VI tr. B. N.)
> H. 2,00. — L. 3,20.

1190. Sainte Famille. (IV-S.)
> H. 0,90. — L. 0,90.

1191. Sainte Famille. (VI tr. B. N.)
> H. 0,51. — L. 0,43.

1191 *bis*. Jésus guérit la belle-mère de Pierre. (VI tr. B. N.)
> H. 0,42. — L. 0,36.

1192. Les Noces de Cana. (IV-S.)
> H. 6,66. — L. 9,90.

1193. Le Repas chez Simon le pharisien. (IV-N.)
> H. 4,54. — L. 9,74.

1194. Jésus-Christ succombe sous le poids de la croix. (VI tr. B. N.)
> H. 0,58. — L. 0,71.

1195. Le Calvaire. (VI tr. B. S.)
> H. 1,02. — L. 1,02.

1196. Les Disciples d'Emmaüs. (VI tr. B. S.)
> H. 2,90. — L. 4,48.

1197. Saint Marc couronnant les vertus théologales. (VI tr. B. N.)
> H. 3,30. — L. 3,17.

1198. Jupiter foudroyant les crimes. (IV-E.)
> H. 5,61. — L. 3,30.

1199. Portrait de jeune femme. (VI tr. B. S.)
> H. 1,15. — L. 0,95.

CALIARI (*Attribué à* PAOLO).

1200. Le Christ tenant la boule du monde (*Coll. La Caze*). (I-E.)
H. 0,95. — L. 0,42.

CALIARI (*Ecole de* PAOLO).

1201. Portrait de jeune femme. (VI tr. B. S.)
H. 1,10. — L. 0,90.

CAMPI (BERNARDINO); Crémone 1522 — Reggio vers 1592. (Ecole lombarde.)

1202. La Mère de douleurs. (VI tr. D. N.)
H. 1,63. — L. 1,60.

CANALE (ANTONIO), dit IL CANALETTO; Venise 1697 — 1768. (Ecole vénitienne.)

1203. Vue de Venise. (VI tr. B. N.)
H. 1,24. — L. 2,13.

CANLASSI (GUIDO), dit IL CAGNACCI; Castel San Archangelo, près Rimini, 1601 — Vienne 1681. (Ecole bolonaise.)

1206. Saint Jean-Baptiste.
H. 1,48. — L. 1,14.

CANTARINI (SIMONE), dit IL PESARESE; Oropezza, près Pesaro, 1612 — Vérone 1648. (Ecole bolonaise.)

1207. Le Repos de la Sainte Famille. (IX-S.)
H. 0,41. — L. 0,57.

1208. Le Repos de la Sainte Famille. (IX-S.)
H. 0,41. — L. 0,57.

CAPUCCINO (BERNARDO STROZZI, dit *Il Capuccino*). — V. Strozzi.

CARAVAGE (MICHEL-ANGELO AMERIGHI, dit *Michel-Ange de Caravage*). — V. Amerighi.

CARAVAGE (POLIDORO CALDARA, dit *Polidore de Caravage*). — V. Caldara.

CARDI (LODOVICO) DA CIGOLI; Cigoli (Toscane) 1559 — Rome 1613. (Ecole florentine.)

1209. La Fuite en Egypte. (IX-N.)
> H. 0,51. — L. 0,37.

1210. Saint François d'Assise.
> H. 0,79. — L. 0,59.

CARPACCIO (VITTORE **SCARPAZZA** ou **SCARPACCIA**, dit); né à Capo d'Istria (?). A travaillé de 1490 à 1519. (Ecole vénitienne.)

1211. La Prédication de saint Etienne à Jérusalem. (VI tr. B. S.)
> H. 1,52. — L. 1,95.

CARRACCI (ANNIBALE), dit Le CARRACHE; Bologne 1560 — Rome 1609. (Ecole bolonaise.)

1217. La Vierge aux cerises. (VI tr. B. S.)
> H. 1,20. — L. 0,97.

1218. Le Sommeil de l'Enfant Jésus, dit le Silence du Carrache. (IX-S.)
> H. 0,38. — L. 0,47.

1219. La Vierge apparaissant à saint Luc et à sainte Catherine. (IV-S.)
> H. 4,01. — L. 2,26.

1220. Prédication de saint Jean-Baptiste.
> H. 0,40. — L. 0,52.

1221. Le Christ mort, sur les genoux de la Vierge. (IV-N.)
> H. 2,77. — L. 1,87.

1222. Le Christ au tombeau. (IX-N.)
> H. 0,43. — L. 0,31.

1223. La Résurrection de Notre-Seigneur.
> H. 2,17. — L. 1,60.

1226. Martyre de saint Etienne.
> H. 0,50. — L. 0,67.

1227. Martyre de saint Etienne.
> H. 0,40. — L. 0,53.

1229. Hercule enfant étouffant les serpents.
     H. 0,17. — L. 0,14.

1230. Diane découvrant la grossesse de Calisto. (Palier Henri IV, 2ᵉ étage.)
     H. 1,61. — L. 2,05.

1231. Paysage.
     H. 0,40. — L. 0,52.

1232. La Pêche. (VI tr. B. N.)
     H. 1,36. — L. 2,53.

1233. La Chasse. (VI tr. B. N.)
     H. 1,36. — L. 2,35.

1234. Paysage.
     H. 0,30. — L. 0,37.

CARRACCI (ANTONIO), dit Le CARRACHE; Venise 1583 — Rome 1618. (Ecole bolonaise.)

1235. Le Déluge. (VI tr. B. N.)
     H. 1,66. — L. 2,47.

CARRACCI (LODOVICO), dit Le CARRACHE; Bologne 1555 — 1619. (Ecole bolonaise.)

1237. La Vierge et l'Enfant Jésus.
     Diam. 0,92 (forme ronde).

1239. La Vierge apparaissant à saint Hyacinthe.
     H. 3,75. — L. 2,23.

CARRUCCI (JACOPO), dit le PUNTORMO ou PONTORMO; Puntormo, près Empoli, 1494 — Florence 1557. (Ecole florentine.)

1240. Sainte Famille. (VI tr. A. N.)
     H. 2,28. — L. 1,76.

1241. Portrait d'un graveur en pierres fines. (VI tr. A. N.)
     H. 0,69. — L. 0,50.

CARRUCCI (*D'après* JACOPO).

1242. La Visitation de la Vierge. (IV-E.)
     H. 2,75. — L. 1,68.

CASANOVA (François); Londres 1730 — Brühl (Autriche) 1805.

1243. Le premier des trois combats de Fribourg, donné le 3 août
1644, entre l'armée de France commandée par le duc
d'Enghien, depuis prince de Condé (le grand Condé), et
l'armée des Bavarois sous les ordres du général comte
de Mercy. (XVI-N.)
H. 3,90. — L. 4,56.

1244. Bataille de Lens livrée dans la matinée du 20 août 1648,
par le prince de Condé (le grand Condé), contre l'armée
espagnole commandée par l'archiduc Léopold. (XVI-N.)
H. 3,90. — L. 4,56.

1245. Paysage avec animaux. (XVI-N.)
H. 0,30. — L. 0,48.

1246. Paysage avec animaux.
H. 0,30. — L. 0,48.

1247. Un cuirassier au galop (*Coll. La Caze*). (I-O.)
H. 0,61. — L. 0,50.

1248. Un cavalier se dirigeant vers la gauche, groupe de cavaliers (*Coll. La Caze*). (I-O.)
H. 0,60. — L. 0,50.

CASTELLI (Valerio); Gênes 1625 — 1659. (Ecole génoise.)

1249. Le Frappement du rocher (*Coll. La Caze*). (I-E.)
H. 1,96. — L. 2,59.

CASTIGLIONE (Giovanni-Benedetto), dit Il Grechetto; Gênes
1616 — Mantoue 1670. (Ecole génoise.)

1250. Melchisédech et Abraham. (IX-S.)
H. 1,00. — L. 1,25.

1251. Les Vendeurs chassés du temple.
H. 0,98. — L. 1,20.

1252. Animaux et ustensiles. (IX-O.)
H. 2,73. — L. 4,14.

CATENA (Vincenzo di Biagio) — Venise 1470 (?) 1531 ou 1532.

1252ᴬ. Portrait de Mellini (*Don de M. de Vandeul*). (VI tr. B. S.)
H. 0,36. — L. 0,26.

CAVEDONE (JACOPO); Sassuolo, près Modène, 1577 — Bologne 1660. (Ecole lombarde.)

1253. Sainte Cécile.
>   H. 1,17. — L. 0,90.

CERQUOZZI (MICHEL ANGELO), dit MICHEL ANGE DES BATAILLES ; Rome 1602 — 1660. (Ecole romaine.)

1254. Fruits sur une table (*Coll. La Caze*). (I-E.)
>   H. 0,48. — L. 0,65.

1255. Fruits sur une table (*Coll. La Caze*). (I-E.)
>   H. 0,48. — L. 0,65.

CESARI (GIUSEPPE), dit LE JOSÉPIN ; Arpino (?) 1560 (?) — Rome 1640. (Ecole napolitaine.)

1256. Adam et Eve chassés du paradis terrestre.
>   H. 0,53. — L. 0,38.

1257. Diane et Actéon. (IX-N.)
>   H. 0,50. — L. 0,65.

CHIMENTI (JACOPO) DA EMPOLI ; Empoli, près Florence, 1554 — 1640. (Ecole florentine.)

1258. Vierge glorieuse.
>   H. 2,40. — L. 1,82.

CIMA DA CONEGLIANO (GIOVANNI-BATTISTA); Conegliano près Trévise (?) — vers 1517. (Ecole vénitienne.)

1259. La Vierge et l'Enfant Jésus. (VI **tr. B. S.**)
>   H. 1,70. — L. 1,10.

CIMABUE (GIOVANNI GUALTIERI); Florence 1240 (?)—1302 (?). (Ecole florentine.)

1260. La Vierge aux anges. (VII-N.)
>   H. 4,24. — L. 2,76.

CORRÈGE (ANTONIO ALLEGRI, dit le *Corrège*). — V. Allegri.

COSIMO (PIERO DI). — V. Piero di Lorenzo.

COSMÈ (COSIMO TURA, dit *Il Cosmè*). — V. Tura.

COSTA (LORENZO); Ferrare 1460 — Mantoue 1535. (Ecole ferraraise.)

1261. La Cour d'Isabelle d'Este, duchesse de Mantoue. (VI tr. A. N.)
H. 1,58. — L. 1,93.

1262. Scène mythologique.
H. 1,52. — L. 2,38.

CREDI (LORENZO DI) DI ANDREA D'ODERIGO ; Florence 1459 —
1537. (Ecole florentine.)

1263. La Vierge et l'Enfant entre deux saints. (VII-E.)
H. 1,64. — L. 1,65.

1264. Le Christ et la Madeleine. (VI tr. A. N.)
H. 0,58. — L. 0,43.

1265. (Voir le 1602ᴬ).

CRESPI (GIUSEPPE-MARIA), dit LO SPAGNUOLO; Bologne 1665
— 1747. (Ecole bolonaise.)

1266. Une école. (IX-S.)
H. 0,27. — L. 0,34.

CRESTI (DOMENICO); Passignano, près Florence, 1560 — 1638.
(Ecole florentine.)

1267. L'Invention de la Croix.
H. 2,32. — L. 1,62.

CRIVELLI (CARLO); Venise 1430 (?) — 1495 (?). (Ecole vénitienne.)

1268. Saint Bernardin de Sienne. (VI tr. B. S.)
H. 1,95. — L. 0,61.

1269. Pieta.
H. 0,15. — L. 0,11.

DANIEL DE VOLTERRE (DANIELE RICCIARELLI, dit *Daniel de
Volterre*). — V. Ricciarelli.

DOLCI (AGNESE) ; Florence (?) — 1686 (?). (Ecole florentine.)

1270. La Consécration.
H. 0,34. — L. 0,26.

DOMINIQUIN (DOMENICO ZAMPIERI, dit le *Dominiquin*). — V. Zampieri.

DONDUCCI (GIOVANNI-ANDREA), dit le MASTELLETTA; Bologne 1575 — 1655. (Ecole bolonaise.)

1271. Le Christ et la Vierge apparaissant à saint François d'Assise. (IX-O.)
H. 0,48. — L. 0,33.

DONO (PAOLO DI), dit PAOLO UCCELLO; Florence 1397 — 1475. (Ecole florentine.)

1272. Portraits en buste de Giotto, Paolo Uccello, Donatello, Brunelleschi et Giovanni Manetti. (VII-O.)
H. 0,43. — L. 2,10.

1273. Bataille. (VII-O.)
H. 1,80. — L. 3,16.

DONO (*Attribué à* PAOLO DI).

1274. Saint Jean-Baptiste enfant (*Don de M. His de la Salle*). (VII-O.)
H. 0,40 — L. 0,38.

DOSSO DOSSI (GIOVANNI LUTERO, dit); Ferrare (?) vers 1479 — 1542. (Ecole ferraraise.)

1276. Saint Jérôme.
H. 1,06. — L. 1,52.

DUGHET (GASPARD), dit le *Guaspre Poussin;* Rome 1613 — 1675. (Ecole romaine.)

1277. Paysage. (Escalier de la Direction.)
H. 1,00. — L. 1,37.

FABRIANO (GENTILE DA); Fabriano entre 1360 et 1370 — Rome vers 1427. (Ecole ombrienne.)

1278. La Présentation au Temple. (VII-E.)
H. 0,26. — L. 0,61.

1279. La Vierge et l'Enfant (*Acquis en* 1873). (VII-E.)
H. 0,59. — L. 0,41.

FABRIANO (*École de* GENTILE DA).

1280. Le Mariage de la Vierge. — La Circoncision. — La
    Sainte Vierge montant les degrés du Temple. (VII-E.)
> Tableau en trois compartiments. Pour chaque compartiment
> H. 0,57. — L. 0,28.

1281. La Visitation. — La Fuite en Egypte. — La Présentation
    au temple. (VII-E.)
> Tableau en trois compartiments. Pour chaque compartiment
> H. 0,57. — L. 0,28.

1282. Le Christ au milieu des docteurs. — L'Ange apparaissant
    à saint Joachim. — La Naissance de la Vierge. (VII-E.)
> Tableau en trois compartiments. Pour chaque compartiment
> H. 0,57. — L. 0,28.

1283. Saint Joseph et le Grand Prêtre. — La Nativité. — La
    Présentation. (VII-E.)
> Tableau en trois compartiments. Pour chaque compartiment
> H. 0,57. — L. 0,28.

FASOLI (LORENZO DE'), dit LORENZO DI PAVIA; Pavie (?) — vers
    1520. (Ecole lombarde.)

1284. La Famille de la Vierge. (VI tr. A. N.)
> H. 2,02. — L. 1,44.

FERRARI (GAUDENZIO); Valduggia, près Novare, vers 1481 —
    Milan 1546. (Ecole piémontaise.)

1285. Saint Paul. (VI tr. A. S.)
> H. 2,00. — L. 1,47.

FETI (DOMENICO); Rome 1589 — Venise 1624. (Ecole romaine.)

1286. Néron. (VI tr. D. N.)
> H. 1,51. — L. 1,12.

1287. La Vie champêtre. (IX-O.)
> H. 0,75. — L. 0,65.

1288. La Mélancolie. (VI tr. B. N.)
> H. 1,68. — L. 1,28.

1289. L'Ange gardien. (VI tr. D. N.)
> H. 2,92. — L. 1,38.

FIESOLE (FRA GIOVANNI DA), dit BEATO ANGELICO; Vicchio, province de Mugello, 1387 — Rome 1455. (Ecole florentine.)

1290. Le Couronnement de la Vierge. (VII-E.)
H. 2,13. — L. 2,11.

1291. La Décollation de saint Jean-Baptiste (*Don de M. His de la Salle*). (VII-E.)
H. 0,20. — L. 0,30.

1293. Martyre de saint Côme et de saint Damien (*Coll. Timbal*). (VII-E.)
H. 0,38. — L. 0,47.

1294. La Crucifixion. — Peinture à fresque (*Acquis en* 1880). (Escalier Daru N.)
H. 4,25. — L. 2,60.

1294ᴬ. La Résurrection (*Legs de Mme la baronne Nathaniel de Rothschild*). (VII–E.)
H. 0,27. — L. 0,11.

FILIPEPI (SANDRO), dit IL BOTTICELLI; Florence 1447 — 1510. (Ecole florentine.)

1295. Le Magnificat. (VII-S.)
Diam. 1,14.

1296. La Vierge, l'Enfant Jésus et Saint Jean. (VII-O.)
H. 0,93. — L. 0,69.

1297. Sujet allégorique. Giovanna Tornabuoni et les Trois Grâces. — Fresque provenant de la villa Lemmi près Florence (*Acquis en* 1882). (Escalier Daru O.)
H. 2,12. — L. 2,84.

FILIPEPI (*École de* SANDRO).

1298. Sujet allégorique. Lorenzo Albizzi et les Arts libéraux, personnifiés par sept femmes. — Fresque provenant de la villa Lemmi près Florence (*Acquis en* 1882). (Escalier Daru O.)
H. 2,27. — L. 2,69.

1299. Vénus. (VII-O.)
H. 0,85. — L. 2,20.

1300. Fragment de prédelle. Sujets religieux. (VII-O.)
H. 0,23. — L. 0,90.

1300ᴬ. La Vierge et l'Enfant Jésus adorés par des anges (*Legs de Mme la baronne Nathaniel de Rothschild*). (VII-O.)
H. 0,79. — L. 0,55.

FRANCESCA (PIERO DELLA) ou DEGLI FRANCESCHI ; Borgo San-Sepolcro 1423 — 1492.

1300ⁿ. La Vierge et l'Enfant Jésus (*Acquis en 1898 avec le concours de la Société des Amis du Louvre*). (VII-O.)
H. 1,04. — L. 0,76.

FRANCIA (FRANCESCO RAIBOLINI, dit *Il Francia*). — V. Raibolini.

GADDI (AGNOLO DI TADDEO) ; Florence 1333 (?) — 1396. (Ecole florentine.)

1301. L'Annonciation. (VII-O.)
H. 0,43. — L. 0,69.

GADDI (TADDEO) ; Florence 1300 (?) — 1366. (Ecole florentine).

1302. Décollation de saint Jean-Baptiste. — Le Calvaire. — Le Christ et Judas Iscariote. — Martyre d'un saint. (VII-N.)
H. 0,34 — L. 0,67.

GARBO (RAFFAELLINO DEL) ; Florence 1466 — 1524. (Ecole florentine.)

1303. Le Couronnement de la Vierge. (VI tr. A. S.)
H. 2,93. — L. 1,62.

GARGIUOLI (DOMENICO), dit MICCO SPADARO ; Naples 1612—1679.
1304. Combat.
H. 1,34. — L. 1,66.

GAROFALO (BENVENUTO TISI, dit *Il Garofalo*). — V. Tisi.

GENTILESCHI (ORAZIO LOMI, dit *Il Gentileschi*). — V. Lomi.

GHIRLANDAJO (BENEDETTO et DOMENICO GRILLANDAJO, dits *Ghirlandajo*). — V. Grillandajo.

GIORDANO (LUCA) ; Naples 1632 — 1705. (Ecole napolitaine.)
1305. Mars et Vénus. (IX-N.)
H. 0,63. — L. 0,76.

1306. Ronde d'amours (*Coll. La Caze*). (I-E.)
H. 0,49. — L. 0,87.

1307. La Chasse de Diane (*Coll. La Caze*). (I-O.)
H. 1,17. — L. 1,37.

1308. Le Mariage de la Vierge (*Coll. La Caze*). (I-E.)
H. 1,13. — L. 1,36.

1309. Adoration des bergers (*Coll. La Caze*). (I-E.)
H. 1,15. — L. 1,35.

1310. Tarquin et Lucrèce (*Coll. La Caze*). (I-E.)
H. 1,66. — L. 1,12.

1311. La Mort de Sénèque (*Coll. La Caze*). (I-E.)
H. 1,54. — L. 1,90.

GIORGIONE (GIORGIO BARBARELLI, dit le *Giorgione*). — V. Barbarelli.

GIOTTO di Bondone; Vespignano près Florence 1276(?) — Florence 1337. (Ecole florentine.)

1312. Saint François d'Assise recevant les stigmates. (VII-N.)
H. 3,14. — L. 1,62.

GIOTTO (*École de*).

1313. Funérailles de saint Bernard. (VII-O.)
H. 0,31. — L. 0,40.

1314. La Vierge et l'Enfant. (VII-O.)
H. 0,52. — L. 0,49.

1315. La Vierge et l'Enfant (VII-O.)
H. 0,93. — L. 0,54.

1316. La Vierge et l'Enfant. (VII-O.)
H. 0,85. — L. 0,64.

1317. Naissance de saint Jean-Baptiste. (VII-O.)
H. 0,27. — L. 0,36.

GIROLAMO DAI LIBRI; Vérone 1474 — 1556. (Ecole vénitienne.)

1318. La Vierge et l'Enfant Jésus (*Acquis en* 1877). (VI tr. B. S.)
H. 0,71. — L. 0,48.

GOZZOLI (BENOZZO di Lese di Sandro); Florence 1420 — Pise 1498. (Ecole florentine.)

1319. Le Triomphe de saint Thomas d'Aquin. (VII-E.)
H. 2,27. — L. 1,02.

GOZZOLI (*Attribué à* BENOZZO).

1320. La Vierge entourée de saints. — Légende de saint Jérôme et des saints Côme et Damien. (VII-E.)
Décoration d'autel avec prédelle et montants :
> Panneau principal. H. 1,64. — L. 2,06.
> Prédelle. H. 0,25. — L. 2,59.
> Montants (chaque). H. 1,75. — L. 0,13.

GRILLANDAJO (DOMENICO) di Tommaso Bigordi, dit GHIRLANDAJO; Florence 1449 — 1494. (Ecole florentine.)

1321. La Visitation. (VII-O.)
> H. 1,72. — L. 1,65.

1322. Portrait d'un vieillard et de son petit-fils (*Acquis en 1880*). (VII-O.)
> H. 0,62. — L. 0,46.

GRILLANDAJO (BENEDETTO) di Tommaso Bigordi, dit GHIRLANDAJO; Florence 1458 — 1497. (Ecole florentine.)

1323. Le Christ marchant au Calvaire. (VII-E.)
> H. 1,91. — L. 1,91.

GRILLANDAJO (RIDOLFO) di Domenico Bigordi; Florence 1483 — 1561. (Ecole florentine.)

1324. Le Couronnement de la Vierge. (VI tr. A. S.)
> H. 2,90. — L. 1,91.

GRIMALDI (GIOVANNI-FRANCESCO), dit IL BOLOGNESE; Bologne 1606 — Rome 1680. (Ecole bolonaise.)

1327. Les Laveuses. (IX-N.)
> H. 0,57. — L. 0,68.

GUARDI (FRANCESCO); Venise 1712 — 1793. (Ecole vénitienne.)

1328. Vue de Venise. (VI tr. B. N.)
> H. 0,67. — L. 1,00.

1329. Eglise de la Salute. (VI tr. B. N.)
> H. 0,67. — L. 1,00.

1330. Fête du Jeudi Gras à Venise. (VI tr. B. N.)
> H. 0,67. — L. 1,00.

1331. Fête du Corpus Domini. (VI tr. B. N.)

H. 0,67. — L. 0,98.

1332. Procession du Doge à l'église San Zaccaria. (VI tr. B. N.)

H. 0,67. — L. 0,98.

1333. La Salle du Collège au Palais ducal, à Venise. (VI tr. B. N.)

H. 0,66. — L. 1,00.

1334. Couronnement du doge sur l'escalier des géants du Palais ducal, à Venise. (VI tr. B. N.)

H. 0,67. — L. 1,00.

1335. Vue de Venise (*Coll. La Caze*). (I-E.)

H. 0,30. — L. 0,44.

GUASPRE (GASPARD DUGHET, dit *le Guaspre Poussin*). — V. Dughet.

GUERCHIN (GIOVANNI-FRANCESCO BARBIERI, dit *le Guerchin*). — V. Barbieri.

GUIDE (GUIDO RENI, dit *le Guide*). — V. Reni.

JOSÉPIN (GIUSEPPE CESARI, dit *le Josépin*). — V. Cesari.

JULES ROMAIN (GIULIO PIPPI, dit *Jules Romain*). — V. Pippi.

LANFRANCO (GIOVANNI); Parme 1581 — Rome 1647. (Ecole lombarde.)

1336. Agar dans le désert.

H. 1,38. — L. 1,59.

1337. Saint Pierre.

H. 1,28. — L. 0,97.

1338. La Séparation de saint Pierre et de saint Paul.

H. 1,07. — L. 1,59.

1339. Le Couronnement de la Vierge.

H. 2,20. — L. 1,44.

LAURI (FILIPPO); Rome 1623 — 1694. (Ecole romaine.)

1340. Saint François d'Assise en extase. (IX-S.)

H. 0,48. — L. 0,38.

1341. Sacrifice à Pan.

> H. 0,50. — L. 0,58.

LIPPI (FRA FILIPPO) ; Florence 1406 — Spolète 1469. (Ecole florentine.)

1343. La Nativité. (VII-O.)

> H. 1,69. — L. 1,60.

1344. La Vierge et l'Enfant Jésus entre deux saints abbés. (VII-O.)

> H. 2,17. — L. 2,44.

LIPPI (*École de* FRA FILIPPO).

1345. La Vierge et l'Enfant. (VII-O.)

> H. 0,62. — L. 0,42.

LOMI (ORAZIO), dit IL GENTILESCHI; Pise 1562 — Londres 1647. (Ecole florentine.)

1346. Repos de la Sainte Famille.

> H. 1,58. — L. 2,25.

LONGHI (BARBARA); Ravenne, fin du XVIᵉ siècle. (Ecole bolonaise.)

1347. La Vierge et l'Enfant Jésus couronnant une religieuse.

> H. 0,39. — L. 0,32.

LORENZO MONACO (DON) di Giovanni; Florence vers 1370 — 1425 (?). (Ecole florentine.)

1348. Tableau en trois compartiments. Au milieu, saint Laurent. Des deux côtés, sainte Agnès et sainte Marguerite. (VII-E.)

> H. 1,46. — L. 1,45.

LOTTO (LORENZO); Venise 1480 (?) — Lorette 1555 ou 1556. (Ecole vénitienne.)

1349. La Femme adultère. (VI tr. B. N.)

> H. 1,24. — L. 1,56.

1350. Saint Jérôme dans le désert. (VI tr. B. S.)

> H. 0,58. — L. 0,40.

1351. Sainte Famille. (VI **tr.** B. S.)

    H. 1,50. — L. 2,37.

LUCIANI (SEBASTIANO), dit SEBASTIEN DEL PIOMBO; Venise vers 1485 — Rome 1547. (Ecole vénitienne.)

1352. La Visitation. (VI tr. B. S.)

    H. 1,68. — L. 1,32.

LUINI (BERNARDINO); Luino (lac Majeur) vers 1475 — après 1533. (Ecole milanaise.)

1353. Sainte Famille. (VI tr. A. S.)

    H. 0,51. — L. 0,46.

1354. Le Sommeil de l'Enfant Jésus. (IV-S.)

    H. 0,92. — L. 0,73.

1355. Salomé recevant la tête de saint Jean-Baptiste. (VI tr. A. S.)

    H. 0,62. — L. 0,53.

1356. La Forge de Vulcain. (VI tr. A. S.)

    H. 1,73. — L. 1,97.

1357. Enfant assis sous une treille. (V.)

    H. 0,48. — L. 0,68.

1358. Enfant à genoux sous une treille. (V.)

    H. 0,49. — L. 0,59.

1359. La Nativité. (V.)

    H. 2,22. — L. 1,65.

1360. L'Adoration des Mages. (V.)

    H. 2,22. — L. 1,65.

1361. Le Christ. (V.)

    H. 1,40. — L. 1,10.

1362. Tête de jeune fille personnifiant le silence (*Don de M. His de la Salle*). (VI tr. A. S.)

    H. 0,24. — L. 0,18.

LUINI (*École de* BERNARDINO).

1363. L'Annonciation. (V.)

    H. 1,70. — L. 1,60.

1364. Le Christ mort entouré des instruments de la Passion. (v.)
H. 2,15. — L. 1,76.

1365. Curius Dentatus refusant les présents des Samnites. (v.)
H. 2,40. — L. 2,40.

LUTERO (GIOVANNI), dit *Dosso Dossi*. — V. Dosso Dossi.

LUTI (BENEDETTO); Florence 1666 — Rome 1724. (Ecole florentine.)
1366. La Madeleine.
H. 1,67. — L. 1,26.

MAINARDI (BASTIANO); San Gimignano (?) — Florence (?) 1513. (Ecole florentine.)
1367. La Vierge et l'Enfant. (VII-O.)
Diam. 0,92.

MAINARDI (*Attribué à*).
1367ᴬ. La Vierge et l'Enfant Jésus (*Legs de Mme la baronne Nathaniel de Rothschild*). (VII-O.)
H. 0,76. — L. 0,54.

MANFREDI (BARTOLOMMEO); Ustiano, près Mantoue, 1580 (?) — Rome 1617 (?). (Ecole lombarde.)
1368. La Diseuse de bonne aventure. (VI tr. D. N.)
H. 1,27. — L. 1,50.

MANNI (GIANNICOLA DI PAOLO); Città della Pieve (?) — Pérouse 1544. (Ecole ombrienne.)
1369. Le Baptême de Notre-Seigneur. (VI tr. A. N.)
H. 0,43. — L. 0,86.

1370. L'Assomption de la Vierge. (VI tr. A. N.)
H. 0,43. — L. 0,86.

1371. L'Adoration des Mages. (VI tr. A. N.)
H. 0,43. — L. 0,86.

1372. Sainte Famille. (VI tr. A. N.)
H. 2,13. — L. 1,48.

MANTEGNA (ANDREA); Padoue 1431 — Mantoue 1506. (Ecole vénitienne.)
1373. Le Calvaire. (VI tr. B. S.)
H. 0,67. — L. 0,93.

1374. La Vierge de la Victoire. (VI tr. B. S.)

H. 2,80. — L. 1,66.

1375. Le Parnasse. (VI tr. B. S.)

H. 1,60. — L. 1,92.

1376. La Sagesse victorieuse des Vices. (VI tr. B. S.)

H. 1,60. — L. 1,92.

MARATTA (Carlo); Camerano, près Ancône, 1625 — Rome 1713. (Ecole romaine.)

1377. Le Sommeil de l'Enfant Jésus.

H. 1,25. — L. 1,00.

1378. Mariage de sainte Catherine.

H. 0,44. — L. 0,32.

1379. Portrait de Marie-Madeleine Rospigliosi. (IX-E.)

H. 0,94. — L. 0,74.

1380. Portrait de Carlo Maratta. (XV.)

H. 0,70. — L. 0,58.

MARCHESI (GIROLAMO) da Cotignola; Cotignola, près Ferrare, 1480 (?) — Rome (?) 1550 (?). (Ecole ferraraise.)

1381. Le Christ portant sa croix. (IX-S.)

H. 0,53. — L. 0,50.

MARCO DA OGGIONO; Oggiono (Milanais) vers 1470 — 1530. (Ecole lombarde.)

1382. Sainte Famille. (VI tr. A. S.)

H. 1,18. — L. 0,71.

1382ᴬ. La Vierge et l'Enfant (*Acquis en* 1894). (VI tr. A. S.)

H. 0,46. — L. 0,38.

MARTINI (SIMONE), dit SIMONE MEMMI; Sienne 1285 (?) — Avignon 1344. (Ecole de Sienne.)

1383. Jésus-Christ marchant au Calvaire. (VII-E.)

H. 0,25. — L. 0,16.

MASSONE (GIOVANNI); Alexandrie, seconde moitié du xve siècle. (Ecole piémontaise.)

1384. Rétable en trois compartiments : au centre, la Nativité ; à gauche, saint François d'Assise, debout, protégeant Sixte IV à genoux ; à droite, saint Antoine de Padoue debout protégeant le cardinal Julien de la Rovère (depuis Jules II). (VI tr. A. S.)

1er et 3e comp., chacun : H. 1,11. — L. 0,57.
2e comp. H. 1,77. — L. 0,77.

MAZZOLA (FRANCESCO), dit LE PARMESAN ; Parme 1503 — Casal Maggiore, près Crémone, 1540. (Ecole lombarde.)

1385. Sainte Famille. (IX-S.)

H. 0,42. — L. 0,34.

1386. Sainte Famille. (IX-S.)

H. 0,46. — L. 0,35.

MAZZOLINI (LODOVICO); Ferrare vers 1480 — entre 1528 et 1530. (Ecole ferraraise.)

1387. Sainte Famille.

H. 0,35. — L. 0,28.

1388. Jésus-Christ prêchant la multitude. (VI tr. A. N.)

H. 0,41. — L. 0,58.

MEMMI (SIMONE MARTINI, dit *Simone Memmi*). — V. Martini.

MICHEL ANGE DES BATAILLES. — V. Cerquozzi.

MICHEL ANGE DE CARAVAGE. — V. Amerighi.

MICHEL ANGE DE LUCQUES. — V. Anselmi.

MOLA (PIER-FRANCESCO); Coldrè, près Côme, 1612 (?) — Rome 1668. (Ecole bolonaise.)

1390. La Prédication de saint Jean-Baptiste.

H. 1,62. — L. 1,23.

1392. Vision de saint Bruno.

H. 0,94. — L. 0,70

8.

MONTAGNA (Bartolommeo); Orzinuovi, près Brescia, 1450 — Vicence (?) 1523. (Ecole vénitienne.)

1393. Ecce Homo. (VI tr. B. S.)
H. 0,54. — L. 0,43.

1394. Trois Enfants exécutant un concert (*Don de M. His de la Salle*). (VI tr. B. S.)
H. 0,45. — L. 0,69.

MORONI (Giovanni-Battista) ; Bondo, près Albino, entre 1520 et 1525 — Bergame 1578. (Ecole vénitienne.)

1395. Portrait d'un vieillard (*Acquis en* 1889). (VI tr. B. S.)
H. 0,98. — L. 0,82.

MORETTO (Alessandro Bonvicino, dit *Moretto de Brescia*). — V. Bonvicino.

MUZIANO (Girolamo); Acqua-Fredda, près Brescia, 1530 — Rome 1592. (Ecole vénitienne.)

1396. L'Incrédulité de saint Thomas. (VI tr. B. N.)
H. 0,52. — L. 0,53.

NERI DI BICCI; Florence 1419 — 1491. (Ecole florentine.)

1397. La Vierge et l'Enfant. (VII-O.)
H. 0,85. — L. 0,56.

1398. L'Annonciation.
H. 1,55. — L. 1,75.

ORBETTO (Alessandro Turchi, dit *l'Orbetto* ou *Veronese*). — V. Turchi.

PADOVANINO (Alessandro Varotari, dit *Il Padovanino*). — V. Varotari.

PALMA (Jacopo), dit Palma le Vieux; Serinalta, près Bergame, vers 1480 — Venise 1528. (Ecole vénitienne.)

1399. L'Annonce aux bergers. (VI tr. B. S.)
H. 1,40. — L. 2,10.

1399[A]. Sainte Famille et Saint Jean (*Legs de Mme la baronne Nathaniel de Rothschild*). (VI tr. B. S.)
H. — 0,61. — L. 0,73.

PALMEZZANO (Marco) ou Palmeggiani ; Forli vers 1456 — travaillait encore en 1537. (Ecole ombrienne.)

1400. Le Christ mort. (VI tr. A. S.)
> H. 0,83. — L. 0,80.

PANETTI (Domenico) ; Ferrare 1460 (?) — 1511 ou 1512.

1401. La Nativité. (IX-S.)
> H. 0,58. — L. 0,49.

PANINI (Giovanni-Paolo) ; Plaisance 1695 — Rome 1768. (Ecole lombarde.)

1402. Festin.
> Diam. 2,12 (forme ronde).

1403. Festin. (IX-N.)
> H. 0,35. — L. 0,38.

1404. Concert. (IX-N.)
> H. 0,38. — L. 0,39.

1405. Ruines d'architecture.
> H. 1,71. — L. 2,45.

1406. Ruines d'architecture.
> H. 0,72. — L. 0,97.

1407. Ruines d'architecture.
> H. 0,72. — L. 0,97.

1408. Intérieur de Saint-Pierre de Rome. (VI tr. B. N.)
> H. 1,50. — L. 2,25.

1409. Concert donné à Rome le 26 novembre 1729, à l'occasion de la naissance du Dauphin, fils de Louis XV. (VI tr. B. N.)
> H. 2,04. — L. 2,47.

1410. Préparatifs de la fête donnée sur la place Navone à Rome en 1729, à l'occasion de la naissance du Dauphin, fils de Louis XV.
> H. 1,10. — L. 2,50.

1411. Ruines antiques (*Coll. La Caze*). (I-E.)
> H. 0,50. — L. 0,65.

1412. Ruines (*Coll. La Caze*). (I-E.)
> H. 0,65. — L. 0,50.

PARMESAN (Francesco Mazzola, dit *le Parmesan*). — V. Mazzola.

PELLEGRINI (ANTONIO) ; Venise 1675 — 1741. (Ecole vénitienne.)

1413. Allégorie. (VI tr. B. N.)
>H. 0,99. — L. 0,85.

PERUGIN (PIETRO VANNUCCI, dit *le Pérugin*). — V. Vannucci

PESARESE (SIMONE CANTARINI, dit *Il Pesarese*). — V. Cantarini.

PESELLO (FRANCESCO) di Stefano, dit IL PESELLINO ; Florence
1422 — 1457. (Ecole florentine.)

1414. Saint François recevant les stigmates. — Saint Côme et
saint Damien. Tableau en deux compartiments. (VII-E.)
>1er comp. H. 0,29. — L. 0,45.
>2e comp. H. 0,29. — L. 0,45.

1415. Le Christ mort. Deux scènes de légende. Tableau en trois
compartiments. (VII-E.)
>1er comp. H. 0,28. — L. 0,27.
>2e comp. H. 0,31. — L. 0,29.
>3e comp. H. 0,31. — L. 0,29.

PIERO DI LORENZO, dit PIERO DI COSIMO ; Florence 1462 —
1521 (?). (Ecole florentine.)

1416. Le Couronnement de la Vierge. (VI tr. A. S.)
>H. 2,72. — L. 1,94.

1416A. Noces de Thétis et de Pélée (*Don de M. de Vandeul*). (VII-S.)
>H. 1m. — L. 1,50.

1416B. Noces de Thétis et de Pélée (*Don de M. de Vandeul*). (VII-S.)
>H. 1m. — L. 1,50.

PIERRE DE CORTONE (PIETRO BERETTINI, dit *Pierre de Cortone*). — V. Berettini.

PINTURICCHIO (BERNARDINO di Betto di Biagio, dit IL); Pérouse
1454 — Sienne 1513. (Ecole ombrienne.)

1417. La Vierge et l'Enfant. (VI tr. A. N.)
>H. 0,58. — L. 0,40.

PIOMBO (SEBASTIANO LUCIANI, dit *Sébastien del Piombo*). —
V. Luciani.

PIPPI (GIULIO), dit JULES ROMAIN; Rome 1492 — Mantoue 1546. (Ecole romaine.)

1418. La Nativité. (VI tr. A. N.)
H. 2,75. — L. 2,12.

1419. Sainte Famille.
H. 0,29. — L. 0,26.

1420. Le Triomphe de Titus et de Vespasien. (VI tr. C. S.)
H. 1,21. — L. 1,70.

1421. Vénus et Vulcain. (IX-S.)
H. 0,38. — L. 0,26.

1422. Portrait d'homme. (VI tr. A. N.)
H. 1,58. — L. 0,44.

PISANO (VITTORE), dit PISANELLO; San Vigilio (Lac de Garde) (?) vers 1380 (?) — Rome (?) 1451. (École de Vérone.)

1422ᴬ. Portrait d'une princesse de la Maison d'Este (*Acquis en 1893*). (Salle VIII des Dessins.)
H. 0,41. — L. 0,30.

POLIDORE DE CARAVAGE (POLIDORO CALDARA, dit *Polidore de Caravage*). — V. Caldara.

PONTE (JACOPO DA), dit JACQUES BASSAN ; Bassano 1510 — 1592. (Ecole vénitienne.)

1423. L'Entrée des animaux dans l'arche. (VI tr. B. N.)
H. 1,02. — L. 1,21.

1424. Le Frappement du rocher. (VI tr. B. S.)
H. 0,93. — L. 1,11.

1425. Les Noces de Cana. (VI tr. B. N.)
H. 1,52. — L. 2,14.

1426. Jésus-Christ marchant au Calvaire. (VI tr. B. S.)
H. 1,33. — L. 1,87.

1427. Le Christ descendu de la croix. (IV-O.)
H. 1,54. — L. 2,25.

1428. Les Vendanges. (VI tr. B. S.)
H. 0,97. — L. 1,20.

1429. Portrait du sculpteur Jean de Bologne. (VI tr. B. S.)
H. 0,61. — L. 0,52.

PONTE (LEANDRO ou LIONARDO DA), dit LEANDRE BASSAN ; Bassano 1558 — Venise 1623. (Ecole vénitienne.)

1430. Adoration des Mages (*Coll. La Caze*). (I-O.)
H. 1,63. — L. 2,27.

1431. Travaux champêtres (*Coll. La Caze*). (I-O.)
H. 1,56. — L. 2,21.

PRETI (MATTIA), dit IL CALABRESE ; Taverna (Calabre) 1613 — Malte 1699. (Ecole napolitaine.)

1432. Martyre de saint André.
H. 0,34. — L. 0,43.

PRIMATICCIO (*D'après* FRANCESCO), dit le PRIMATICE ; Bologne 1490 — Paris 1570. (Ecole bolonaise.)

1433. Le Concert. (XI-S.)
H. 1,40. — L. 1,38.

PROCACCINI (GIULIO-CESARE); Bologne vers 1548 — Milan vers 1626. (Ecole lombarde.)

1434. Sainte Famille. (VI tr. A. S.)
H. 1,45. — L. 1,12.

PUNTORMO (JACOPO CARRUCCI, dit *le Puntormo*). — V. Carrucci.

RAIBOLINI (FRANCESCO), dit IL FRANCIA ; Bologne 1450 — 1517. (Ecole bolonaise.)

1435. La Nativité. (VI tr. A. N.)
H. 0,236. — L. 0,138.

1436. Le Christ en croix. (VI tr. A. N.)
H. 2,50. — L. 1,71.

1436ᴬ. Vierge et Enfant entourés de saints (*don de Mme de Nolleval*). (VI tr. A. N.).
H. 2,12. — L. 1,62.

RAIBOLINI (*École de*).

1437. La Vierge et l'Enfant. (VI tr. A. N.)
H. 0,69. — L. 0,55.

1437ᴬ. La Vierge et l'Enfant entourés de Saints (*Legs de Mme la baronne Nathaniel de Rothschild*). (VII-O.)
H. 0,37. — L. 0,29.

RAMENGHI (BARTOLOMMEO), dit IL BAGNACAVALLO ; Bagnacavallo
1484 — Bologne 1542. (Ecole bolonaise.)

438. La Circoncision. (VI tr. A. S.)
> H. 1,13. — L. 1,22.

RAPHAEL (RAFFAELLO SANTI, dit *Raphaël Sanzio*). — V.
Santi.

RENI (GUIDO), dit LE GUIDE; Calvenzano, près Bologne, 1575 —
Bologne 1642. (Ecole bolonaise.)

439. David vainqueur de Goliath. (VI tr. B. N.
> H. 2,20. — L. 1,60.

442. La-Vierge et l'Enfant.
> Diam. 1,15 (forme ronde).

443. Sainte Famille.
> H. 0,25. — L. 0,19.

447. Ecce Homo. (IX-O.)
> H. 0,62. — L. 0,48.

448. La Madeleine. (IX-O.)
> H. 0,66. — L. 0,57.

450. Saint Sébastien. (VI tr. B. N.)
> H. 1,17. — L. 1,32.

453. Hercule sur le bûcher. (IV-S.)
> H. 2,60. — L. 1,93.

454. Déjanire et le Centaure Nessus. (IV-N.)
> H. 2,39. — L. 1,93.

455. Hercule et Archélous. (IV-N.)
> H. 2,61. — L. 1,92.

456. L'Enlèvement d'Hélène.
> H. 2,53. — L. 2,65.

457. Hercule terrassant l'Hydre de Lerne. (IV-S.)

RICCI ou **RIZZI** (SÉBASTIANO); Cividale di Belluno 1659 ou 1660
— Venise 1734. (Ecole vénitienne.)

458. Allégorie. (VI tr. B. N.)
> H. 1,13. — L. 0,85.

1459. Jésus-Christ donnant les clés à saint Pierre. (VI tr. B. N.)
H. 0,80. — L. 0,44.

1460. Polixène sacrifiée aux mânes d'Achille. (IX-N.)
H. 0,56. — L. 0,98.

1461. La Continence de Scipion. (IX-N.)
H. 0,56. — L. 0,98.

RICCIARELLI (DANIELE), dit DANIEL DE VOLTERRE; Volterre 1509 (?) — Rome 1566. (Ecole florentine.)

1462. David vainqueur de Goliath. Table d'ardoise peinte des deux côtés. (VI.)
H. 1,33. — L. 1,72.

RICCIO (FELICE), dit IL BRUSASORCI; Vérone 1540 — 1605. (Ecole vénitienne.)

1463. Sainte Famille. (VI tr. B. S.)
H. 0,87. — L. 0,97.

ROBUSTI (JACOPO), dit LE TINTORET; Venise 1519 — 1594. (Ecole vénitienne.)

1464. Suzanne au bain. (IV-N.)
H. 1,67. — L. 2,38.

1464ᴬ. Le Christ mort et deux Anges. (VI tr. B. S.)
H. 0,29. — L. 0,19.

1465. Le Paradis. (VI tr. B. S.)
H. 1,43. — L. 3,62.

1466. Portrait du Tintoret. (XV.)
H. 0,61. — L. 0,51.

1467. Portrait d'homme. (VI tr. B. S.)
H. 1,14. — L. 0,90.

1468. Suzanne au bain (*Coll. La Caze*). (I-E.)
H. 2,55. — L. 3,95.

1469. La Vierge et l'Enfant entourés de saints (*Coll. La Caze*). (I-E.)
H. 1,85. — L. 3,90.

1470. Portrait de Pietro Mocenigo (*Coll. La Caze*). (I-E.)
H. 1,28. — L. 1,06.

1471. Portrait de sénateur vénitien (*Coll. La Caze*). (I-O.)
H. 1,10. — L. 0,93.

1472. Portrait d'homme (*Coll. La Caze*). (I-E.)
H. 0,42. — L. 0,32.

1472ᴬ. Madone en gloire (*Legs de Mme la baronne Nathaniel de Rothschild*). (VI tr. B. S.)
H. 0,68. — L. 8,70.

ROMAIN (GIULIO PIPPI, dit *Jules Romain*). — V. Pippi.

ROMANELLI (GIOVANNI-FRANCESCO); Viterbe 1610 — 1662.
(Ecole romaine.)

1473. Vénus et Enée.
H. 1,60. — L. 2,17.

1475. La Manne.
H. 2,00. — L. 2,14.

1476. Vénus et Adonis (*Coll. La Caze*). (I-O.)
H. 1,82. — L. 1,36.

★★★★ Peintures à fresque dans les voûtes des Salles des Saisons, de la Paix, de Septime-Sévère et des Antonins.
(Voir aux Peintures décoratives, p. 219 et 220.)

ROSA (SALVATOR); Renella, près de Naples, 1615 — Rome 1673.
(Ecole napolitaine.)

1477. L'Ange et Tobie. (IX-O.)
H. 0,26. — L. 0,21.

1478. Apparition de l'ombre de Samuel à Saül. (VI tr. D. N.)
H. 2,73. — L. 1,94.

1479. Bataille. (VI tr. D. N.)
H. 2,17. — L. 3,51.

1480. Paysage. (VI tr. D. N.)
H. 1,42. — L. 1.93.

ROSSELLI (*Attribué à* COSIMO) di Lorenzo Filippi; Florence 1439 — 1507. (Ecole florentine.)

482. Vierge glorieuse. (VII-E.)
H 1,89. — L. 1,77.

ROSSELLI (MATTEO); Florence 1578 — 1650. (Ecole florentine.)

1483. Le Triomphe de David. (IX-S.)
> H. 2,35. — L. 2,95.

ROSSI (FRANCESCO), dit IL CECCHINO DEL SALVIATI; Florence
1510 — 1563. (Ecole florentine.)

1484. L'Incrédulité de saint Thomas.
> H. 2,75. — L. 2,32.

ROSSO (GIOVANBATTISTA), dit MAITRE ROUX; Florence 1496 (?) —
Fontainebleau 1541. (Ecole florentine.)

1485. Pieta. (XI-S.)
> H. 1,25. — L. 1,62.

1486. Le Défi des Piérides. (XI-S.)
> H. 0,31. — L. 0,63.

SABBATINI (LORENZO), dit IL LORENZINO; Bologne 1533 (?) —
Rome 1577. (Ecole bolonaise.)

1487. Sainte Famille.
> H. 1,73. — L. 1,42.

SACCHI (PIER FRANCESCO); Pavie, commencement du XVIe siècle.
(Ecole lombarde.)

1488. Les Quatre Docteurs de l'Eglise. (VI tr. A. S.)
> H. 1,98. — L. 1,67.

SALVI (GIOVANNI-BATTISTA), dit SASSOFERRATO; Sassoferrato
1605 — Rome 1685. (Ecole romaine.)

1489. Le Sommeil de l'Enfant Jésus.
> H. 0,76. — L. 0,62.

1490. L'Assomption.
> H. 1,45. — L. 0,85.

SALVI, dit SASSOFERRATO (*D'après* Raphaël).

1493. Sainte Famille. (IX-S.)
> H. 0,47. — L. 0,37.

1494. Madone de la Maison Conestabile.
> H. 0,15. — L. 0,15.

SALVI, dit SASSOFERRATO (*D'après* le Baroche).

1495. L'Annonciation. (VI tr. B. N.)
> H. 0,98. — L. 0,74.

SALVIATI (FRANCESCO ROSSI, dit *Il Salviati* ou *Il Cecchino dei Salviati*). — V. Rossi.

SANO DI PIETRO. — V. Ansano.

SANTI (RAFFAELLO), dit RAPHAEL SANZIO; Urbino 1483 — Rome 1520. (École romaine.)

1496. La Belle Jardinière. (IV-O.)
> H. 1,22. — L. 0,80.

1497. La Vierge au voile. (VI tr. C. S.)
> H. 0,68. — L. 0,44.

1498. La grande Sainte Famille de François Ier. (IV-N.)
> H. 2,07. — L. 1,40.

1499. Sainte Famille. (VI tr. C. S.)
> H. 0,38. — L. 0,32.

1500. Saint Jean-Baptiste dans le désert. (VI tr. C. S.)
> H. 1,35. — L. 1,12.

1501. Sainte Marguerite. (VI tr. C. S.)
> H. 1,78. — L. 1,22.

1502. Saint Michel. (VI tr. C. S.)
> H. 0,31. — L. 0,27.

1503. Saint Georges. (VI tr. C. S.)
> H. 0,32. — L. 0,27.

1504. Saint Michel terrassant le démon. (IV-S.)
> H. 2,68. — L. 1,60.

1505. Portrait de Balthasar Castiglione. (IV-N.)
> H. 0,82. — L. 0,67.

1506. Portrait de jeune homme. (VI tr. C. S.)
> H. 0,59. — L. 0,44.

1507. Portrait de Jeanne d'Aragon, femme du prince Ascanio Colonna, connétable du royaume de Naples. (VI tr. C. S.)
> H. 1,20. — L. 0,95.

1508. Portraits d'hommes. (VI tr. C. S.)
H. 0,99. — L. 0,83.

SANTI (*Attribué à* RAFFAELLO) (?)
1509. Apollon ét Marsyas (*Acquis en* 1883). (VI tr. C. S.)
Ce tableau est connu sous la dénomination de : Raphaël de Morris Moore, d'après le nom de l'amateur qui en a le premier signalé l'importance, en l'attribuant au maître d'Urbin.
H. 0,39. — L. 0,29.

1509ᴬ. Tête de sainte Elisabeth (*Legs de M. Eugène Piot*). (VI tr. C. S.)
H. 0,34. — L. 0,24.

SANTI (*École de* RAFFAELLO).
1510. L'Abondance. (VI tr. C. S.)
H. 0,38. — L. 0,31.

1511. Sainte Catherine d'Alexandrie. (VI tr. C. N.)
H. 1,66. — L. 1,00.

1512. Fresque de la Magliana (*Acquis en* 1873). (VII-S.)
H. 1,40. — L. 2,83.

SANTI (*D'après* RAFFAELLO).
1513. La Madone de Lorette.
H. 1,21. — L. 0,91.

1513ᴬ. La Vision d'Ézéchiel. (VI tr. C. S.)
H. 0,39. — L. 0,26.

SANZIO (RAFFAELLO SANTI, dit *Raphaël Sanzio*). — V. Santi.

SARTO (ANDREA DEL); Florence 1486 — 1531. (Ecole florentine.)
1514. La Charité. (VI tr. A. S.)
H. 1,85. — L. 1,37.

1515. Sainte Famille. (VI tr. A. S.)
H. 1,41. — L. 1,06.

1516. Sainte Famille. (VI tr. A. N.)
H. 1,08. — L. 0,88.

1516ᴬ. Portrait d'Andrea Fausti (*Legs de Mme la baronne Nathaniel de Rothschild*). (VI tr. A. N.)

SARTO (*D'après* ANDREA DEL).
1517. L'Annonciation. (VI tr. A. S.)
H. 0,94. — L. 1,90.

SASSOFERRATO (Giovanni-Battista Salvi, dit *Sassoferrato*).
— V. Salvi.

SAVOLDO (Giovanni-Girolamo); Brescia. Vivait encore très âgé
en 1548. (Ecole vénitienne.)

1518. Portrait d'homme. (vi tr. B. S.)
> H. 0,91. — L. 1,23.

1519. Portrait d'homme.
> H. 0,69. — L. 0,52.

SCHEDONE ou **SCHIDONE** (Bartolommeo); Modène 1570 (?)
— Parme 1615. (Ecole lombarde.)

1520. Sainte Famille.
> H. 1,05. — L. 0,88.

1521. Le Christ porté au tombeau.
> H. 0,36. — L. 0,29.

1522. La Mise au tombeau.
> H. 2,48. — L. 1,81.

SCHIAVONE (*Attribué* à Gregorio); Dalmatie. Travaillait à
Padoue de 1440 à 1470. (Ecole vénitienne.)

1523. La Vierge et l'Enfant. (vi tr. B. N.)
> H. 0,62. — L. 0,40.

SCHIAVONE (Andrea Meldola); Sebenico (Dalmatie) 1522 —
Venise 1582. (Ecole vénitienne.)

1524. Saint Jean-Baptiste. (vi tr. B. S.)
> H. 0,49. — L. 0,37.

SIGNORELLI (Luca), d'Egidio di Ventura; Cortona 1441 —
1523. (Ecole florentine.)

1525. La Naissance de la Vierge. (vii-E.)
> H. 0,33. — L. 0,70.

1526. L'Adoration des Mages. (vi tr. A. S.)
> H. 3,26. — L. 2,43.

1527. Fragment d'une composition. (vii-E.)
> H. 1,03. — L. 0,70.

SIGNORELLI (*Ecole de* Luca).

1528. La Vierge et l'Enfant. (VII-E.)
H. 1,65. — L. 1,49.

1529. — Devenu le n° 1677.

SOLARIO (Andrea); Milan (?) vers 1460 — après 1515. (Ecole lombarde.)

1530. La Vierge au coussin vert. (VI tr. A. S.)
H. 0,60. — L. 0,50.

1531. Portrait de Charles d'Amboise. (VI tr. A. S.)
H. 0,75. — L. 0,52.

1532. La Crucifixion. (VI tr. A. S.)
H. 1,10. — L. 0,77.

1533. La Tête de saint Jean-Baptiste (*Don de M. Eugène Lecomte*). (VI tr. A. S.)
H. 0,46. — L. 0,43.

SOLIMENA (Francesco), dit l'Abate Ciccio ; Nocera 1657 — Naples 1747. (Ecole napolitaine.)

1534. Héliodore chassé du Temple.
H. 1,50 — L. 2,00.

SPADA (Lionello); Bologne 1576 — Parme 1622. (Ecole bolonaise.)

1535. Le Retour de l'Enfant prodigue.
H. 1,60. — L. 1,19.

1537. Enée et Anchise. (Palier Henri II, 1er étage.)
H. 1,94. — L. 1,33.

1538. Concert. (IV-E.)
H. 1,42. — L. 1,72.

SPAGNA (Giovanni di Pietro, dit Lo); (?) — 1530 (?). (Ecole ombrienne.)

1539. La Nativité. (VI tr. C. N.)
H. 1,50. — L. 1,36.

1540. La Vierge et l'Enfant. (VI tr. A. N.)
H. 0,11. — L. 0,32.

STEFANO VENEZIANO (*Attribué à*); XIVe siècle. (Ecole
vénitienne.)

1541. La Vierge et l'Enfant. (VII-E.)
H. 0,93. — L. 0,52.

STROZZI (BERNARDO), dit IL CAPUCCINO ; Gênes 1581 — Venise
1644. (Ecole génoise.)

1542. La Vierge et l'Enfant.
H. 2,24. — L. 1,32.

1543. Saint Antoine de Padoue tenant l'Enfant Jésus dans ses
bras.
H. 0,98. — L. 0,77.

STROZZI (*Attribué à*).

1544. Joseph expliquant les songes.
H. 1,15. — L. 1,50.

SUARDI (BARTOLOMMEO), dit IL BRAMANTINO; Milan (?). Travaillait de 1491 à 1536.

1545. La Circoncision. (VI tr. A. S.)
H. 1,35. — L. 2,23.

TIARINI (ALESSANDRO) ; Bologne 1577 — 1668. (Ecole bolonaise.)

1546. Le Repentir de saint Joseph.
H. 3,20. — L. 2,12.

TIEPOLO (GIAMBATTISTA); Venise 1696 — Madrid 1770. (Ecole
vénitienne.)

1547. La Cène (*Acquis en* 1877). (VI tr. B. N.)
H. 0,79. — L. 0,88.

1548. Apparition de la Vierge à Saint Jérôme (*Coll. La Caze*). (I-S.)
H. 0,29. — L. 0,22.

1549. Bannière à deux faces : d'un côté, Saint Martin officiant ;
de l'autre, la Vierge, l'Enfant et Saint Jean (*Don du
journal* l'Art). (VI tr. B.)
H. 0,95. — L. 0,69.

TINTORET (JACOPO ROBUSTI, dit *le Tintoret*). — V. Robusti.

TISI (BENVENUTO), dit IL GAROFALO; Garofalo (Polésine) (?) 1481
— Ferrare 1559. (Ecole ferraraise.)

1550. La Circoncision.
>   H. 0,35. — L. 0,49.

1552. Sainte Famille.
>   H. 0,40. — L. 0,32.

1553. Le Sommeil de l'Enfant Jésus. (IX-S.)
>   H. 0,52. — L. 0,40.

1554. La Vierge et l'Enfant.
>   H. 0,58. — L. 0,45.

TITIEN (TIZIANO VECELLI, dit *le Titien*). — V. Vecelli.

TREVISANI (FRANCESCO); Capo d'Istria 1656 — Rome 1746.
(Ecole vénitienne.)

1555. Le Sommeil de l'Enfant Jésus. (VI tr. B. N.)
>   H. 1,51. — L. 1,26.

TURA (COSIMO), dit IL COSMÈ; Ferrare 1432 (?) — 1495. (Ecole
ferraraise.)

1556. Pieta. (VI tr. A. N.)
>   H. 1,32. — L. 2,67.

1557. Saint Religieux debout. (VI tr. A. N.)
>   H. 0,72. — L. 0,31.

TURCHI (ALESSANDRO), dit ALESSANDRO VÉRONÈSE ou l'OR-
BETTO; Vérone 1582 — Rome 1648. (Ecole vénitienne.)

1558. Samson et Dalila. (VI tr. B. S.)
>   H. 1,59. — L. 2,56.

1559. La Femme adultère. (IX-S.)
>   H. 0,29. — L. 0,37.

1560. Mort de Cléopâtre. (IX-N.)
>   H. 2,53. — L. 2,67.

UCCELLO (PAOLO DI DONO, dit *Paolo Uccello*). — V. Dono.

VANNI (FRANCESCO); Sienne 1563 — 1609. (Ecole de Sienne.)

1561. Le Repos en Egypte.

> H. 0,28. — L. 0,21.

1562. Martyre de sainte Irène. (IX-O.)

> H. 0,51. — L. 0,37.

VANNI (TURINO); né à Rigoli près Pise. Travaillait de 1390 à 1398. (Ecole florentine.)

1563. La Vierge et l'Enfant Jésus. (VII-O.)

> H. 1,30. — L. 0,71.

VANNUCCI (PIETRO), dit LE PERUGIN; Città della Pieve (Ombrie) 1446 — Fontignano 1524. (Ecole ombrienne.)

1564. La Vierge et l'Enfant. (VI tr. C. N.)

> Diam. 1,51 (forme ronde).

1565. Sainte Famille. (VI tr. A. N.)

> H. 0,80. — L. 0,66.

1566. Saint Paul. (VII-S.)

> Diam. 1,02 (forme ronde).

1566ᴬ. Saint Sébastien (De la galerie Sciarra) (*Acquis en* 1896). (VI tr. C. N.)

> H. 1,70. — L. 1,17.

1567. Combat de l'Amour et de la Chasteté. (VI tr. A. N.)

> H. 1,56. — L. 1,92.

VANNUCCI (*École de*).

1568. Le Christ mort. (VI tr. A. N.)

> H. 0,36. — L. 0,79.

1569. Saint François d'Assise. (VI tr. A. N.)

> H. 0,38. — L. 0,81.

1570. Saint Jérôme dans le désert. (VI tr. A. N.)

> H. 0,38. — L. 0,76.

1571. Le Jugement de Salomon. (VI tr. C. N.

> H. 0,97. — L. 1,40.

1572. Le Jugement de Daniel. (VI tr. C. N.)
H. 0,96. — L. 1,25.

1573. La Vierge et l'Enfant. (VI tr. A. N.)
H. 0,46. — L. 0,35.

1573ᴬ. La Vierge et l'Enfant. (VII-E.)
H. 0,37. — L. 0,29.

Dans le couronnement cintré du cadre : le Christ mort soutenu par deux anges.
H. 0,12. — L. 0,31.

VAROTARI (ALESSANDRO), dit IL PADOVANINO; Padoue 1590 — Venise 1650. (École vénitienne.)

1574. Vénus et l'Amour. (VI tr. B. N.)
H. 1,20. — L. 1,69.

VASARI (GIORGIO); Arezzo 1511 — Florence 1574. (École florentine.)

1575. L'Annonciation.
H. 2,16. — L. 1,67.

VECCHIA (PIETRO DELLA); Venise 1605 — 1678. (École vénitienne.)

1576. Portrait d'homme. (VI tr. B. N.)
H. 1,51. — L. 1,13.

VECELLI (TIZIANO), dit LE TITIEN; Pieve di Cadore 1477 — Venise 1576. (École vénitienne.)

1577. La Vierge et l'Enfant adorés par plusieurs saints. (VI tr. B. S.)
H. 1,08. — L. 1,32.

1578. La Vierge au lapin. (VI tr. B. S.)
H. 0,70. — L. 0,84.

1579. Sainte Famille. (VI tr. B. S.)
H. 1,57. — L. 1,60.

1580. Sainte Famille. (VI tr. B. S.)
H. 0,81. — L. 1,08.

1581. Les Disciples d'Emmaüs. (VI tr. B. S.)
H. 1,69. — L. 2,44.

1582. Le Christ conduit au supplice. (VI tr. B. N.)
Diam. 1,17 (forme ronde).

1583. Le Christ couronné d'épines. (IV-E.)
H. 3,03. — L. 1,80.

1584. La Mise au tombeau. (IV-E.)
H. 1,48. — L. 2,15.

1585. Saint Jérôme. (VI tr. B. N.)
H. 0,80. — L. 1,02.

1586. Le Concile de Trente. (VI tr. B. S.)
H. 1,17. — L. 1,76.

1587. Jupiter et Antiope. (VI tr. B. N.)
H. 1,96. — L. 3,85.

1588. Portrait de François Ier. (VI-S.)
H. 1,09. — L. 0,89.

1589. Allégorie. (VI tr. B. S.)
H. 1,21. — L. 1,07.

1590. Alphonse de Ferrare et Laura de' Dianti. (IV-N.)
H. 0,96. — L. 0,76.

1591. Portrait d'homme.
H. 1,18. — L. 0,96.

1592. L'Homme au gant. (IV-S.)
H. 1,00. — L. 0,89.

1593. Portrait d'homme. (VI tr. B. S.)
H. 0,99. — L. 0,82.

1594. Portrait d'homme. (VI tr. B. S.)
H. 0,60. — L. 0,51.

VECELLI (*Attribué à* TIZIANO.)

1595. Portrait d'homme.
H. 0,99. — L. 0,82.

VECELLI (*Ecole de* TIZIANO.)

1596. Sainte Famille (*Coll. La Caze*). (I-O.)
H. 0,65. — L. 0,96.

VERONESE (PAOLO CALIARI, dit *Paolo Veronese*). — V. Caliari.

VERONESE (ALESSANDRO TURCHI, dit *Alessandro Veronese*). — V. Turchi.

VINCI (LIONARDO DA), dit LÉONARD DE VINCI; Vinci (Toscane) 1452 — Cloux, près d'Amboise, 1519. (Ecole florentine.)

1597. Saint Jean-Baptiste. (VI tr. A. S.)
H. 0,69. — L. 0,57.

1598. La Vierge, l'Enfant Jésus et Sainte Anne. (IV-S.)
H. 1,70. — L. 1,29.

1599. La Vierge aux rochers. (VI tr. A. S.)
H. 1,99. — L. 1,22.

1600. Portrait présumé de Lucrezia Crivelli. (VI tr. A. S.)
H. 0,62. — L. 0,44.

1601. La Joconde. (IV-N.)
H. 0,77. — L. 0,53.

1602. Bacchus. (VI tr. A. S.)
H. 0,77. — L. 1,15.

VINCI (*Attribué à* LIONARDO DA).

1602A (ancien 1265). L'Annonciation. (VI tr. A. S.)
H. 0,14. — L. 0,59.

VINCI (*D'après* LIONARDO DA).

1603. La Cène. (VI tr. A. N.) (Copie présumée de Marco d'Oggiono).
H. 2,60. — L. 5,49.

1603A. La Vierge et l'Enfant Jésus (Copie par un peintre flamand). (VI tr. A. S.)

VINCI (*Ecole de* LIONARDO DA).

1604. La Vierge aux balances. (VI tr. A. S.)
H. 0,90. — L. 0,69.

1605. Portrait de femme. (VI tr. A. S.)
H. 0,50. — L. 0,35.

1606. Sainte Famille (*Don de M. His de la Salle*).
H. 0,37. — L. 0,31.

VIVARINI (BARTOLOMMEO), da Murano; Murano (?). Travaillait
de 1450 à 1499. (École vénitienne.)

1607. Saint Jean de Capistran. (VI tr. B. S.)
H. 1,86. — L. 0,88.

ZACCHIA (PAOLO), Il Vecchio; Vezzano, près Lucques, commencement du XVIᵉ siècle. (École florentine.)

1608. Portrait d'un musicien. (VI tr. A. N.)
H. 0,85. — L. 0,60.

ZAMPIERI (DOMENICO), dit LE DOMINIQUIN ; Bologne 1581
— Naples 1641. (École bolonaise.)

1609. Le Roi David.
H. 2,40. — L. 1,70.

1610. Le Repos de la Sainte Famille.
H. 0,36. — L. 0,48.

1612. Le Ravissement de saint Paul.
H. 0,50. — L. 0,37.

1613. Sainte Cécile. (VI tr. B. N.)
H. 1,59. — L. 1,17.

1614. Combat d'Hercule et d'Achéloüs. (Palier Henri IV, 1ᵉʳ étage.)
H. 1,21. — L. 1,49.

1615. Alexandre et Timoclée.
H. 1,13. — L. 1,49.

1616. Le Triomphe de l'Amour.
H. 1,30. — L. 1,10.

1617. Renaud et Armide.
H. 1,21. — L. 1,68.

1618. Herminie chez les Bergers.
H. 1,23. — L. 1,81.

1619. Paysage. (Escalier de la Direction.)
H. 1,65. — L. 2,12.

INCONNUS DES ÉCOLES D'ITALIE

XIVᵉ siècle.

1620. La Vierge et l'Enfant. (VII-E.)
H. 0,34. — L. 0,22.

1621. La Vierge entourée de saints. (VII-O.)
H. 0,59. — L. 0,46.

1622. La Crucifixion. (VII-O.)
H. 0,24. — L. 0,56.

1623. Le Couronnement de la Vierge. (VII-O.)
H. 1,13. — L. 0,66.

Fin du XIVᵉ siècle.

1624. Saint Jérôme. (VII-O.)
H. 0,35. — L. 0,15.

1625. Saint Pierre et Saint Paul. Tableau en deux compartiments. (VII-N.)
Chaque panneau : H. 0,30. — L. 0,10.

1625ᴬ. Sainte Face (*Don de M. Vautier*).
H. 0,38. — L. 0,27.

XVᵉ siècle.

1626. Le Pape Sixte IV. (VI tr. A. S.)
H. 1,16. — L. 0,55.

1627. Le Cardinal Bessarion.
H. 1,15. — L. 0,56.

1628. Vittorino de Feltre. (VII-O.)
H. 0,95. — L. 0,63.

629. Pietro Apponio. (Première salle des dessins italiens.)
H. 0,93. — L. 0,60.

630. Dante. (VII-E.)
H. 1,11. — L. 0,64.

631. Saint Jérôme. (VI tr. A. N.)
H. 1,17. — L. 0,68.

632. Saint Augustin. (VII-E.)
H. 1,16. — L. 0,62.

633. Saint Thomas d'Aquin. (VII-O.)
H. 1,14. — L. 0,76.

634. Virgile. (VII-O.)
H. 0,90. — L. 0,74.

635. Solon. (Première salle des dessins italiens.)
H. 0,95. — L. 0,58.

636. Sénèque. (VII-O.)
H. 1,00. — L. 0,76.

637. Platon. (Première salle des dessins italiens.)
H. 1,00. — L. 0,76.

638. Aristote. (Première salle des dessins italiens.)
H. 1,00. — L. 0,60.

639. Ptolémée. (VII-O.)
H. 0,97. — L. 0,68.

640. Saint Louis, évêque de Toulouse. (VII-E.)
H. 0,48. — L. 0,35.

640ᴬ. L'Enlèvement d'Europe. (VII-S.)
H. 0,35. — L. 1,17.

Commencement du XVIᵉ siècle.

641. Le Christ portant la croix. (IX-O.)
H. 0,34. — L. 0,24.

642. Le Christ en croix.
H. 2,11. — L. 1,36.

643. La Vierge et l'Enfant. (VII-E.)
H. 0,19. — L. 0,14.

643ᴬ. Esther devant Assuérus (*Legs de Mme la baronne Nathaniel de Rothschild*. (VII-O.)
H. 0,44. — L. 0,44.

XVIe siècle.

1644. Portrait de jeune homme. (IV-O.)
H. 0,68. — L. 0,50.

1645. Portrait d'un homme d'armes.
H. 0,96. — L. 0,75.

1646. Portrait d'homme. (VI tr. B. S.)
H. 0,95. — L. 0,77.

1647. Sainte Famille. (VI tr. B. N.)
H. 2,40. — L. 1,48.

1648. Portrait d'homme. (VI tr. B. S.)
H. 0,65. — L. 0,52.

1649. Portrait de Michel-Ange. (XV.)
H. 0,56. — L. 0,38

1650. Portrait d'homme.
H. 0,58. — L. 0,48.

1651. Portrait d'un sculpteur.
H. 0,92. — L. 0,68.

XVIIe siècle.

1652. Paysage.
H. 1,47. — L. 2,22.

1653. Paysage.
H. 1,47. — L. 2,22.

1654. Fruits et fleurs (*Coll. La Caze*). (I-E.)
H. 0,89. — L. 0,116.

ÉCOLE FLORENTINE, XIVe siècle.
1655. Crucifix. Forme de croix. (VII-O.)
H. 2,26. — L. 1,53.

ÉCOLE FLORENTINE, XVe siècle.
1656. L'Annonciation. (VII-E.)
H. 1,49. — L. 1,47.

1657. La Vierge et l'Enfant. (VII-O.)
H. 0,78. — L. 0,48.

1658. Saint Jérôme. (VII-O.)
H. 0,61. — L. 0,41.

1659. Miracle de saint Nicolas de Bari (*Don de M. His de la Salle*). (VII-O.)
H. 0,23. — L. 0,52.

1659ᴬ. Rentrée du pape au château Saint-Ange (*Acquis en* 1891). (VII-O.)
H. 0,38. — L. 0,42.

1660. La Naissance de la Vierge. (VII-O.)
H. 0,24. — L. 0,46.

1661. La Vierge, l'Enfant Jésus et quatre Saints. (VII-E.)
H. 1,70. — L. 1,70.

1661ᴬ. La Vierge et l'Enfant Jésus (*Legs de Mme la baronne Nathaniel de Rothschild*). (VII-O.)
H. 0,81. — L. 0,52.

1662. La Vierge et l'Enfant. (VI tr. A. N.)
H. 0,87. — L. 0,58.

1662ᴬ. Scènes de l'histoire de Virginie. (VII-S.)
H. 0,41. — L. 1,25.

1663. Portrait d'homme. (VII-O.)
H. 0,54. — L. 0,40.

1663ᴬ. Portrait d'homme (*Legs de Mme la baronne Nathaniel de Rothschild*). (VII-O.)
H. 0,53. — L. 0,37.

ÉCOLE DE SIENNE, XIVᵉ siècle.

1664. Mariage mystique de sainte Catherine. (VII-E.)
H, 1,11. — L. 0,48.

1665. Le Calvaire. (VII-E.)
H. 0,40. — L. 0,71.

1665ᴬ. Le Calvaire. (VII-E.)
H. 0,87. — L. 0,50.

1666. La Vierge et l'Enfant. (VII-E.)
H. 0,56, — L. 0,21.

1667. La Vierge, la Nativité, la Crucifixion. Triptyque. (VII-N.)
H. 0,55. — L. 0,54.

ÉCOLE BOLONAISE, Fin du XVᵉ siècle.

1668. Le Jugement de Pâris. (VII-E.)
Diam. 0,66 (forme ronde).

ÉCOLE OMBRIENNE, vers 1500.

1668ᴬ. Saint Sébastien (*Don de M. A. Chaber*). (IV-S.)
H. 0,30. — L. 0,13.

ÉCOLE VÉNITIENNE, Fin du XVᵉ siècle.

1669. Portrait de jeune homme.
H. 0,29. — L. 0,20.

ÉCOLE VÉNITIENNE, XVIᵉ siècle.

1670. Portrait de vieille femme. (VI tr. B. S.)
H. 0,98. — L. 0,92.

1670ᴬ. Portrait d'homme (*Don de M. A. Chaber*).
H. 0,28. — L. 0,26.

1672. Portrait d'homme. (VI tr. B. S.)
H. 0,90. — L. 0,73.

1673. Portrait de femme. (VI tr. B. S.)
H. 0,69. — L. 0,63.

1674. Portrait d'homme (*Coll. La Caze*). (I-S.)
H. 2,08. — L. 0,99.

1674ᴬ. Hérodiade. (VI tr. B. S.)
H. 0,29. — L. 0,27.

1674ᴮ. Portrait de femme. (VI tr. B. S)
H. 0,39. — L. 0,27.

1674ᶜ. Portrait d'homme. (VI tr. B. S.)
H. 0,76. — L. 0,64.

ÉCOLE MILANAISE, XVIᵉ siècle.

1675. Femme nue, vue en buste (*Coll. La Caze*). (I-E.)
H. 0,56. — L. 0,42.

ÉCOLES DU NORD DE L'ITALIE.

676 [ancien 2721, *antérieurement attribué à* JUSTE D'ALLE-MAGNE]. Rétable divisé en trois compartiments. (VI tr. A. N.)

1° L'Annonciation (au milieu).
H. 1,56. — L. 1,07.

2° Saint Benoît et Saint Augustin (à gauche).
H. 0,98. — L. 0,48.

3° Saint Etienne, diacre, et Saint Ange, religieux carme (à droite).
H. 0,98. — L. 0,48.

676ᴬ. La Vierge et l'Enfant adorés par des anges (*Legs de Mme la baronne Nathaniel de Rothschild*. (VI tr. B. N.)
H. 0,58. — L. 0,92.

677 [ancien 1529]. Personnages devant un portique. — Fragment d'une grande composition (*Acquis en* 1873). (VI tr. A. N.)
H. 2,56. — L. 2,04

ÉCOLE FERRARAISE. COMMENCEMENT DU XVIᵉ SIÈCLE.

1677ᴮ. Sainte Apolline (*Legs de Mme la baronne Nathaniel de Rothschild*). (VI tr. A. N.)
H. 0,26. — L. 0,11.

1677ᶜ. Saint Georges (*Legs de Mme la baronne Nathaniel de Rothschild*. (VI tr. A. N.)
H. 0,26. — L. 0,11.

ÉCOLE FERRARAISE (*Attribué à l'*). COMMENCEMENT DU XVIᵉ SIÈCLE.

1678. L'Adoration des Mages. (VI tr. A. S.)
H. 0,37. — L. 0,54.

ÉCOLE NAPOLITAINE, XVIIᵉ siècle.

1679. Portrait de jeune homme (*Don de M. A. Chaber*).
H. 0,55. — L. 0,11.

ÉCOLE ESPAGNOLE

ARELLANO (Juan de); Santorcaz 1614 — Madrid 1676. (Ecole de Madrid.)

1701. Fleurs (*Don du journal* l'Art). (vi tr. D. S.)

> H. 1,00. — L. 0,73.

CARREÑO DE MIRANDA (juan); Avilés (Asturie) 1614 — Madrid 1685. (Ecole de Madrid.)

1702. Saint Ambroise faisant l'aumône (*Coll. La Caze*). (i-O.)

> H. 2,45. — L. 2,08.

COLLANTES (Francisco); Madrid 1599 — 1656. (Ecole de Madrid.)

1703. Paysage; le Buisson ardent. (vi tr. D. N.)

> H. 1,16. — L. 1,62.

GOYA Y LUCIENTES (Francisco); Fuente de Todos (Aragon) 1746 — Bordeaux 1828. (Ecole de Madrid.)

1704. Portrait de F. Guillemardet, ambassadeur de la République française en Espagne en 1798 (*Legs de M. Guillemardet*). (vi tr. D. S.)

> H. 1,85 — L. 1.25.

1705. Jeune Femme espagnole (*Legs de M. Guillemardet*). (VI tr. D. S.)

H. 0,52. — L. 0,34.

1705ᴬ. La femme à l'éventail (*Acquis en* 1898). (VI tr. D. S.)

H. 1,03. — L. 0,83.

1705ᴮ. Portrait de M. di Castro. (*Acquis en* 1902). (VI tr. D. S.)

H. 0,98. — L. 0,68.

HERRERA (FRANCISCO DE), dit LE VIEUX ; Séville 1576 — Madrid 1656. (Ecole de Séville.)

1706. Saint Basile dictant sa doctrine. (VI tr. D. S.)

H. 2,50. — L. 1,95.

MORALES (LUIS DE), dit EL DIVINO ; Badajoz 1509 (?) — 1586. (Ecole de Tolède.)

1707. Le Christ portant la croix. (VI tr. D. S.)

H. 0,93. — L. 0,70.

MURILLO (BARTOLOMÉ-ESTÉBAN) ; Séville 1618 — 1682. (Ecole de Séville.)

1708. La Conception Immaculée de la Vierge. (VI tr. D. S.)

H. 1,72. — L. 2,85.

1709. La Conception Immaculée de la Vierge. (VI tr. D. S.)

H. 2,74. — L. 1,90.

1710. La Naissance de la Vierge. (VI tr. D. S.)

H. 1,85. — L. 3,60.

1711. Vierge glorieuse. (VI tr. D. S.)

H. 0,35. — L. 0,26.

1712. La Vierge au Chapelet. (VI tr. D. S.)

H. 1,66. — L. 1,25.

1713. Sainte Famille. (VI tr. D. S.)

H. 2,40. — L. 1,90.

1714. Jésus-Christ au jardin des Oliviers. (VI tr. D. S.)

H. 0,36. — L. 0,28.

1715. Le Christ à la colonne. (VI tr. D. S.)
H. 0,36. — L. 0,28.

1716. Miracle de san Diego, dit la Cuisine des anges. (VI tr. D. N.)
H. 1,80. — L. 4.50.

1717. Le Jeune Mendiant. (VI tr. D. S.)
H. 1,37. — L. 1,15.

1718. Portrait du poète Quevedo (*Coll. La Caze*). (I-E.)
Diam. 0,29 (forme ronde).

1719. Portrait du duc d'Ossuna (*Coll. La Caze*). (I-E.)
Diam. 0,29 (forme ronde).

PEREDA (ANTONIO); Valladolid 1599 — Madrid 1669. (Ecole de Madrid.)

1720. Fruits et Instruments de musique (*Coll. La Caze*). (I-E.)
H. 0,73. — L. 0,93.

RIBERA (JOSE DE), dit L'ESPAGNOLET; Jativa près Valence 1588 — Naples 1656. (Ecole de Valence.)

1721. L'Adoration des Bergers. (VI tr. D. S.)
H. 2,38. — L. 1,79.

1722. Le Christ au tombeau (*Don de M. Barbey*). (VI tr. D. S.)
H. 1,25. — L. 1,81.

1723. Saint Paul ermite (*Acquis en* 1875). (VI tr. D. S.)
H. 1,99. — L. 1,54.

1724. La Vierge et l'Enfant Jésus (*Coll. La Caze*). (I-O.)
H. 1,00. — L. 0,85.

1725. Le Pied-Bot (*Coll. La Caze*). (I-E.)
H. 1,64. — L. 0,92.

RIBERA (*Attribué à*).

1725ᴬ. Mise au tombeau (*Don de M. Barbey*). (VI tr. D. N.)
H. 1,60. — L. 2,30.

1726. Un Philosophe (*Coll. La Caze*). (I-S.)
H. 1,23. — L. 1,02.

727. Un Philosophe (*Coll. La Caze*). (I-S.)
> H. 1,28. — L. 1,02.

728. Un Philosophe (*Coll. La Caze*). (VI tr. I. N.)
> H. 1,27. — L. 1,01.

729. Un Philosophe (*Coll. La Caze*). (VI tr. I. N.)
> H. 1,28. — L. 1,03.

THEOTOCOPULI (DOMENICO), dit EL GRECO; Grèce 1548 —
Tolède 1625.

729ᴬ. Saint François et un novice (*Don de M. Durel*). (VI tr.
D. N.)
> H. 1.26 — L. 0,86.

TRISTAN (LUIS); près Tolède 1586 — Tolède 1640. (École de
Tolède.)

730. Saint François d'Assise (*Don de M. I. Pereire*). (VI tr. D. S.)
> H. 1,25. — L. 1,04.

VELASQUEZ (DON DIEGO RODRIGUEZ DE SILVA Y); Séville
1599 — Madrid 1660. (Ecole de Séville.)

731. Portrait de l'Infante Marie-Marguerite, fille de Philippe IV. (IV-O.)
> H. 0,70. — L. 0,59.

732. Portrait de Philippe IV, roi d'Espagne. (VI tr. D. S.)
> H. 2,00. — L. 1,20.

733. Portrait de Philippe IV (*Coll. La Caze*). (I-O.)
> H. 0,42. — L. 0,35.

734. Réunion de treize personnages, parmi lesquels on recon-
naît, à gauche, Velasquez et Murillo. (VI tr. D. S.)
> H. 0,47. — L. 0,77.

735. Portrait de l'infante Marie-Thérèse, plus tard reine de
France (*Coll. La Caze*). (I-E.)
> H. 0,73. — L. 0,61.

736. Portrait de jeune femme (*Coll. La Caze*). (I-E.)
> H. 0,82. — L. 0,63.

1737. Portrait de Don Pedro Moscoso de Altamira, doyen de la chapelle Royale à Tolède, et plus tard cardinal. (VI tr. D. S.)

H. 0,92. — L. 0,73.

ZURBARAN (FRANCISCO); Fuente de Cantos (Estramadure) 1598 — Madrid 1662. (Ecole de Séville.)

1738. Saint Pierre Nolasque et Saint Raymond de Peñafort. (VI tr. D. S.)

H. 2,50. — L. 2,25.

1739. Funérailles d'un évêque. (VI tr. D. S.)

H. 2,50. — L. 2,25.

1740. Sainte Apolline. (VI tr. D. S.)

H. 1,13. — L. 0,66.

INCONNUS DE L'ÉCOLE ESPAGNOLE

ÉCOLE ESPAGNOLE, XVII⁰ siècle.

1741. Vue du palais de l'Escurial. (VI tr. D. N.)

H. 1.66. — L. 2,38.

1742. Tête de Christ sur la croix (*Don de M. A. Chaber*) (VI tr. D. S.)

H. 0,22. — L. 0,20.

ÉCOLE ANGLAISE

BEECHEY (Sir William); Burford 1753 — Hampstead 1839.

1801. Frère et Sœur (*Don du journal l'*Art). (vi tr. D. S.)
> H. 1,67. — L. 1,24.

BONINGTON (Richard Parkes); Arnold près Nottingham 1801 — Londres 1828.

1802. François Ier et la duchesse d'Etampes. (vi tr. D. S.)
> H. 0,35. — L. 0,27.

1803. Mazarin et Anne d'Autriche (*Coll. Coutan. — Don Hauguet, Schubert et Milliet*). (vi tr. D. S.)
> H. 0,35. — L. 0,27.

1804. Vue du Parc de Versailles. (*Acquis en* 1872). (vi tr. D. N.)
> H. 0,42. — L. 0,52.

1804^. Vue des côtes normandes (*Acquis en* 1902). (vi tr. D. N.)
> H. 0,45. — L. 0,38.

1805. Vue de Venise (*Coll. Coutan. — Don Hauguet, Schubert et Milliet*). (vi tr. D. N.)
> H. 0,41. — L. 0,54.

1805^. Portrait de femme (La Vieille Gouvernante) (*Acquis en* 1890). (vi tr. D. N.)
> H. 0,76. — L. 0,63.

CONSTABLE (JOHN); East Bergholt 1776 — Londres 1837.

1806. Le Cottage (*Acquis en* 1891). (VI tr. D. S.)
>H. 0,52. — L. 0,42.

1807. L'Arc-en-ciel (*Don de M. John W. Wilson*). (VI tr. D. S.)
>H. 0,50. — L. 0,65.

1808. La Baie de Weymouth à l'approche de l'orage (*Don de M. John W. Wilson*). (VI tr. D. S.)
>H. 0,88. — L. 1,12.

1809. Vue de Hampstead Head, effet d'orage. Esquisse (*Don de M. Lionel Constable*). (VI tr. D. S.)
>H. 0,26. — L. 0,36.

1810. Paysage; the Glebe Farm (*Don du journal l'Art*). (VI tr. D. N.)
>H. 0,64. — L. 0,89.

1810ᴬ. Le Moulin (*Don de M. Sedelmeyer*). (VI tr. D. N.)
>H. 0,23. — L. 0,55.

GAINSBOROUGH (*Attribué à* THOMAS); Sudbury 1727 — Londres 1788.

1811. Paysage (*Coll. La Caze*). (I-E.)
>H. 1,11. — L. 1,48.

1812. Paysage (*Coll. La Caze*). (I-E.)
>H. 1,09. — L. 1.44.

HOPPNER (JOHN); Londres 1759 — 1810.

1812ᴬ. Portrait de femme (*Acquis en* 1893). (VI tr. D. N.)
>H. 0,75. — L. 0,63.

LAWRENCE (SIR THOMAS); Bristol 1769 — Londres 1830.

1813. Portrait de Lord Whitworth, ambassadeur d'Angleterre en France en 1802, vice-roi d'Irlande, etc. (*Acquis en* 1881). (VI tr. D. N.)
>H. 1,22. — L. 0,96.

1813ᴬ. Portraits de M. John-Julius Angerstein et de sa femme. Peint en 1792 (*Acquis en* 1896). (VI tr. D. S.)
>H. 2,54. — L. 1,58.

MORLAND (GEORGE); Londres 1763 — 1804.

1814. La Halte (*Don du journal l'Art*). (VI tr. D. S.)
H. 0,62. — L. 0,74.

MULREADY (WILLIAM); Ennis 1786 — Londres 1863.

1815. L'Abreuvoir (*Don du journal l'Art*). (VI tr. D. S.)
H. 0.37. — L. 0,44.

OPIE (JOHN); Sainte-Agnès, près Truro, 1761 — Londres 1807.

1816. La Femme en blanc (*Don du journal l'Art*). (VI tr. D. N.)
H. 1,13. — L. 0,98.

RAEBURN (SIR HENRY); Stockbridge, près Edimbourg, 1756
— Edimbourg 1823.

1817. Portrait d'un invalide de la marine à Greenwich (*Acquis
en* 1886). (VI tr. D. N.)
H. 0,50. — L. 0,40.

1817ᴬ. Portrait d'Anna More (*Acquis en* 1901). (VI tr. D. N.)
H. 0,90. — L. 0,70.

RAMSAY (ALLAN); Edimbourg 1713 — Douvres 1784.

1818. Portrait de Charlotte-Sophie de Mecklembourg-Strelitz,
princesse de Galles (*Don du journal l'Art*). (VI tr. D. N.)
H. 2,44. — L. 1,60.

ROMNEY (GEORGE); Dalton 1734 — Kendal 1802.

1818ᴬ. Portrait de Sir Stanley (*Acquis en* 1897). (VI tr. D. S.)
H. 2,40. — L. 1,48.

WILSON (RICHARD); Pinegas 1713 — Llanberris 1782.

1819. Paysage (*Acquis en* 1895). (VI tr. D. S.)
H. 0,68. — L. 0,90.

**ÉCOLE ANGLAISE, fin du XVIIIᵉ siècle ou commencement
du XIXᵉ.**

1820. Portrait d'homme vu à mi-jambes (*Coll. La Caze*). (I-E.)
H. 0,97. — L. 0,73.

ÉCOLE FLAMANDE

AEKEN ou **AKEN** (*Attribué à* HIERONYMUS), dit JÉROME BOSCH ;
Bois-le-Duc vers 1460 — 1516.
1900. Les Damnés (*Don de M. le duc et Mme la duchesse de la
Trémoïlle*). (XX.)
H. 1,17. — L. 0,72.

ARTHOIS (JACQUES D') ; Bruxelles 1613 — après 1684.
1901. Paysage (*Coll. La Caze*). (I.)
H. 0,57. — L. 0,75.

BAELLIEUR (CORNEILLE DE) ; Anvers (?), travaillait entre 1637
et 1680.
1902. Intérieur d'une galerie de tableaux. (VI tr. E. S.)
H. 0,92. — L. 1,22.

BLOEMEN (JAN-FRANS VAN), dit ORIZONTE ; Anvers 1662 —
Rome 1748 (?).
1903. Vue d'Italie. (XXXVII.)
H. 0,74. — L. 0,98.

BOSCH (JÉROME). — Voir **AEKEN**.

BRAUWER (ADRIAEN). — V. Brouwer.

BREDA (JAN VAN) ; Anvers 1683 —1750.
1905. Campement militaire. (XXXVII.)
H. 0,21. — L. 0,25.

BREUGHEL (PETER et JAN). — V. Brueghel.

BRIL (MATTHEUS); Anvers 1550 — Rome 1584.

1906. Paysage. — La Chasse aux daims. (Salle des dessins flamands du XVIIe siècle.)
H. 1,05. — L. 1,36.

1907. Paysage. — La Chasse au cerf. (Salle des dessins flamands du XVIIe siècle.)
H. 1,05. — L. 1,35.

BRIL (PAUL); Anvers 1554 — Rome 1626.

1908. Paysage. — La Chasse aux canards. (VI tr. E. S.)
H. 1,04. — L. 1,47.

1909. Paysage. — Diane et ses Nymphes. (VI tr. E. S.)
H. 1,04. — L. 1,47.

1910. Paysage. — Les Pêcheurs. (VI tr. E. S.)
H. 0,46. — L. 0,71.

1911. Paysage. — Pan et Syrinx. (VI tr. E. S.)
H. 0,38. — L. 0,60.

BROUWER ou **BRAUWER** (ADRIAEN); Oudenarde (?) 1605 ou 1606 (?) — Anvers 1638.

1912. Intérieur de tabagie. (XXII.)
H. 0,20. — L. 0,28.

1913. Intérieur de cabaret (*Coll. La Caze*). (XXXIV.)
H. 0,30. — L. 0,23.

1914. Homme taillant sa plume (*Coll. La Caze*). (XXXIV.)
H. 0,19 ½. — L. 0,15.

1915. L'Opération (*Coll. La Caze*). (XXXIV.)
H. 0,32. — L. 0,28.

1916. Le Fumeur (*Coll. La Caze*). (XXXIV.)
H. 0,41. — L. 0,32.

BRUEGHEL ou **BREUGHEL** (PETER), dit le Vieux; Breughel, près de Breda, vers 1525 — Bruxelles 1569.

1917. Réunion de mendiants (*Don de M. Paul Mantz*). (XXI.)
H. 0,18. — L. 0,21.

1917^A. La Parabole des Aveugles (*Acquis en* 1893). (XXI.)
H. 1,18. — L. 1,68.

1918. Vue d'un village. (XXI.)

H. 0,12. — L. 0,17.

1918ᴬ. Danse de paysans. (XXI.)

H. 0,12. — L. 0,17.

BRUEGHEL OU **BREUGHEL** (JAN), dit DE VELOURS; Bruxelles 1568 — Anvers 1625.

1919. La Terre ou le Paradis terrestre. (VI tr. E. S.)

H. 0.46. — L. 0,67.

1920. L'Air. (VI tr. E. S.)

H. 0,45. — L. 0,65.

1921. La Bataille d'Arbelles. (VI tr. E. S.)

H. 0,86. — L. 1,35.

1922. Vue de Tivoli. (XXI.)

Diam. 0,21 (forme ronde).

1923. Paysage.

H. 0,14. — L. 0,20.

1924. Paysage. (VI tr. D. N.)

H. 0,13. — L. 0,19.

1925. Le Pont de Talavera (*Coll. La Caze*). (XXXV.)

H. 0,20. — L. 0,28.

1926. Paysage (*Coll. La Caze*). (XXXV.)

H. 0,27. — L 0.35.

CHAMPAIGNE (PHILIPPE DE); Bruxelles 1602 — Paris 1674.

1927. Le Repas chez Simon le pharisien. (VI tr. E. N.)

H. 2,92. — L. 3,99.

1928. Jésus-Christ célébrant la pâque avec ses disciples. (VI tr. E. N.)

H. 0,58. — L. 2,33.

1929. La Cène. (XXXVII.)

H. 0,78. — L. 1,47.

1930. Le Christ en croix. (VI tr. E. N.)

H. 2,25. — L. 1,58.

1931. Le Christ en croix. (VI tr. E. S.)
H. 1,46. — L. 0,80.

1932. Le Christ mort couché sur son linceul. (VI tr. E. N.)
H. 0,68. — L. 1,97.

1933. L'Apôtre saint Philippe. (VI tr. E. N.)
H. 1,17. — L. 0,89.

1934. Portraits de la mère Catherine-Agnès Arnaud et de sœur Catherine de Sainte-Suzanne, fille de Philippe de Champaigne. (VI tr. E. N.)
H. 1,65. — L. 2,29.

1935. Paysage.
H. 2,20. — L. 3,36.

1936. Paysage.
H. 2,20. — L. 2.36.

1937. Louis XIII couronné par la Victoire. (XVII-S.) (Pan coupé).
H. 2,26. — L. 1,76.

1938. Portrait en pied du cardinal de Richelieu. (XVII-S.) (Pan coupé).
H. 2,22. — L. 1,55.

1939. Portrait de Robert Arnaud d'Andilly. (VI tr. E. N.)
H. 0,91. — L. 0,72.

1939ᴬ. Portrait de Le Maistre de Sacy (*Don de M. Rodolphe Kann*).
H. 0,12. — L. 0,10.

1940. Portrait d'homme. (VI tr. E. N.)
H. 0,88. — L. 0,68.

1941. Portrait d'une petite fille. (VI tr. E. N.)
H. 1,23. — L. 0,89.

1942. Portrait d'une jeune fille de cinq à six ans. (VI tr. E. N.)
H. 0,69. — L. 0,56.

1943. Portrait de femme. (VI tr. E. N.)
H. 0,61. — L. 0,51.

1944. Portraits de François Mansard et de Claude Perrault, architectes. (VI tr. E. N.)
H. 0,85. — L. 1,12.

1945. Le Prévôt des marchands et les Echevins de la ville de Paris (*Coll. La Caze*). (I-O.)
H. 2,00. — L. 2,71.

1946. Portrait de Jean Antoine de Mesme, président à mortier
au parlement de Paris (*Coll. La Caze*). (I-O.)
H. 2,23. — L. 1,62.

1947. Portrait de Philippe de Champaigne. (VI tr. E. N.)
H. 1,19. — L. 0,91.

CHAMPAIGNE (*Attribué à* PHILIPPE DE).

1948. Portrait d'homme (*Coll. La Caze*). (I-O.)
H. 0,52. — L. 0,44.

★ Portrait de Louis XIII, encastré dans la boiserie d'une des
salles de la Colonnade.

(Voir aux Peintures décoratives, p. 231.)

CHAMPAIGNE (JEAN-BAPTISTE de); Bruxelles 1631 — Paris
1681.

1949. L'Éducation d'Achille; tir de l'arc.
H. 1,00. — L. 3,57.

1950. L'Éducation d'Achille; course de chars.
H. 1,00. — L. 3,57.

CLAEYSSENS (PIETER), LE VIEUX; Bruges 1500 — 1576.
1951. Tête de Vierge (*Don de M. Foucart*). (XX.)
H. 0,36. — L. 0,28.

COCX ou **COQUES** (GONZALVE ou GONZALÈS); Anvers 1618—1684.
1952. Réunion de famille (*Don de M. Lucien Double*). (VI tr. E. S.)
H. 0,52. — L. 0,74.

COLIN DE COTER. — Bruxelles; fin du XVᵉ siècle.
1952ᴬ. La Trinité. Centre de triptyque (*Acquis en* 1895).
H. 1,65. — L. 1,16.

1952ᴮ. Les Saintes Maries, vont à droite du panneau précédent
Don de M. Lafontaine).
H. 1,65. — L. 0,61.

CRAYER (GASPARD DE); Anvers 1584 — Gand 1669.
1953. Saint Augustin en extase. (VI tr. E. S.)
H. 2,90. — L. 1,95.

1954. Portrait équestre de Ferdinand, infant d'Espagne, archiduc d'Autriche, gouverneur des Pays-Bas, surnommé le Cardinal Infant. (XVII-O.)
H. 3,02. — L. 2,43.

DAEL (JEAN-FRANÇOIS VAN); Anvers 1764 — Paris 1840.

1956. Fleurs dans un vase de marbre. En bas pêches et raisins.
H. 1,00. — L. 0,76.

DAVID (*Attribué à* GÉRARD); Ouwater vers 1450—Bruges 1523.

1957. Les Noces de Cana. (XX.)
H. 0,96. — L. 1,28.

DIEPENBEECK (ABRAHAM VAN); Bois-le-Duc 1596 — Anvers 1675.

1958. Clélie passant le Tibre et emmenant avec elle ses compagnes. (VI tr. F. S.)
H. 1,15. — L. 1,45.

1959. Portraits d'homme et de femme. (VI tr. F. S.)
H. 1,70. — L. 2,36.

DU CHATEL (FRANÇOIS); Bruxelles 1625 (?) — 1694 (?).

1960. Portrait d'un cavalier et de deux autres personnages. (VI tr. E. S.)
H. 0,71. — L. 0,54.

DYCK (ANTON VAN); Anvers 1599 — Blackfriars (Londres) 1641.

1961. La Vierge et l'Enfant Jésus. (XVII-E.)
H. 1,15. — L. 1,57.

1962. La Vierge aux donateurs. (XVII-E.)
H. 2,50. — L. 1,85.

1963. Le Christ pleuré par la Vierge et par les anges. (VI tr. F. S.)
H. 0,33. — L. 0,45.

1964. Saint Sébastien secouru par les anges. (XVII-N.)
H. 1,97. — L. 1,45.

1965. Vénus demandant à Vulcain des armes pour Enée. (XVII-N.)
H. 2,20. — L. 1,45.

1966. Renaud et Armide. (VI tr. F. S.)

H. 1,33. — L. 1,00.

1967. Portrait de Charles Ier roi d'Angleterre. (XVII-N.)

H. 2,72. — L. 2,12.

1968. Portraits des enfants de Charles Ier. (VI tr. F. S.)

H. 0,48. — L. 0,55.

1969. Portraits de Charles-Louis (ou Lodowik) Ier du nom, duc de Bavière, et de Robert (ou Rupert), son frère, créé plus tard duc de Cumberland par Charles Ier. (XVII-E.)

H. 1,22. — L. 1,51.

1970. Portrait d'Isabelle-Claire-Eugénie d'Autriche, infante d'Espagne, souveraine des Pays-Bas. (VI tr. F. S.)

H. 1,17. — L. 0,90.

1971. Portrait équestre de François de Moncade, marquis d'Aytona, généralissime des troupes espagnoles dans les Pays-Bas. (XVII-E.)

H. 3,07. — L. 2,42.

1972. Portrait en buste de François de Moncade. (XVII-O.)

H. 0,68. — L. 0,58.

1973. Portraits d'un homme et d'un enfant. (XVII-N.) (Pan coupé.)

H. 2,04. — L. 1,38.

1974. Portraits d'une dame et de sa fille. (XVII-N.) (Pan coupé.)

H. 2,04. — L. 1,35.

1975. Portrait du duc de Richmond. (VI tr. F.)

H. 1,00. — L. 0,83.

1976. Portrait d'homme. (XVII-N.)

H. 1,12. — L. 0,92.

1977. Portrait d'homme. (XVII-N.)

H. 1,16. — L. 0,94.

1978. Portrait d'homme. (VI tr. F. S.)

H. 1,26. — L. 1,02.

1979. Tête de vieillard (*Coll. La Caze*). (XXXV.)

H. 0,20. — L. 0,44.

1980. Buste de saint Joseph (*Coll. La Caze*). (I.)

H. 0,63. — L. 0,47.

1981. Le Martyre de saint Sébastien (*Coll. La Caze*). (XXXV.)
H. 1,44. — L. 1,17.

1982. Portrait de femme (*Coll. La Caze*). (XXXV.)
H. 0,31. — L, 0,25 ¹/₂.

1983. Portrait de Van Dyck. (XVII-O.)
H. 0,63. — L. 0,58.

DYCK (*Ecole de* VAN).

1984. Portrait d'homme (*Coll. La Caze*). (I-S.)
H. 2,03. — L. 0,97.

DYCK (ANTON VAN) ou **RUBENS**.

1985. Portraits de Jean Grusset Richardot, président du conseil privé des Pays-Bas, et de son fils. (VI tr. F. S.)
H. 1,10. — L. 0,75.

EYCK (JAN VAN); Maaseyck, dans le Limbourg, vers 1380-1390 — Bruges 1440.

1986. La Vierge au donateur. (XX.)
H. 0,66. — L. 0,62.

FALENS (CARL VAN); Anvers 1683 — Paris 1733.

1987. Rendez-vous de chasse.
H. 0,45. — L. 0,58.

1988. Halte de chasseurs.
H. 0,45. — L. 0,58.

FRANCK ou **FRANCKEN** (FRANS), LE VIEUX; Herenthals 1542 —Anvers 1616.

1989. Histoire d'Esther. (VI tr. E. S.)
H. 0,47. — L. 0,62.

FRANCK ou **FRANCKEN** (FRANS), LE JEUNE Anvers 1581 — 1642.

1990. La Parabole de l'Enfant prodigue. (VI tr. E. S.)
H. 0,62. — L. 0,86.

1991. La Passion. (VI tr. E. S.)

H. 0,64. — L. 0,48.

FYT (JAN); Anvers 1611—1661.

1992. Gibier et fruits. (VI tr. E. S.)

H. 0,99. — L. 1,41.

1993. Gibier dans un garde-manger. (VI tr. F. S.)

H. 1,38. — L. 1,76.

1994. Un Chien dévorant du gibier.

H. 0,86 — L. 1,20.

1995. Gibier et ustensiles de chasse (*Coll. La Caze*). (I.)

H. 0,93. — L. 1,23.

FYT (*Attribué à* JAN).

1996. Animaux dans un paysage (*Coll. La Caze*). (I-E.)

H. 1,16. — L. 1,27.

GOSSAERT (JEAN), dit JEAN DE MABUSE; Maubeuge 1470 (?)
— Anvers 1541.

1997. Diptyque. Portrait de Jean Carondelet, chancelier perpé-
tuel de Flandre, à gauche; la Vierge et l'Enfant Jésus,
à droite. (XX.)

Chaque volet. H. 0,43. — L. 0,27.

1999. Portrait d'un Religieux bénédictin (*Don de M. Foucart*).
(XX.)

H. 0,38. — L. 0,27.

GRIEF ou **GRYEF** (ANTON); Anvers 1670 — Bruxelles 1715.

2000. Paysage avec des pièces de gibier.

H. 0,21. — L. 0,29.

HEMESSEN (JAN SANDERS, dit JAN VAN); Hemixem, près d'Anvers, 1500 (?) — Harlem entre 1555 et 1566.

2001. Le Jeune Tobie rend la vue à son père. (XXI.)

H. 1,40. — L. 1,72.

HUYSMANS (CORNÉLIS), dit HUYSMANS DE MALINES ; Anvers
1648 — Malines 1727.

2002. Intérieur d'une forêt.
> H. 1,66. — L. 2,37.

2003. Entrée d'une forêt.
> H. 1,67. — L. 2,31.

2004. Intérieur de forêt. (VI tr. F. N.)
> H. 1,61. — L. 2,31.

2005. Lisière de forêt. (VI tr. F. N.)
> H. 1,61. — L. 2,31.

2006. Paysage (*Legs de M. Godard Desmarets)*.
> H. 0,64. — L. 0,70.

2007. Paysage (*Legs de M. Godard Desmarets*).
> H. 0,68. — L. 0,85.

2008. Paysage (*Legs de M. Godard Desmarets*). (VI tr. E. S.)
> H. 0,38. — L. 0,47.

2009. Paysage (*Coll. La Caze*). (XXXVI.)
> H. 0,49. — L. 0,59.

JANSSENS (VICTOR-HONORÉ) ; Bruxelles 1664—1739.

2010. La Main chaude. (XXIX.)
> H. 0,58. — L. 0,83.

JORDAENS (JACOB) ; Anvers 1593—1678.

2011. Jésus chassant les vendeurs du temple. (VI tr. F. N.)
> H. 2,88. — L. 4,36.

2012. Les Quatre Évangélistes. (VI tr. F. N.)
> H. 1,34. — L. 1,18.

2013. L'Enfance de Jupiter. (VI tr. F. N.)
> H. 1,50. — L. 2,03.

2014. Le Roi boit. (VI tr. F. N.)
> H. 1,5". — L. 2,04.

2015. Le Concert après le repas. (VI tr. F. N.)
> 1,54. - L. 2,08.

2016. Portrait de Michel-Adrien Ruyter, amiral hollandais. (XVII.)
H. 0,94. — L. 0,73.

2017. Repas mythologique (*Coll. La Caze*). (I-E.)
H. 0,74. — L. 1.05.

KESSEL (JAN VAN); Anvers 1626 — 1679.

2018. La Sainte Famille au milieu d'une guirlande de fleurs.
H. 0,72. — L. 0,53.

MABUSE (JEAN GOSSAERT, dit JEAN DE MABUSE). — V. Gossaert.

MEEL OU **MIEL** (JAN); Ulaerdingen, près Anvers, 1599 — Turin
1664.

2019. Le Mendiant. (VI tr. E. S.)
H. 0,15. — L. 0,25.

2020. Le Barbier napolitain. (VI tr. E. S.)
H. 0,15. — L. 0,25.

2022. Halte militaire. (VI tr. E. S.)
H. 0,39. — L. 0,51.

2023. La Dînée des voyageurs. (VI tr. E. S.)
H. 0,39. — L. 0,51.

MEMLING (HANS); Moemlingen, près Mayence, vers 1430 (?) —
Bruges 1494.

2024. Saint Jean-Baptiste. (XX.)
H. 0,48. — L. 0,12.

2025. Sainte Marie-Madeleine. (XX.)
H. 0,48. — L. 0,12.

2026. La Vierge et l'Enfant Jésus adorés par des donateurs (*Legs
de Mme la comtesse Duchâtel*). (V.)
H. 1,30. — L. 1,57.

2027. Mariage mystique de sainte Catherine d'Alexandrie (*Legs
de M. Gatteaux*). (XX.)
H. 0,25. — L. 0,15.

2027ᴬ. Donateur en prières, sous la protection de saint Jean
(Provenant du même diptyque que le précédent) (*Don
Edouard André*). (XX.)
H. 0,25. — L. 0,15.

2028. Triptyque. — Martyre de saint Sébastien. La résurrection du Christ. L'Ascension. (XX.)

H. 0,61. — L. 0,81.

METSYS, MASSYS, ou MATSYS (QUENTIN ou QUINTEN); Anvers vers 1460—1530.

2029. Le Banquier et sa Femme. (XI.)

H. 0,71. — L. 0,68.

2030. Le Christ bénissant (*Legs de M. le vicomte de Ségur Lamoignon*). (XX.)

H. 0,54. — L. 0,40.

2030ᴬ. La Vierge et l'Enfant (*Legs Rattier*). (XXI.)

H. 0,68. — L. 0,51.

METSYS, MASSYS ou MATSYS (JAN); Anvers vers 1510 — 1575.

2030ᴬ. David et Bethsabée. (VI tr. E. S.)

H. 1,62. — L. 1,97.

MEULEN (ADAM FRANS VAN DER); Bruxelles 1632 — Paris 1690.

2031. L'Armée du roi devant Tournay (juin 1667). (VI tr. E. N.)

H. 2,65. — L. 3,85.

2032. Arrivée de Louis XIV devant Douai, qu'il fait investir par sa cavalerie, en 1667.

H. 2,20. — L. 3,28.

2033. Entrée de Louis XIV et de la reine Marie-Thérèse à Douai (août 1667).

H. 0,63. — L. 0,78.

2034. Vue de la marche de l'armée du roi sur Courtray, qui fut pris le 18 juillet 1667.

H. 2,30. — L. 3,26.

2035. Entrée de Louis XIV et de la reine Marie-Thérèse à Arras (août 1667). (VI tr. E. N.)

H. 2,32. — L. 3,31.

2036. Vue de la ville de Lille du côté du prieuré de Fives, et l'armée du roi devant la place (août 1667).

H. 2,30. — L. 3,28.

2037. Combat près du canal de Bruges (août 1667).

H. 0,50. — L. 0,80.

2038. Vue de la ville de Dôle, rendue à Louis XIV, le 14 février 1668. (VI tr. E. N.)
>H. 2,16. — L. 2,94.

2039. Passage du Rhin (12 juin 1672). (VI tr. E. N.)
>H. 0,50. — L. 1,11.

2040. Arrivée du roi au camp devant Maëstricht (en 1673).
>H. 2,31. — L. 3,32.

2041. Vue de la ville et du château de Dinan sur la Meuse, assiégés et pris par Louis XIV (mai 1675).
>H. 2,33. — L. 3,31.

2042. Valenciennes prise d'assaut par Louis XIV (16 mai 1677).
>H. 2,26. — L. 3,35

2043. Vue de la ville de Luxembourg du côté des bains de Mansfeld, prise le 3 juin 1684.
>H. 2,22. — L. 4,00.

2044. Vue du château de Fontainebleau du côté des jardins. (VI tr. E. N.)
>H. 1,90. — L. 3,35.

2045. Vue du château de Vincennes du côté du parc. (VI tr. E. N.)
>H. 0,96 — L. 1,26.

2046. Bataille à l'entrée d'une forêt.
>H. 1,36. — L. 2,18.

2047. Bataille au passage d'un pont. (VI tr. E. N.)
>H. 0,23. — L. 0,33.

2048. Bataille près d'un pont. (VI tr. E. N.)
>H. 0,23. — L. 0,33.

2049. Convoi militaire. (VI tr. E. N.)
>H. 0,19. — L. 0,27.

2050. Halte de cavaliers. (VI tr. E. N.)
>H. 0,19. — L. 0,27.

MILLET (Frans, dit Francisque); Anvers 1642 — Paris 1679.

2052. Paysage. (XII.)
>H. 0,65. — L. 0,84.

2053. Paysage (*Don de M. His de la Salle*).
>H. 0,40. — L. 0,56.

MOL (PIETER VAN); Anvers 1599 — Paris 1650.

2054. Descente de croix. (VI tr. E. S.)
>H. 2,06. — L. 1,46.

2055. Tête de jeune homme (*Coll. La Caze*). (XXXV.)
>H. 0,55. — L. 0,46.

NEEFFS (PIETER), LE VIEUX; Anvers 1577 (?) — Paris entre
1657 et 1661.

2056. Saint Pierre délivré de prison. (VI tr. E. S.)
>H. 0,48. — L. 0,63.

2059. Vue intérieure d'une cathédrale. (VI tr. E. S.)
>H. 0,88. — L. 1,10.

2060. Intérieur d'église.
>H. 0,24. — L. 0,34.

2061. Intérieur d'église.
>H. 0,06. — L. 0,09.

2062. Intérieur d'église.
>H. 0,06. — L. 0,09.

2063. Intérieur d'église.
>H. 0,33. — L. 0,25.

2064. Intérieur d'église.
>H. 0,24. — L. 0,22.

OMMEGANCK (BALTHASAR-PAUL); Anvers 1755 — 1826.

2065. Paysage et animaux. (XVII.)
>H. 1,00. — L. 1,24.

2066. Paysage et animaux.
>H. 0,68. — L. 0,92.

OOST (JAKOB VAN), LE VIEUX; Bruges vers 1600—1671.

2067. Saint Charles Borromée communiant les pestiférés à Milan
en 1576. (XXXVI.)
>H. 3,50. — L. 2,57.

ORIZONTE (JAN-FRANS VAN BLOEMEN, surnommé *Orizonte*).
— V. Bloemen.

ORLEY (BERNAERT VAN). — Bruxelles, fin du XVe siècle — 1542.

2067ᴬ. Sainte Famille (*Acquis en* 1902). (XX.)
H. 1,08. — L. 0,89.

PORBUS ou **POURBUS** (FRANS), LE JEUNE; Anvers 1569 —
Paris 1622.

2068. La Cène. (VI tr. E. N.)
H. 2,87. — L. 3,70.

2069. Saint François d'Assise recevant les stigmates. (VI tr. E. S.)
H. 2,07. — L. 1,63.

2070. Portrait d'Henri IV, roi de France. (VI tr. E. N.)
H. 0,40. — L. 0,28.

2071. Portrait d'Henri IV, roi de France. (VI tr. E. N.)
H. 0,37. — L. 0,25.

2072. Portrait de Marie de Médicis, reine de France. (VI tr. E. S.)
H. 3,07. — L. 1,86.

2074. Portrait de Guillaume du Vair, garde des sceaux de France
sous Louis XIII. (VI tr. E. S.)
H. 0,60. — L. 0,50.

PORBUS (*École de* FRANS).

★ Portrait de Henri IV, encastré dans la boiserie d'une des
salles de la Colonnade.
(Voir aux Peintures décoratives, p. 232.)

POURBUS (FRANS POURBUS ou PORBUS). — V. Porbus.

RUBENS (PIERRE-PAUL); Siegen (duché de Nassau) 1577 —
Anvers 1640.

2075. La Fuite de Loth. (VI tr. F. S.)
H. 0,75. — L. 1,19.

2076. Le Prophète Elie dans le désert. (VI tr. E. S.)
H. 4,71. — L. 4,13.

2077. L'Adoration des mages. (VI tr. F. S.)
H. 2,80. — L. 2,18.

2078. La Vierge entourée des saints Innocents. (VI tr. F. S.)
H. 1,38. — L. 1,00.

2079. La Vierge, l'Enfant Jésus et un Ange au milieu d'une guirlande de fleurs. (VI tr. E. S.)
H. 0,85. — L. 0,65.

2080. La Fuite en Egypte. (VI tr. F. S.)
H. 0,75. — L. 1,90.

2081. La Résurrection de Lazare (*Legs de M. le vicomte de Ségur Lamoignon*). (VI tr. F. S.)
H. 0,57. — L. 0,28.

2082. Le Christ en croix. (XVII-S.)
H. 3,33. — L. 2,82.

2083. Le Triomphe de la Religion. (VI tr. E. S.)
H. 4,81. — L. 5,95.

2084. Thomyris, reine des Scythes, fait plonger la tête de Cyrus dans un vase rempli de sang. (XVII-O.)
H. 2,63. — L. 1,99.

PEINTURES EXÉCUTÉES, DE 1621 A 1625, POUR LA GALERIE
DE MÉDICIS
AU PALAIS DU LUXEMBOURG

2085. 1° La destinée de Marie de Médecis. (XVIII-E.)
H. 3,94. — L. 1,55.

2086. 2° Naissance de Marie de Médicis, le 26 avril 1575, à Florence. (XVII-E.)
H. 3,94. — L. 2,95.

2087. 3° Education de Marie de Médicis. (XVII-E.)
H. 3,94. — L. 2,95.

2088. 4° Henri IV reçoit le portrait de Marie de Médicis. (XVIII-S.)
H. 3,94. — L. 2,95.

2089. 5° Mariage de Marie de Médicis avec Henri IV. (XVIII-N.)
H. 3,94. — L. 2,95.

2090. 6° Débarquement de Marie de Médicis au port de Marseille, le 3 novembre 1600. (XVIII-S.)
H. 3,94. — L. 2,95.

2091. 7° Mariage de Henri IV avec Marie de Médicis, accompli à Lyon, le 10 décembre 1600. (XVIII-N.)

H. 3,94. — L. 2,95.

2092. 8° Naissance de Louis XIII à Fontainebleau, le 27 septembre 1601. (XVIII-S.)

H. 3,94. — L. 2,95.

2093. 9° Henri IV part pour la guerre d'Allemagne et confie à la reine le gouvernement du royaume. (XVIII-N.)

H. 3,94. — L. 2,95.

2094. 10° Couronnement de Marie de Médicis. (XVIII-S.)

H. 3,94. — L. 7,27.

2095. 11° Apothéose de Henri IV; régence de Marie de Médicis. (XVIII-N.)

H. 3,94. — L. 7,27.

2096. 12° Le Gouvernement de la reine. (XVII-E.)

H. 3,94. — L. 7,02.

2097. 13° Voyage de Marie de Médicis au Pont-de-Cé (en Anjou). (XVIII-S.)

H. 3,94. — L. 2,95.

2098. 14° Echange des deux princesses sur la rivière d'Andaye le 9 novembre 1615. (XVIII-N.)

H. 3,94. — L. 2,95.

2099. 15° Félicité de la Régence. (XVIII-S.)

H. 3,94. — L. 2,95.

2100. 16° Majorité de Louis XIII. (XVIII-N.)

H. 3,94. — L. 2,95.

2101. 17° La reine s'enfuit du château de Blois dans la nuit du 21 au 22 février 1619. (XVIII-S.)

H. 3,94. — L. 2,95.

2102. 18° Réconciliation de Marie de Médicis avec son fils. (XVIII-N.)

H. 3,94. — L. 2,95.

2103. 19° La Conclusion de la paix. (XVIII-O.)

H. 3,94. — L. 2,95.

2104. 20° Entrevue de Marie de Médicis et de son fils. (xviii-O.)

H. 3,94. — L. 2,95.

2105. 21° Le Triomphe de la Vérité. (xviii-E.)

H. 3,94. — L. 1,60.

2106. Portrait de François de Médicis, grand-duc de Toscane, père de Marie de Médicis. (xvii-S.)

H. 2,47. — L. 1,16.

2107. Portrait de Jeanne d'Autriche, grande-duchesse de Toscane, mère de Marie de Médicis. (xvii-S.)

H. 2,47. — L. 1,90.

2108. Portrait de Marie de Médicis, reine de France, sous la figure de Bellone. (xvii-E.)

H. 2,76. — L. 1,49.

2109. Portrait de Marie de Médicis (*Coll. La Caze*). (xxxv.)

H. 1,81. — L. 1,26.

2110. Le Triomphe de la Vérité et les Parques filant la destinée de Marie de Médicis. Esquisse des deux compositions de la galerie du Luxembourg exposées sous les n°ˢ 2085 et 2105. (xvii-E.)

H. 0,50 — L. 0,64.

2111. Portrait du baron Henri de Vicq, ambassadeur des Pays-Bas, à la cour de France. (xvii-S.)

H. 0,73. — L, 0,54.

2112. Portrait d'Elisabeth de France, fille de Henri IV. (vi tr. F. S.)

H. 1,06. — L. 0,93.

2113. Portrait d'Hélène Fourment, seconde emme de Rubens, et de deux de ses enfants. (iv.) (Salon carré.)

H. 1,13. — L. 0,82.

2114. Portrait d'une dame de la famille Boonen. (vi tr. F. S.)

H. 0,62. — L. 0,47.

2115. La Kermesse. (VI tr. F. S.)
H. 1,49. — L. 2,61.

2116. Tournoi près des fossés d'un château. (XVII-E.)
H. 0,73. — L. 1,08.

2117. Paysage. (VI tr. F. S.)
H. 0,45. — L. 0,84.

2118. Paysage. (VI tr. F. S.)
H. 1,22. — L. 1,72.

2119. Paysage (*Coll. La Caze*). (XXXV.)
H. 0,75. — L. 1,01.

2120. Le Sacrifice d'Abraham (*Coll. La Caze*). (XXXV.)
H. 0,50. — L. 0,65.

2121. Melchisédech et Abraham (*Coll. La Caze*). (XXXV.)
H. 0,48. — L. 0,64.

2122. L'Élévation en croix (*Coll. La Caze*). (XXXV.)
H. 0,33. — L. 0,38.

2123. Le Couronnement de la Vierge (*Coll. La Caze*). (XXXV.)
H. 0,38. — L. 0,48.

2124. Philopœmen reconnu par une vieille femme. (XXXV.)
H. 0,50. — L. 0,66.

2125. Job tourmenté par les démons (*Coll. La Caze*). (I-E.)
H. 1,46. — L. 1,19.

2126. Etude pour le plafond de White-hall, à Londres (*Coll. La Caze*). (XXXV.)
H. 0,41. — L. 0,49.

2127. Tête d'étude pour une figure de saint Jean (*Coll. La Caze*). (XXXV.)
H. 0,50. — L. 0,39.

2128. Buste de vieillard (*Coll. La Caze*). (XXXV.)
H. 0,51. — L. 0,40.

RUBENS (*Attribué à*).

2130. Diogène cherchant un homme. (XVII-E.)
> H. 1,98. — L. 2,49.

RUBENS (*École de*).

2131. Paysage. (VI tr. F. S.)
> H. 0,29. — L. 0,43.

2132. Portrait de femme jouant du luth. (XXXV.)
> H. 0,76. — L. 0,67.

2133. Le Sommeil de Diane. (XXXV.)
> H. 0,35. — L. 0,50.

2134. La Naissance d'un prince. (I-S.)
> H. 0,73. — L. 0,61.

2135. Cheval attaqué par des lions. (I-O.)
> H. 2,37. — L. 3,22.

2136. Combats d'ours et de tigres. (I-O.)
> H. 2,38. — L. 3,20.

RYCKAERT (DAVID) IIIe du nom; Anvers 1612—1661.

2137. Intérieur d'atelier (*Don de M. Adolphe Moreau*). (VI tr. E. S.)
> H. 0,59. — L. 0,95.

SANDERS (JAN SANDERS, dit JAN VAN HEMESSEN). — V. Hemessen.

SCHOEVAERDTS (MATHYS ou MATHIEU); Bruxelles, vers 1665 — dans le courant du XVIIIe siècle.

2138. Paysage. (VI tr. E. S.)
> H. 0,38. — L. 0,58.

2139. Paysage. (VI tr. E. S.)
> H. 0,38. — L. 0,68.

SEGHERS dit aussi **ZEEGERS** (GERARD); Anvers 1591—1651.

2140. Saint François d'Assise en extase. (VI tr. E. N.)
> H. 2,40 - L. 1,58.

SIBERECHTS (JEAN); Anvers 1627 — Londres 1703.

2140ᴬ. Scène champêtre (*Don de M. Sedelmeyer*). (VI tr. E. S.)
H. 0,82. — L. 0,65.

SNYDERS (FRANS); Anvers 1579 — 1657.

2141. Le Paradis terrestre. (VI tr. E. S.)
H. 2,65. — L. 3,20.

2142. Entrée des animaux dans l'arche de Noé.
H. 2,30. — L. 3,60.

2143. Cerf poursuivi par une meute.
H. 2,00. — L. 2,77.

2144. Chasse au sanglier. (VI tr. E. S.)
H. 2,32. — L. 3,48.

2145. Les Marchands de poissons. (VI tr. F. N.)
H. 2,46. — L. 3,40.

2146. Des chiens dans un garde-manger. (VI tr. F. S.)
H. 1,24. — L. 2,05.

2147. Fruits et Animaux. (VI tr. E. N.)
H. 0,76. — L. 1,08.

2148. La Poissonnerie (*Coll. La Caze*). (I-O.)
H. 2,25. — L. 3,36.

2149. La Marchande de gibier (*Coll. La Caze*). (I-O.)
H. 2,19. — L. 1,87.

2150. Le Cerf à l'eau (*Coll. La Caze*). (I-E.)
H. 1,43. — L. 1,18.

2151. Oiseaux divers (*Coll. La Caze*). (I-E.)
H. 1,22. — L. 1,76.

2152. Fruits divers (*Coll. La Caze*). (XXXV.)
H. 0,98. — L, 1,47.

2153. La Corbeille de fruits (*Coll. La Caze*). (XXXV.)
H. 0,79. — L. 1,04.

SUSTERMANS ou **SUTTERMANS** (JOOST ou JUSTUS); Anvers 1597 — Florence 1681.

2154. Portrait du jeune Léopold de Médicis (*Coll. La Caze*). (I· E.)
H. 0,37. — L. 0,28.

TENIERS (DAVID) LE JEUNE; Anvers 1610 — Bruxelles 1690.

2155. Saint Pierre renie Jésus-Christ. (VI tr. E. S.)
H. 0,33. — L. 0,51.

2156. L'Enfant prodigue à table avec des courtisanes. (VI tr. E. S.)
H. 0,68. — L. 0,88.

2157. Les Œuvres de miséricorde. (VI tr. E. S.)
H. 0,56. — L. 0,78.

2158. Tentation de saint Antoine. (VI tr. E. S.)
H. 0,62. — L. 0,50.

2159. La Fête de village. (VI tr. E. S.)
H. 0,79. — L. 1,07.

2160. Un Cabaret près d'une rivière. (VI tr. E. S.)
H. 1,20. — L. 2,03.

2161. Danse de paysans à la porte d'un cabaret. (VI tr. E. S.)
H. 0,14. — L. 0,27.

2162. Intérieur de cabaret. (VI tr. E. S.)
H. 0,62. — L. 0,88.

2163. Intérieur de cabaret. (VI tr. E. S.)
H. 0,38. — L. 0,61.

2163ᴬ. Paysage avec intérieur de ferme (*Legs de M. Morcaux*). (VI tr. E. S.)
H. 0,83. — L. 1,22.

2164. Chasse au héron. (VI tr. E. S.)
H. 0,81. — L. 1,18.

2165. Le Fumeur. (VI tr. E. S.)
H. 0,38. — L. 0,30.

2166. Le Rémouleur. (VI tr. E. S.)
H. 0,42. — L. 0,28.

2167. Le Joueur de cornemuse. (VI tr. E. S.)
H. 0,28. — L. 0,23.

2168. Portrait d'un vieillard. (VI tr. E. S.)
H. 0,22. — L. 0,17.

2169. Les Bulles de savon. (VI tr. E. S.)
H. 0,68. — L. 0,51.

2170. Kermesse (*Coll. La Caze*). (XXXV.)
H. 0,54. — L. 0,69.

2171. Le Duo (*Coll. La Caze*). (XXXV.)
H. 0,22. — L. 0,16.

2172. Intérieur de tabagie (*Coll. La Caze*). (XXXV.)
H. 0,22. — L. 0,16.

2173. Intérieur (*Coll. La Caze*). (XXXV.)
H. 0,29. — L. 0,34.

2174. Fête villageoise (*Coll. La Caze*). (XXXV.)
H. 0,30. — L. 0.37.

2175. Intérieur de tabagie (*Coll. La Caze*). (XXXV.)
H. 0,17. — L. 0,14.

2176. Tentation de saint Antoine (*Coll. La Caze*). (XXXV.)
H. 0,22. — L. 0,16 1/2.

2177. Tabagie (*Coll. La Caze*). (XXXV.)
H. 0,22. — L. 0,17 1/2.

2178. Le Joueur de guitare (*Coll. La Caze*). (XXXV.)
H. 0,19. — L. 0,13.

2179. Le Quêteur (*Coll. La Caze*). (XXXV.)
H. 0,29. — L. 0,22.

2180. Les Joueurs de boule (*Coll. La Caze*). (XXXV.)
H. 0,17. — L. 0,23.

2181. Buveur et Fumeur (*Coll. La Caze*). (XXXV.)
H. 0,15 1/2. — L. 0,13 1/2.

2182. L'Eté (*Coll. La Caze*). (XXXV.)
H. 0,13. — L. 0,16 1/2.

2183. L'Hiver (*Coll. La Caze*). (XXXV.)
H. 0,12 1/2. — L. 0,17.

2184. Le Ramoneur (*Coll. La Caze*). (XXXV.)
H. 0,27. — L. 0,16.

2185. Paysage et animaux (*Coll. La Caze*). (XXXV.)
H. 0,68. — L. 1,09.

2186. Paysage (*Coll. La Caze*). (XXXV.)
H. 0,64. — L. 0.49.

2187. Paysage (*Coll. La Caze*). (XXXV.)
H. 0,18. — L. 0,26.

2188. Paysage (*Coll. La Caze*). (XXXV.)
H. 0,53. — L. 0,66.

TENIERS (d'après L. LOTTO).
2189. Le Christ mort (*Coll. La Caze*). (XXXV.)
H. 0,31. — L. 0,21.

TENIERS (d'après TITIEN).
2190. La Vierge et l'Enfant Jésus (*Coll. La Caze*). (XXXV.)
H. 0,17. — L. 0,23.

VEEN (OTHO VAN, dit OTTO VENIUS); Leyde 1558 — Bruxelles 1629.
2191. Otto Venius et sa famille. (VI tr. E. S.)
H. 1,65. — L. 2,50.

VENIUS (OTHO VAN VEEN, dit OTTO VENIUS). — V. Veen.

VERBRUGGEN (GASPAR-PIETER); Anvers 1664—1730.
2192. Fleurs (*Coll. La Caze*). (I-O.)
H. 1,38. — L. 0,80.

VOS (*Attribué à* CORNÉLIS DE); Hulst 1585 — Anvers 1651.
2193. Portrait de femme (*Coll. La Caze*). (XXXV.)
H. 0,83. — L. 0,63.

VOS (PAUL DE); Hulst (?) vers 1590 — Anvers 1678.
2194. La Mort du chevreuil (*Coll. La Caze*). (I-E.)
H. 1,67. — L. 2,46.

VRANCK (SÉBASTIEN) — Anvers 1573—1647.
2194ᴬ. Pillage d'un village (*Acquis en* 1900).
H. 0,74. — L. 1,06.

WEYDEN (ROGIER VAN DER) ou, suivant la forme française du
nom, ROGIER DE LA PASTURE, dit aussi ROGER DE BRUGES;
Tournai vers 1400 — Bruxelles 1464.
2195. La Vierge et l'Enfant Jésus. (XX.)
H. 0,20. — L. 0,13.

2196. Déposition de croix (*Legs de M. Mongé Misbach*). (XX.)
> H. 0,67. — L. 0,48.

ZEEGERS (GÉRARD SEGHERS ou ZEEGERS). — V. Seghers.

INCONNUS DE L'ÉCOLE FLAMANDE

XVe siècle.

2197. Sainte Famille. (XX.)
> H. 0,45. — L. 0,32.

2198. Instruction pastorale. (XX.)
> H. 0,95. — L. 0,68.

2200. Le Christ. (XX.)
> H. 0,38. — L. 0,28.

2201. La Mère de douleur. (XX.)
> H. 0,38. — L. 0,28.

2202. La Salutation angélique. (XX.)
> H. 0,86. — L. 0,92.

Commencement du XVIe siècle.

2202ᴮ. Triptyque. — Au centre, la Vierge et l'Enfant Jésus. Volet de gauche, le donateur et son fils sous la protection de saint Jean-Baptiste. Volet de droite, la femme du donateur accompagnée de saint Jean l'Évangéliste. Revers des volets, Adam et Ève (*Acquis en* 1890). (XX.)
> Panneau du milieu. H. 0,95. — L. 0,70.
> Volets. H. 0,91. — L. 0,30.

2203. Le Christ mort sur les genoux de la Vierge (*Acquis en* 1893). (XX.)
> H. 0,36. — L. 0,50.

2204. Portrait de femme. (XX.)
H. 0,35. — L. 0,27.

2204ᴬ. [Ancien 2716, *antérieurement attribué à* HOLBEIN].
Portrait d'homme. (XX.)
H. 0,36. — L. 0,28.

2205. Portrait d'homme. (XX.)
H. 0,54. — L. 0,44.

2205ᴬ. Portrait d'homme. (XXI.)
H. 0,48. — L. 0,32.

XVIIᵉ siècle.

2206. Vue d'un port de mer (*Don de M. Maciet*).
H. 0,30. — L. 0,22.

2207. Paysage. (VI tr. E. S.)
H. 0,82. — L. 1,04.

2208. Portrait de vieille femme (*Coll. La Caze*). (XXXIII.)
H. 0,71. — L. 0,59.

2209. Nature morte, fruits et légumes (*Coll. La Caze*). (XXXIV.)
H. 0,83. — L. 1,18.

2210. Panneau décoratif (*Coll. La Caze*). (XXXIV.)
H. 0,90. — L. 1,40.

2211. Guirlande de fleurs (*Coll. La Caze*). (I-O.)
H. 1,35. — L. 1,08.

ÉCOLE FLAMANDE ou ÉCOLE HOLLANDAISE, commencement du XVIᵉ siècle.

2212. Adam (volet de triptyque) (*Don de M. Lemonnier*). (XXL.)
H. 0,61. — L. 0,21.

2213. Eve (pendant du précédent) (*Don de M. Lemonnier*). (XXL.)
H. 0,61. — L. 0,21.

ÉCOLE HOLLANDAISE

AELST (WILLEM VAN); Delft 1626 — Amsterdam 1683 (?).

2298. Raisins et pêches (*Don de M. Kleinberger*). (XXIV.)
H. 0.72. — L. 0,66.

ALART CLAESZOON (*Attribué à*), dit AERTGEN VAN LEYDEN; Leyde 1498 — 1564.

2299. La montée au Calvaire (*Acquis en* 1893). (XXI.)
H. 0,68. — L. 0.84.

2300 [ancien 2641]. Le Sacrifice d'Abraham. (XXI.)
H. 0,48. — L. 0,32.

ARENT ARENTSZ, dit CABEL, vécut à Amsterdam au début du XVIIe s.

2300^A. Paysage (*Acquis en* 1899). (XXI.)
H. 0,40. — L. 0,60.

ASSELYN ou ASLEIN (JAN), surnommé CRABETJE; Diepen, près d'Amsterdam, 1610 — Amsterdam 1652.

2301. Vue du pont Lamentano, sur le Teverone.
H. 0,58. — L. 0,58.

2302. Paysage. (XXV.)
H. 0,72. — L, 0,42.

2303. Ruine dans la campagne de Rome. (XXV.)
H. 0,78. — L. 0,39.

BAILLI (DAVID); Leyde 1584 — vers 1657.

2303ᴬ. Portrait de jeune homme (*Acquis en* 1893). (XXII.)
  H. 0,30. — L. 0,23.

BAKHUISEN ou **BACKHUYSEN** (LUDOLPH); Emden 1631 —
  Amsterdam 1708.

2304. Escadre hollandaise. (XXVII.)
  H. 1,71. — L. 2,85.

2305. Marine. (XXVI.)
  H. 1,27. — L. 2,20.

2306. Marine. (XXV.)
  H. 0,46. — L. 0,65.

2307. Marine. (XXVI.)
  H. 0,66. — L. 0,80

2309. Mer agitée (*Coll. La Caze*). (XXXIII.)
  H. 0,67. — L. 0,90.

BAMBOCCIO ou **BAMBOCHE** (PIETER VAN LAAR, surnommé
  Bamboccio). — V. LAAR.

BEERSTRAATEN ou **BEERESTRATEN** (JAN ABRAHAMSZ);
  Amsterdam 1622 — 1666.

2310. L'Ancien Port de Gênes. (XXVI.)
  H. 0,94. — L. 1,29.

BEGA ou **BEGEYN** (ABRAHAM ou ADRIAAN); Leyde 1637 ou
  1638 — Berlin 1697.

2311. Paysage.
  H. 0,61. — L. 0,50.

BEGA (CORNÉLIS); Harlem 1620 — 1664.

2312. Intérieur rustique. (XXIX.)
  H. 0,44. — L. 0,39.

BEYEREN (ABRAHAM VAN); La Haye 1620.

2312ᴬ. Nature morte (*Acquis en* 1899). (XXIV.)
  H. 0,72. — L. 0,58.

BERCHEM ou **BERGHEM** (CLAES PIETERSZ); Harlem 1620 —
  Amsterdam 1683.

2313. Vue des environs de Nice. (XXVII.)
  H. 0,95. — L. 1,38.

2314. Paysage et Animaux.
H. 1,30. — L. 1,95.

2315. Le Gué. (XXVI.)
H. 0,32. — L. 0,40.

2316. L'Abreuvoir.
H. 0,51. — L. 0,62.

2317. Le Passage du bac. (XXIV.)
H. 0,50. — L. 0,70.

2318. Paysage et Animaux. (XXVII.)
H. 0,89. — L. 1,10.

2319. Paysage et Animaux.
H. 0,50. — L. 0,60.

2320. Paysage et Animaux. (XXVI.)
H. 0,65. — L. 0,60.

2321. Paysage et Animaux.
H. 1,12. — L. 1,40.

2322. Paysage et Animaux.
H. 0,24. — L. 0,31.

2323. Paysage et Animaux. (XXVII.)
H. 1,67. — L. 1,39.

BERCK HEYDE (GERRIT); Harlem 1638.— 1698.

2324. Vue de la colonne Trajane et de l'église Sainte-Marie-de-Lorette, à Rome. (XXVIII.)
H. 0,45. — L. 0,52.

BERGEN (DIRK VAN); travaillait à Harlem entre 1660 et 1690.

2325. Paysage et Animaux. (XXX.)
H. 0,60. — L. 0,72.

2326. Paysage. (XXXVII.)
H. 0,26. — L. 0,32.

BERGHEM (CLAES PIETERSZ). — V. Berchem.

BLOEMAERT (ABRAHAM); Gorcum 1564 — Utrecht 1651.

2327. La Nativité. (XIX.)
H. 3.60. — L. 2,00.

2327ᴬ. Portrait d'homme. (XXVII.)
H. 0,70. — L. 0,57.

BLOOT (PIETER DE); Rotterdam 1600 (?) — 1652.

2327ᴬ. Paysage (*Don de M. Kleinberger*, 1899). (XXIII.)
H. 0,31. — L. 0,59.

BOL (FERDINAND); Dordrecht 1616 — Amsterdam 1680.

2328. Philosophe en méditation. (XXIX.)
H. 1,45. — L. 1,37.

2329. Un Jeune Prince hollandais dans un char traîné par des chèvres.
H. 2,11. — L. 2,49.

2330. Portrait d'un mathématicien. (XXXI.)
H. 0,77. — L. 0,63.

2331. Portrait d'homme. (XXXI.)
H. 1,18. — L. 0,99.

BOTH (JAN), dit BOTH D'ITALIE; Utrecht 1610 — 1652.

2332. Paysage. (XXIII.)
H. 1,56. — L. 2,11.

2333. Paysage.
H. 0,78. — L. 0,58.

BREENBERCH ou **BREEMBERG** (BARTHOLOMEUS); Deventer 1599 — Amsterdam (?) avant 1659.

2334. Vue du Campo-Vaccino, à Rome. (XXVII.)
H. 0,40. — L. 0,55.

2335. Paysage. — Réunion de ruines de l'ancienne Rome. (XXVII.)
H. 0,43. — L. 0,56.

BREKELENKAM (QUERINGH GERRITSZ VAN); Swammerdam, près de Leyde, vers 1620 — Leyde 1668.

2336. Un Moine écrivant.
H. 0,21. — L. 0,17.

2337. La Consultation (*Coll. La Caze*). (XXXIII.)
H. 0,57. — L. 0,52.

CEULEN (CORNELIS JANSON VAN); Londres (?) 1594 — Amsterdam entre 1662 et 1664.

2338. Portrait d'homme. (XXIV.)
H. 1,10. — L. 0,90.

2339. Portrait de femme (*Coll. La Caze*). (XXXIV.)
H. 1,25. — L. 0,99.

CODDE (PIETER); Amsterdam 1599 ou 1600 — 1678.

2339ᴬ. Dame à sa toilette (*Don de M. Maciet*). (XXII.)
H. 0,20. — L. 0,255.

CRABETJE (JAN ASSELYN, surnommé CRABETJE). — V. Asselyn.

CRAESBEECK (JOOST VAN); Neerlinter, en Brabant, 1606 ou
1608 — Bruxelles entre 1654 et 1662.

2340. Craesbeeck peignant un portrait. (XXIII.)
H. 0,82. — L. 1,02.

CUYP (AELBERT); Dordrecht 1620 — 1691.

2341. Paysage. (XXX.)
H. 1,71. — L. 2.29.

2342. Le Départ pour la promenade. (XXX.)
H. 1,19. — L. 1,52.

2343. La Promenade. (XXX.)
H. 1,17. — L. 1,82.

2344. Portraits d'enfants. (XXX.)
H. 1,24. — L. 1,00.

2345. Marine. (XXIX.)
H. 1,08. — L. 1,48.

2345ᴬ. Portrait d'homme. (XXVII.)
H. 0,78. — L. 0,65.

DECKER ou **DEKKER** (CORNELIS); (?) — Harlem 1678.

2346. Paysage. (XXVII.)
H. 0,67. — L. 0,82.

DELEN ou **DEELEN** (DIRK VAN); Heusden 1605 — Arne-
muyden 1671.

2347. Les Joueurs de ballon. (XXVIII.)
H. 0,32. — L. 0,54.

DOU ou **DOV** (GERARD); Leyde 1613—1675.

2348. La Femme hydropique (*Don de M. Clausel*). (XXXI.)
H. 0,83. — L. 0,67.

2349. Aiguière d'argent. (XXXI.)
H. 0,98. — L. 0,81.

2350. L'Épicière de village. (XXXI.)
H. 0,38. — L. 0,28.

2351. Le Trompette. (XXXI.)
H. 0,38. — L. 0,29.

2352. La Cuisinière hollandaise. (XXXI.)
H. 0,35. — L. 0,27.

2353. Une Femme accrochant un coq à une fenêtre. (XXXI.)
H. 0,27. — L. 0,20.

2354. Le Peseur d'or. (XXXI.)
H. 0,27. — L. 0,20.

2355. L'Arracheur de dents. (XXXI.)
H. 0,32. — L. 0,25.

2356. La Lecture de la Bible. (XXXI.)
H. 0,50. — L. 0,40.

2357. Vieillard lisant (*Coll. La Caze*). (XXXIII.)
H. 0,16. — L. 0,12.

2358. Portrait de femme âgée. (XXXI.)
H. 0,12. — L. 0,09.

2359. Portrait de Gérard Dov. (XXXI.)
H. 0,20. — L. 0,31.

DROST (CORNELIS). Milieu du XVII⁰ siècle.

2359ᴬ. Bethsabée (*Don de M. de Vandeul*). (XXXI.)
H. 1,01. — L. 0,86.

DUCK ou **LE DUCK** (JACOB-A.); Utrecht 1600 — La Haye (?) après 1660.

2360. L'Intérieur d'un corps de garde. (XXVI.)
H. 0,55. — L. 0,84.

2361. Les Maraudeurs. (XXVI.)
H. 0,37. — L. 0,50.

DU JARDIN (CAREL). — V. Jardin.

DYCK (PHILIP VAN), dit le PETIT VAN DYCK; Amsterdam 1680 — La Haye 1753.

2362. Sara présentant Agar à Abraham. (XXVII.)
H. 0,50. — L. 0,40.

2363. Abraham renvoyant Agar et son fils Ismaël. (XXVII.)
H. 0,50. — L. 0,40.

EECKHOUT (GERBRANDT VAN DEN); Amsterdam 1621 — 1674.

2364. Anne consacrant son fils au Seigneur. (XXXI.)
H. 1,17. — L. 1,43.

EVERDINGEN (ALLART VAN); Alkmaar 1621 — Amsterdam 1675.

2365. Paysage. (XXV.)
H. 1,72. — L. 2,20.

2366. Paysage (*Coll. La Caze*). (XXXIV.)
H. 0,30. — L. 0,42 ¹/₂.

FAES (PETER VAN DER), dit le CHEVALIER LELY; Soest en Westphalie 1618 — Londres 1680.

2367. Méléagre présentant à Atalante la hure du sanglier de Calydon. (VI tr. F. S.)
H. 1,38. — L. 0,95.

2368. Portrait d'homme.
H. 0,10. — L. 0,08.

FAES (*Attribué à* VAN DER).

2369. Copie du portrait d'Anne Carr, première duchesse de Bedford, par Van Dyck. (VI tr. E. S.)
H. 1,05. — L. 0,85.

FICTOOR, VICTOOR ou **VICTORS** (JAN); Amsterdam 1620 — 1673.

2370. Isaac bénissant Jacob. (XXIX.)
H. 1,65. — L. 2,03.

2371. Portrait de jeune fille. (XXXI.)
H. 0,93. — L. 0,78.

FLINCK (GOVERT); Clèves 1615 — Amsterdam 1660.

2372. Un Ange annonce aux bergers la naissance de Jésus-Christ. (XXXI.)
H. 1,55. — L. 1,96.

2373. Portrait de petite fille. (XXXI.)
H. 0,66. — L. 0,54.

GEERTJEN (S. JAN ou de VAN HAARLEM). — V. Saint Jan.

GHERARDO DELLA NOTTE (GERARD HONTHORST, surnommé GHERARDO DELLA NOTTE). — V. Honthorst.

GLAUBER (JOHANNES), dit POLIDOR; Utrecht 1646 — Schoonhoven vers 1726.

2374. Paysage.
H. 1,92. — L. 2,46.

GOYEN (JAN VAN); Leyde 1596 — La Haye 1656.

2375. Bords d'une rivière en Hollande. (XXIII.)
H. 1,13. — L. 1,54.

2376. Un Canal en Hollande. (XXIII.)
H. 0,40. — L. 0,60.

2377. Une Rivière. (XXIII.)
H. 0,98. — L. 1,34.

2378. Marine. (XXIII.)
H. 0,74. — L. 1,08.

2379. Bords d'un canal (*Coll. La Caze*). (XXXIV.)
H. 0,35. — L. 0,47.

HAGEN (JORIS ou JAN VAN DER), ou **VERHAGEN**; (?) entre 1615 et 1620 — La Haye 1669.

2380. Vue de Hollande. (XXV.)
H. 0,60. — L. 0,76.

2381. Un Paysage.
H. 0,24. — L. 0,32.

2382. Paysage. Plaine de Harlem (*Coll. La Caze*). (XXXIV.)
H. 0,37. — L. 0,42

HALS (FRANS); Anvers 1580 ou 1581 — Harlem 1666.

2383. Portrait en buste de René Descartes. (XXII.)
H. 0,76. — L. 0,68.

2384. La Bohémienne (*Coll. La Caze*). (XXXIV.)
H. 0,58. — L. 0,52.

2385. Portrait de femme (*Coll. La Caze*). (XXXIV.)
H. 1,08. — L. 0,80.

2386. Portrait de Nicolas Van Beresteyn (*Acquis en* 1885). (XXII.)
H. 1,36. — L. 1,00.

2387. Portrait de la femme de Nicolas Van Beresteyn (*Acquis en* 1885). (XXII.)
H. 1,36. — L. 1,00.

2388. Portraits des membres de la famille Van Beresteyn, de Harlem (*Acquis en* 1885). (XXII.)
H. 1,67. — L. 2,41.

HALS (DIRCK); Harlem 1589 (?) — 1656.

2389. Festin champêtre (*Don du journal l'*Art). (XXIII.)
H. 0,69. — L. 0,77.

HEDA (WILLEM CLAESZ); Harlem 1594 — après 1678.

2390. Un Dessert. (XXV.)
H. 0,44. — L. 0,56.

HAARLEM (GEERTJEN DE ou SAINT-JAN). — Voir Saint-Jan.

HEEM (JAN DAVIDSZ DE); Utrecht 1606 — Anvers 1683 ou 1684.

2391. Fruits et Vaisselle sur une table. (XXV.)
H. 0,59. — L. 0,43.

2392. Fruits et Vaisselle sur une table. (XXIII.)
H. 1,49. — L. 2,03.

HEEMSKERCK (EGBERT VAN); Harlem 1645 — Londres 1704.

2393. Intérieur (*Coll. La Caze*). (XXXIII.)
H. 0,47. — L. 0,35.

HELST (BARTHOLOMEUS VAN DER); Harlem 1613 — Amsterdam 1670.

2394. Le Jugement du prix de l'arc. (XXV.)
H. 0,50. — L. 0,67.

2395. Portrait d'homme. (XXIV.)
H. 1,00. — L. 0,79.

2396. Portrait de femme. (XXIV.)
H. 1,00. — L. 0,79.

HELST (*Attribué à* VAN DER).

2397. Un Personnage de distinction et sa femme dans un paysage. (*Coll. La Caze*). (XXXIV.)
H. 1,80. — L. 2,06.

HERMAN D'ITALIE (HERMAN VAN SWANEVELT, dit HERMAN D'ITALIE). — V. Swanevelt.

HEUSCH (WILLEM ou GUILLIAM DE); Utrecht vers 1625 — 1692.

2398. Paysage.
H. 0,35. — L. 0,45.

HEYDEN (JAN VAN DER) ; Gorcum 1637 — Amsterdam 1712.

2399. Vue de la maison de ville d'Amsterdam. (XXIX.)
H. 0,72. — L. 0,86.

2400. Eglise et place d'une ville en Hollande. (XXV.)
H. 0,45. — L. 0,56.

2401. Vue d'un village au bord d'un canal. (XXV.)
H. 0,45. — L. 0,52.

2402. Paysage (*Coll. La Caze*). (XXXIII.)
H. 0,18. — L. 0,21.

HOBBEMA (MEYNDERT); Amsterdam 1638 — 1709.

2403. Paysage. (XXVI.)
H. 0,60. — L. 0,80.

2404. Le Moulin à eau. (XXVI.)
H. 0,80. — L. 0,65.

HONDECOETER (MELCHIOR D'); Utrecht 1636 — Amsterdam 1695.

2405. Deux aigles dans une basse-cour (*Legs de M. Moreaux*). (XXVIII.)
H. 2,05. — L. 2,52.

2406. Le Dindon blanc (*Coll. La Caze*). (XXXIII.)

H. 1,34.— L.1,70.

2407. Oiseaux de basse-cour (*Coll. La Caze*). (XXXIII.)

H. 1,75. — L. 2,17.

HONDIUS (ABRAHAM); Rotterdam 1638 — Londres 1691.

2407ᴬ. Le marchand de pigeons (*Acquis en* 1891). (XXXI.)

H. 0,36. — L. 0,27.

HONTHORST (GERARD), surnommé GHERARDO DELLA NOTTE; Utrecht 1590 — 1656.

2408. Pilate se lavant les mains devant le peuple. (XXII.)

H. 1,53. — L. 2,05.

2409. Concert. (XXII.)

H. 1,68. — L. 1,78.

2410. Portrait de Charles-Louis, comte palatin du Rhin, électeur, puis duc de Bavière. (XXII.)

H. 0,73. — L. 0,60.

2411. Portrait de Robert ou Rupert de Bavière, duc de Cumberland, palatin du Rhin, frère du précédent. (XXII.)

H. 0,73. — L. 0,60.

2413. Homme accordant son luth (*Coll. La Caze*). (XXXIV.)

H. 0,70. — L. 0,79.

HOOGH ou **HOOCH** (PIETER DE); Utrecht 1630 — Amsterdam, peu après 1677.

2414. Intérieur d'une maison hollandaise. (XXX.)

H. 0,68. — L. 0,47.

2415. Intérieur hollandais. (XXX.)

H. 0,67. — L. 0,77.

HUYSUM (JAN VAN); Amsterdam 1682 — 1749.

2416. Paysage. (XXX.)

H. 0,54. — L. 0,65.

2417. Paysage.

H. 0,23. — L. 0,29.

2418. Paysage.
> H. 0,23. — L. 0,29.

2419. Paysage.
> H. 0,08. — L. 0,11.

2420. Corbeille de fleurs posée sur une table de marbre.
> H. 0,53. — L. 0,41.

2421. Corbeille de fleurs posée sur une table de marbre.
> H. 0,63. — L. 0,53.

2422. Fruits et Fleurs.
> H. 0,63. — L. 0,53

2423. Fleurs et Fruits. (XXVIII.)
> H. 0,80. — L. 0,61.

2424. Vase de Fleurs. (XXIX.)
> H. 0,80. — L. 0,61.

2425. Grand vase orné de bas-reliefs et rempli de fleurs. (XXVIII.)
> H. 1,38. — L. 1,08.

2425ᴬ. Fleurs dans un vase (*Légué par M. Moreaux*). (XXIX.)
> H. 0,79. — L. 0,61.

JARDIN (CAREL DU); Amsterdam 1622 — Venise 1678.

2426. Le Calvaire. (XXXI.)
> H. 0,97. — L. 0,84.

2427. Les Charlatans italiens. (XXVI.)
> H. 0,42. — L. 0,52.

2428. Le Gué (site d'Italie). (VI tr. D.
> H. 0,23. — L. 0,30.

2429. Le Pâturage. (XXVI.)
> H. 0,51. — L. 0,46.

2430. Le Bocage. (XXVI.)
> H. 0,54. — L. 0,44.

2431. Paysage et Animaux.
> H. 0,65. — L. 0,58

2432. Paysage et Animaux. (XXVI.)
H. 0,32. — L. 0,26.

2433. Paysage et Animaux. (Escalier de la Direction.)
H. 0,91. — L. 1,21.

2434. Portrait d'homme. (XXIX.)
H. 0,22. — L. 0,19.

2435. Paysage (*Coll. La Caze*). (XXXIV.)
H. 0,53. — L. 0,45.

KALFF ou **KALF** (WILLEM); Amsterdam 1621 ou 1622 — 1693.

2436. Intérieur d'une chaumière. (XXV.)
H. 0,40. — L. 0,53.

2436ᴬ. Nature morte (*Don de M. Sedelmeyer*). (XXV.)
H. 0,58. — L. 0,71.

2437. Nature morte (*Coll. La Çaze*). (XXXIII.)
H. 0,83. — L. 1,02.

2438. Ustensiles de ménage (*Coll. La Caze*). (XXXIII.)
H. 0,13 ¹/₂. — L. 0,16.

KEYSER (*Attribué à* THOMAS DE); Amsterdam 1596 ou 1597 — 1667.

2438ᴬ. Portrait d'homme. (XXIII.)
H. 0,66. — L. 0,49.

LAER (PIETER VAN), surnommé BAMBOCCIO; Harlem commencement du XVIIᵉ siècle — 1674 (?).

2439. Le Départ de l'hôtellerie.
H. 0,33. — L. 0,43.

2440. Les Pâtres. (XXXVII.)
H. 0,33. — L. 0,43.

LAÎRESSE (GERARD DE); Liège 1641 — Amsterdam 1711.

2441. Débarquement de Cléopâtre au port de Tarse.
H. 0,60. — L. 0,67.

443. Hercule entre le Vice et la Vertu.
H. 1,13. — L. 1,84.

LASTMAN (PIETER); Amsterdam 1583 — 1633.

2443ᴬ. Le Sacrifice d'Abraham (*Acquis en* 1895). (XXXI.)
H. 0,35. — L. 0,41.

LELY (PETER VAN DER FAES, dit le *Chevalier Lely*). — V. Faes.

LIEVENS ou **LIVENS** (JAN); Leyde 1607 — Amsterdam 1674.

2444. La Vierge visitant sainte Elisabeth. (XIX.)
H. 2,80. — L. 1,98.

LIMBORGH ou **LIMBORCHT** (HENDRIK VAN); La Haye 1680
— 1758.

2446. Les Plaisirs de l'âge d'or. (XXVII.)
H. 0,63. — L. 0,85.

LINGELBACH (JOHANNES); Francfort-sur-le-Mein 1623 — Amsterdam 1674.

2447. Le Marché aux herbes, à Rome. (XXVIII.)
H. 0,69. — L. 0,87.

2448. Vue d'un port de mer en Italie. (XXVII.)
H. 0,69. — L. 0,83.

2449. Paysans buvant à la porte d'une hôtellerie.
H. 0,36. — L. 0,47.

2450. Paysage.
H. 0,69. — L. 0,61.

LIVENS (JAN). — V. Lievens.

LOO (JAKOB VAN); L'Ecluse 1614 — Paris 1670.

2451. Portrait de Michel Corneille le père, peintre et recteur de
l'Académie royale. (XXIV.)
H. 1,18. — L. 0,88.

2452. Etude de femme. (XXVI.)
H. 1,03. — L. 0,80.

MAES ou **MAAS** (AAERT VAN); Gouda 1620—1664.

2453. Intérieur d'un corps de garde. (XXVI.)
H. 0,51. — L. 0,77.

MAES ou **MAAS** (NICOLAES); Dordrecht 1632 — Amsterdam 1693.

2454. Le Bénédicité (*Coll. La Caze*). (XXXIII.)
H. 0,55. — L. 0,41.

MEER (JAN VAN DER), dit VAN DER MEER ou VERMEER DE HARLEM, LE VIEUX; Harlem 1628 — 1691.

2455. Entrée d'auberge. (XXIX.)
H. 0,70. — L. 0,66.

MEER (JAN VAN DER) ou **VERMEER** de DELFT; Delft 1632—1675.

2456. La Dentellière. (XXIX.)
H. 0,24. — L. 0,21.

METSU (GABRIEL); Leyde 1630 — Amsterdam 1667.

2457. La Femme adultère. (XXVI.)
H. 1,35. — L. 1,64.

2458. Le Marché aux herbes d'Amsterdam. (XXV.)
H. 0,95. — L. 0,82.

2459. Un Militaire recevant une jeune dame. (XXIX.)
H. 0,63. — L. 0,47.

2460. La Leçon de musique. (XXV.)
H. 0,31. — L. 0,25.

2461. Le Chimiste. (XXV.)
H. 0,27. — L. 0,24.

2462. Une Femme hollandaise. (XXV.)
H. 0,28. — L. 0,26.

2463. Une Cuisinière hollandaise. (XXV.)
H. 0,28. — L. 0,26.

2464. Portrait de Corneille Tromp, amiral hollandais. (XXIII.)
H. 0,93. — L. 0,76.

MIEREVELT (MICHIEL JANSZ); Delft 1567 — 1641.

2465. Portrait d'Oldenbarenvelt. (XXIII.)
H. 0,63. — L. 0,51.

2466. Portrait de femme. (XXII.)
H. 1,20. — L. 0,89.

2467. Portrait d'homme. (XXII.)
H. 1,21. — L. 0,91.

2468. Portrait de femme (*Coll. La Caze*). (XXXIII.)
H. 1,07. — L. 0,75.

MIERIS (FRANS VAN), LE VIEUX; Leyde 1635 — 1681.

2469. Portrait d'homme.
H. 0,24. — L. 0,19.

2470. Femme à sa toilette. (XXVIII.)
H. 0,27, — L. 0,22.

2471. Le Thé. (XXIX.)
H. 0,40. — L. 0,34.

2472. Une Famille flamande.
H. 0,41. — L. 0,32.

MIERIS (WILLEM VAN); Leyde 1662 — 1747.

2473. Les Bulles de savon.
H. 0,31. — L. 0,26.

2474. Le Marchand de gibier.
H. 0,30. — L. 0,26.

2475. La Cuisinière. (XXIX.)
H. 0,47. — L. 0,38.

MONI (LOUIS DE); Breda 1698 — Leyde 1771.

2476. Scène familière.
H. 0,33. — L. 0,27

MOOR (KAREL DE); Leyde 1656 — Warmond 1738.

2477. Une Famille hollandaise.
H. 0,60. — L. 0,76.

MOOR, MOR ou **MORO VAN DASHORST** (ANTHONY); Utrecht
1512 (?) —Anvers entre 1576 et 1578.

2478. Portrait d'homme. (XXI.)
H. 1,00. — L. 0,80.

2479. Le Nain de Charles-Quint. (XXI.)

H. 1,27. — L. 0,93.

2480. Portrait présumé de Louis del Rio, maître des requêtes au conseil privé du Brabant en 1578 (*Legs de Mme la comtesse Duchâtel*). (V.)

H. 1,66. — L. 0,80.

481. Portrait présumé de la femme de Louis del Rio (*Legs de Mme la comtesse Duchâtel*). (V.)

H. 1,66. — L. 0,80.

2481ᴬ. Portrait d'Edouard VI, roi d'Angleterre (*Acquis en 1889*). (XXI.)

H. 1,67. — L. 0,87.

MOUCHERON (FREDERICK DE); Emden 1633 ou 1634 — Amsterdam 1686.

2482. Le Départ pour la chasse. (XXXI.)

H. 0,78. — L. 0,66.

NEER (AERNOUT VAN DER); Amsterdam 1603 — 1677.

2483. Bords d'un canal en Hollande. (XXIII.)

H. 0,48. — L. 0,80.

2484. Village traversé par une route. (XXIV.)

H. 0,68. — L. 0,61.

NEER (EGLON VAN DER); Amsterdam 1643 — Düsseldorf 1703..

2485. La Marchande de poisson.

H. 0,20. — L. 0,16.

NETSCHER (CASPAR); Heidelberg 1639 — La Haye 1684.

2486. La Leçon de chant. (XXIX.)

H. 0,48. — L. 0,38.

2487. La Leçon de basse de viole. (XXIX.)

H. 0,48. — L. 0,38.

NETSCHER (CONSTANTYN); La Haye 1668 — 1722.

2488. Vénus pleurant Adonis métamorphosé en anémone.

H. 0,41. — L. 0,32.

2489. Portrait d'une jeune princesse (*Coll. La Caze*). (XXXIV.)
H. 1,38. — L. 0,98.

NICKELEN ou **NICKELLE** (ISACK ou ISAAK VAN); travaillait à
Harlem dans la seconde moitié du XVIIe siècle.

2490. Vestibule d'un palais. (XXIV.)
H. 0,65. — L. 0,60.

NOOMS (REINIER), dit ZEEMAN ; Amsterdam vers 1623 — avant
1668.

2491. Vue de l'ancien Louvre du côté de la Seine. (XXVIII.)
H. 0,45. — L. 0,75.

OS (JAN VAN); Middelharnis 1744 — La Haye 1808.

2492. Fleurs et Fruits.
H. 0,72. — L. 0,55.

2493. Fleurs dans un vase de marbre jaune. (XXVII.)
H. 0,87. — L. 0,65.

OSTADE (ADRIAEN VAN); Harlem 1610 — 1685.

2495. La Famille d'Adriaen Van Ostade. (XXIV.)
H. 0,70. — L. 0,80.

2496. Le Maître d'école. (XXXI.)
H. 0,40. — L. 0,33.

2497. Le Marché aux poissons. (XXIV.)
H. 0,41. — L. 0,35.

2498. Intérieur d'une chaumière. (XXIV.)
H. 0,34. — L. 0,44.

2499. Un Homme d'affaires dans son cabinet. (XXV.)
H. 0,34. — L. 0,28.

2500. Le Fumeur. (XXIV.)
H. 0,28. — L. 0,23.

2501. Un Buveur. (XXIV.)
H. 0,18. — L. 0,14.

2502. Le Buveur (*Coll. La Caze*). (XXXIV.)
H. 0,28. — L. 0,22.

2503. Le Liseur (*Coll. La Caze*). (XXXIV.)

H. 0,27. — L. 0,22.

2504. La Lecture (*Coll. La Caze*). (XXXIV.)

H. 0,10. — L. 0,16.

2505. La Lecture de la gazette (*Coll. La Caze*). (XXXIII.)

H. 0,23 ¹/₂. — L. 0,19.

2506. Intérieur de cabaret (*Coll. La Caze*). (XXXIII.)

H. 0,21. — L. 0.29.

2507. Intérieur d'école (*Coll. La Caze*). (XXXIII.)

H. 0,20. — L. 0,20.

OSTADE (ISAACK VAN); Harlem 1621 — 1649.

2508. Halte de voyageurs à la porte d'une hôtellerie. (XXIV.)

H. 0,58. — L. 0,83.

2509. La Halte. (XXIV.)

H. 0,50. — L. 0,46.

2510. Un Canal gelé, en Hollande. (XXIV.)

H. 1,00. — L. 1,50.

2511. Un Canal gelé, en Hollande. (XXIV.)

H. 1,10. — L. 1,54.

2512. Scène d'intérieur (*Coll. La Caze*). (XXXIV.)

H. 0,24. — L. 0,19.

2513. Le Toit à porcs (*Coll. La Caze*). (XXXIII.)

H. 0,39. — L. 0,35.

2514. Scène d'intérieur (*Coll. La Caze*). (XXXIII.)

H. 0,10 ¹/₂. — L. 0,13 ¹/₂.

2515. Paysage. Effet d'hiver (*Coll. La Caze*). (XXXIV.)

H. 0,51. — L. 0,42.

PALAMEDES (ANTHONIE); Delft 1601 — Amsterdam 1673.

2515ᴬ. Portrait d'homme (*Don de M. Sedelmeyer*). (XXIII.)

H. 0,82. — L. 0,69.

POEL (EGBERT VAN DER) ; Delft 1621 — Rotterdam 1664.

2516. La Maison rustique.
>   H. 0,59. — L. 0,83.

2517. Une Chaumière (*Coll. La Caze*). (XXXIII.)
>   H. 0,29. — L. 0,37.

POELENBURGH (CORNELIS VAN); Utrecht 1586 — 1667.

2518. Sara engage Abraham à prendre son esclave Agar pour femme. (XVII.)
>   H. 0,10. — L. 0,08.

2519. Le Pâturage. (XXIII.)
>   H. 0,16. — L. 0,21.

2520. Les Baigneuses. (XXIII.)
>   H. 0,16. — L. 0,21.

2521. Femmes sortant du bain. (XXIII.)
>   H. 0,15. — L. 0.25.

2522. Ruines du palais des Empereurs et du temple de Minerva Medica à Rome. (XXIII.)
>   H. 0,16. — L. 0,26.

2524. Des Nymphes et un Satyre.
>   Diam. 0,23 (forme ronde).

POLIDOR (JEAN GLAUBER, di *Polidor*). — V. Glauber.

POT (HENDRIK); Harlem vers 1585 — Amsterdam 1657.

2525. Portrait de Charles Ier, roi d'Angleterre. (XXII.)
>   H. 0,34. — L. 0,27.

POTTER (PAULUS); Enkhuizen 1625 — Amsterdam 1654.

2526. Chevaux attachés à la porte d'une chaumière. (XXVI.)
>   H. 0,23. — L. 0,25.

2527. La Prairie. (XXVI.)
>   H. 0,83. — L. 1,24.

2528. Cheval blanc moucheté de noir, à droite un cerf et deux
biches. (XXVI.)
H. 0,30. — L. 0,42.

2529. Le Bois de La Haye. (XXVI.)
H. 0,40. — L. 0,38.

PYNACKER (ADAM); Pynacker, près Delft, 1622 — Amsterdam
1673.

2530. L'Auberge. (XXXI.)
H. 0,80. — L. 0,77.

2532. Paysage. — Soleil couchant (*Legs de M. Moreaux*).
H. 1,19. — L. 1,03.

2533. Paysage montagneux (*Coll. La Caze*). (XXXIII.)
H. 0,98. — L. 0,81.

RAVESTEYN (JAN ANTONISZ VAN); La Haye vers 1572(?) — 1657.

2534. Portrait de femme (*Coll. La Caze*). (XXXIV.)
H. 1,11. — L. 0,83.

2535. Portrait de femme (*Coll. La Caze*). (XXXIV.)
H. 0,70. — L. 0,62.

REMBRANDT HARMENSZ VAN RYN; Leyde 1606 — Amsterdam 1669.

2536. L'Ange Raphaël quittant Tobie. (XXXII.)
H. 0,68. — L. 0,52.

2537. Le Bon Samaritain. (XXXII.)
H. 1,14. — L. 1,35.

2538. Saint Mathieu, évangéliste. (XXII.)
H. 0,96. — L. 0,81.

2539. Les Pèlerins d'Emmaüs. (XXXII.)
H. 0,68. — L. 0,65.

2540. Le Philosophe en méditation. (XXXI.)
H. 0,29. — L. 0,33.

2541. Le Philosophe en méditation. (XXXI.)
H. 0,28. — L. 0,33.

2542. Le Ménage du menuisier. (XXXI.)
H. 0,41. — L. 0,34.

2543. Vénus et l'Amour. (XXXII.)
H. 1,10. — L. 0,88.

2544. Portrait d'un vieillard. (XXXII.)
H. 0,90. — L. 0,56.

2545. Portrait d'un jeune homme. (XXXI.)
H. 0,73. — L. 0,61.

2546. Portrait d'homme. (XXXI.)
H. 0,26. — L. 0,19.

2547. Portrait de Hendrickje Stoffels. (IV.)
H. 0,72. — L. 0,60.

2548. Bœuf écorché. (XXXII.)
H. 0,94. — L. 0,67.

2549. Femme au bain (*Coll. La Caze*). (XXXIII.)
H. 1,42. — L. 1,42.

2550. Baigneuse (*Coll. La Caze*). (XXXIII.)
H. 0,62. — L. 0,48.

2551. Portrait d'homme (*Coll. La Caze*). (XXXIII.)
H. 0,83. — L. 0,66.

2552. Portrait de Rembrandt. (XXXI.)
H. 0,58. — L. 0,45.

2553. Portrait de Rembrandt. (XXXII.)
H. 0,68. — L. 0,53.

2554. Portrait de Rembrandt. (XXXI.)
H. 0,80. — L. 0,62.

2555. Portrait de Rembrandt âgé. (XXXII.)
H. 1,11. — L. 0,85.

REMBRANDT (*Attribué à*). Les Pèlerins d'Emmaüs. (XXXII.)
H. 0,42. — L. 0,60.

ROGHMAN (ROELAND); Amsterdam 1597 — 1686 ou 1687.

2555ᴮ. Paysage, lisière de forêt (*Acquis en* 1895). (XXXI.)
H. 0,48. — L. 0,68.

ROKES (HENDRICK MAERTENSZ SORGH, dit *Rokes*). — V. Sorgh.

ROMEYN (WILLEM); Harlem vers 1624(?) — après 1693.

2556. Paysage avec des animaux.
H. 0,33. — L. 0,40.

RUISDAEL ou **RUYSDAEL** (JACOB VAN); Harlem 1628 ou
1629 — 1682.

2557. La Forêt. (XXV.)
H. 1,71. — L. 1,94.

2558. Une Tempête sur le bord des digues de la Hollande.
(XXV.)
H. 1,10. — L. 1,56.

2559. Paysage, dit le Buisson. (XXV.)
H. 0,66. — L. 0,80.

2560. Paysage, dit le Coup de soleil. (XXV.)
H. 0,83. — L. 0,98.

2561. Paysage. (XXV.)
H. 0,23. — L. 0,30.

2561A. L'entrée d'un bois (*Legs de M. Moreaux*). (XXV.)
H. 0,55. — L. 0,63.

RUISDAEL (SALOMON); Harlem (?) — 1670.

2561B. Le Bac (*Acquis en* 1899). (XXIII.)
H. 0,39. — L. 0,60.

2561C. La Grosse Tour (*Acquis en* 1903). (XXIV.)
H. 0,98. — L. 1,40.

2661D. Bord de rivière (*Acquis en* 1903). (XXIV.)
H. 1,10. — L. 1,50.

SAFTLEVEN, dit aussi **ZACHTLEVEN** (CORNELIS); Rotterdam 1606 — 1681.

2562. Portrait d'un peintre. (XXV.)
H. 0,31. — L. 0,23.

SAFTLEVEN, dit aussi **ZACHTLEVEN** (HERMAN); Rotterdam 1609 — Utrecht 1685.

2563. Vue des bords du Rhin.
H. 0,30. — L. 0,39.

SAINT-JAN (GEERTJEN VAN ou de HAARLEM). Vivait à Haarlem dans la deuxième moitié du xve siècle.

2563ᴬ. La Résurrection de Lazare (*Acquis en* 1902). (XXI.)
H. 1,27. — L. 0,97.

SANTVOORT (DIRCK VAN); Amsterdam 1610 — 1680.

2564. Jésus-Christ à Emmaüs. (XXXI.)
H. 0,66. — L. 0,50.

SCHALCKEN (GODFRIED); Made 1643 — La Haye 1706.

2565. La Sainte Famille.
H. 0,67. — L. 0,49.

2566. Deux Femmes éclairées par la lumière d'une bougie.
H. 0,20. — L. 0,14.

2567. Vieillard répondant à une lettre. (XXXI.)
H. 0,12. — L. 0,09.

SLINGELANDT (PIETER VAN); Leyde 1640 — 1691.

2568. Une Famille hollandaise. (XXIX.)
H. 0,52. — L. 0,44.

2569. Portrait d'homme.
H. 0,12. — L. 0,09.

2570. Ustensiles de cuisine.
H. 0,17. — L. 0,20.

2570ᴬ. La Madeleine (*Legs de M. le marquis de Queux de Saint-Hilaire*).
H. 0,285. — L. 0,21.

2570ᴮ. Saint Jérôme (*Legs de M. le marquis de Queux de Saint-Hilaire*).
H. 0,285. — L. 0,21.

SORGH, dit ROKES (HENDRICK-MAERTENSZ); Rotterdam (?) 1611 (?) — 1669 ou 1670.

2571. Intérieur de cuisine. (XXV.)
H. 0,48. — L. 0,63.

2572. Intérieur flamand (*Coll. La Caze*). (XXXIV.)
H. 0,49. — L. 0,61.

SORGH (*Attribué à* H.-M.), dit ROKES, à l'imitation de Brouwer.
2573. Intérieur d'estaminet (*Coll. La Caze*). (XXXIV.)
H. 0,24. — L. 0,30.

SPAENDONCK (GERARD VAN); Tilborg 1746 — Paris 1822.
2574. Fleurs et Fruits. (XXVIII.)
H. 1,18. — L. 0,90.

SPAENDONCK (CORNEILLE VAN); Tilborg 1756 — Paris 1839.
2575. Fleurs dans une corbeille placée sur une console. (XXVIII.)
H. 1,00. — L. 0,76.

SPRONG (GÉRARD); Harlem 1600—1651.
2576. Portrait de femme. (XXIII.)
H. 0,78. — L. 0,68.

STAVEREN (JOHANNES ADRIAENSZ VAN); Leyde (?) — 1669.
2577. Un Savant dans son cabinet. (XXXVII.)
H. 0,39. — L. 0,33.

STEEN (JAN); Leyde 1626 — 1679.
2578. Fête flamande dans l'intérieur d'une auberge. (XXIX.)
H. 1,18. — L. 1,61.
2579. Repas de famille (*Coll. La Caze*). (XXXIII.)
H. 0,82. — L. 0,69.
2580. La Mauvaise Compagnie (*Acquis en* 1881). (XXIX.)
H. 0,42. — L. 0,32.

STEENWYCK ou **STEINWYCK** (HENDRIK ou HENRI VAN), LE
JEUNE; Amsterdam (?) 1580 (?) — Londres vers 1648.
2581. Jésus-Christ chez Marthe et Marie. (XXIII.
H. 0,64. — L. 0,96.
2582. Intérieur d'église.
H. 0,27. — L. 0,43.

2583. Intérieur d'église.
> H. 0,26. — L. 0,37.

SUSTER (LAMBERT-FRÉDÉRIC SUSTER ou ZUSTRIS). — V. Zustris.

SWANEVELT (HERMAN VAN), dit HERMAN d'ITALIE; Woerden vers 1600 — Paris 1655.

2584. Paysage.
> H. 0,77. — L. 1,40.

2585. Paysage.
> H. 0,28. — L. 0,38.

2586. Paysage.
> H. 0,28. — L. 0,38.

TEMPEL (ABRAHAM LAMBERTS JACOBSZ VAN DEN); Leeuwarden 1622 ou 1623 — Amsterdam 1672.

2586ᴬ. Portrait de femme (*Don de M. Maciet*). (XXIII.)
> H. 0,91. — L. 0,74.

TER BORCH ou **TERBURG** (GERARD); Zwolle 1617 — Deventer 1681.

2587. Un Militaire offrant des pièces d'or à une jeune femme. (XXIX.)
> H. 0,67. — L. 0,55.

2588. La Leçon de musique. (XXV.)
> H. 0,81. — L. 0,72.

2589. Le Concert. (XXVI.)
> H. 0,47. — L. 0,43.

2590. Assemblée d'ecclésiastiques. (XXV.)
> H. 0,22. — L. 0,83.

2591. La Leçon de lecture (*Coll. La Caze*). (XXXIII.)
> H. 0,27. — L. 0,25.

TERBURG. — V. Ter Borch.

ULFT (JACOB VAN DER); Gorcum 1627 — après 1688

2592. Une Porte de ville.
> H. 0,42. — L. 0,55.

VELDE (ADRIAEN VAN DE); Amsterdam 1635 ou 1636—1672.

2593. La Plage de Scheveningen. (XXVI.)
    H. 0,37. — L. 0,49.

2594. Paysage et Animaux. (XXVI.)
    H. 0,21. — L. 0,28.

2595. Paysage et Animaux. (XXX.)
    H. 0,39. — L. 0,51.

2596. Paysage et Animaux. (XXX.)
    H. 0.50. — L. 0,71.

2597. La Famille du pâtre.
    H. 0,29. — L. 0,40.

2598. Un Canal glacé. (XXVI.)
    H. 0,23. — L. 0,29.

2599. Paysage avec Animaux (*Coll. La Caze*). (XXXIII.)
    H. 0,19. — L. 0,21.

VELDE (WILLEM VAN DE), le Jeune; Amsterdam 1633 — Greenwich 1707.

2600. Marine. (XXVI.)
    H. 0,34. — L. 0,42.

VENNE (ADRIAEN VAN DE); Delft 1589 — La Haye 1662.

2601. Fête donnée à l'occasion de la trêve conclue en 1609, entre l'archiduc Albert d'Autriche, souverain des Pays-Bas, et les Hollandais. (XXI.)
    H. 0,62. — L. 1,12.

VERCOLJE ou **VERKOLIE** (JAN); Amsterdam 1650—Delft 1693.

2602. Scène d'intérieur. (XXIX.)
    H. 0,58. — L. 0,51.

VERCOLJE ou **VERKOLIE** (NICOLAAS); Delft 1673 — Amsterdam 1746.

603. Proserpine cueillant des fleurs avec ses compagnes dans la prairie d'Enna. (XXVIII.)
    H. 0,65. — L. 0,82.

VERHAGEN (Joris Verhagen ou Van der Hagen). — V. Hagen.

VERMEER (Jan Vermeer ou Van der Meer). — V. Meer.

VICTORS ou **VICTOOR** (Johannes Victoor ou Fictoor). —
V. Fictoor.

VLIEGER (Simon de); Rotterdam 1601 — Weesp 1653.

2604. Marine par un temps calme. (XXIII.)
H. 0,43. — L. 1,00.

VLIET (Hendrick van); Delft 1611 ou 1612 — 1675.

2605. Portrait de jeune homme. (XXIII.)
H. 0,80. — L. 0,62.

2605 ᴬ. Portrait d'homme (*Legs de Mme Vve Baudin*). (XXIII.)
H. 0,84. — L. 0,68.

VOIS (Arie ou Ary de); Utrecht entre 1631 et 1634 — Leyde
1680.

2606. Portrait d'un homme assis à son bureau. (XXIX.)
H. 0,39. — L. 0,31.

2607. Portrait d'un peintre à son chevalet.
H. 0,15. — L. 0,22.

2608. Femme coupant un citron (*Coll. La Caze*). (XXXIV.)
H. 0,15. — L. 0,12.

WEENIX (Jan-Baptist ou Giovanni-Battista); Amsterdam 1621
— au Huys-Termey, près Utrecht, 1660.

2609. Les Corsaires repoussés.
H. 1,24. — L. 1,76.

WEENIX (Jan); Amsterdam 1640—1719.

2610. Gibier et Ustensiles de chasse. (XXIX.)
H. 1,09. — L. 0,88.

2611. Les Produits de la chasse. (XXV.)
H. 1,43. — L. 1,86.

2612. Port de mer. (XXVIII.)
H. 1,17. — L. 1,40.

2612ᴬ. Nature morte — Gibier (*Legs de M. Moreaux*). (XXIX.)
H. 0,80. — L. 0,71.

WERFF (le chevalier ADRIAEN VAN DER); Kralingen, près Rotterdam, 1659 — Rotterdam 1722.

2613. Adam et Eve.
H. 0,44. — L. 0,33.

2616. Les Anges annonçant aux bergers la naissance du Messie.
H. 0,65. — L. 0,50.

2617. La Madeleine dans le désert. (XXVIII.)
H. 0,60. — L. 0,46.

2619. Nymphes dansant. (XXVIII.)
H. 0,58. — L. 0,44.

2620. Groupe de figures à mi-corps (*Coll. La Caze*). (XXXIV.)
H. 0,23. — L. 0,17.

WOUWERMAN (PHILIPS); Harlem 1619 — 1668.

2621. Le Bœuf gras en Hollande. (XXVIII.)
H. 0,47. — L. 0,42.

2622. Le Pont de bois sur le torrent.
H. 0,58. — L. 0,68.

2623. Départ pour la chasse. (XXIV.)
H. 0,69. — L. 0,84.

2624. Départ pour la chasse au vol.
H. 0,35. — L. 0,48.

2625. La Chasse au cerf.
H. 0,30. — L. 0,39.

2626. Le Manège. (XXVI.)
H. 0,49. — L. 0,41.

2627. Intérieur d'écurie.
H. 0,37. — L. 0,47

2628. Choc de cavalerie. (XXVIII.)

> H. 0,34. — L. 0,47.

2629. Choc de cavalerie. (XXIV.)

> H. 0,98. — L. 1,35.

2630. Halte de chasseurs et de cavaliers devant une hôtellerie. (XXVIII.)

> H. 0,36. — L. 0,34.

2631. Halte de cavaliers près d'une tente.

> H. 0,33. — L. 0,39.

2632. Halte de militaires. (XXVIII.)

> H. 0,36. — L. 0,48.

2633. Paysans conduisant une charrette de foin.

> H. 0,35. — L. 0,40.

2634. Les Pèlerins (*Coll. La Caze*). (XXXIV.)

> H. 0,32. — L. 0,33.

WOUWERMAN (PIETER); Harlem 1623 — Amsterdam 1682.

2635. Vue de la tour et de la porte de Nesle à Paris vers 1664. (XXIV.)

> H. 1,36. — L. 1,70.

WYNANTS (JAN); Harlem vers 1625 — Amsterdam (?) après 1682.

2636. Lisière de forêt. (XXIII.)

> H. 1,16. — L. 1,44.

2637. Paysage. (Les figures sont d'Adriaen van de Velde.) (XXX.)

> H. 0,90. — L. 1,22.

2638. Paysage. (XXVI.)

> H. 0,29. — L. 0,27.

WYNTRACK; travaillait dans le milieu du XVIIe siècle.

2639. La Ferme.

> H. 0,38. — L. 0,49.

ZACHTLEVEN (CORNELIS et HERMAN SAFTLEVEN ou ZACHTLE-
VEN). — V. Saftleven.

ZEEMAN (REYNIER NOOMS, surnommé *Zeeman*). — V. Nooms.

ZUSTRIS ou **SUSTER** (LAMBERT-FRÉDÉRIC); Amsterdam 1526
— Munich 1600 (?).

2640. Vénus et l'Amour. (XXI.)
H. 1,34. — L. 1.83.

INCONNUS DE L'ÉCOLE HOLLANDAISE

ÉCOLE HOLLANDAISE, XVIᵉ siècle.

2640ᴬ. Loth et ses filles (*Acquis en* 1900).
H. 0,48. — L. 0,34.

2641. Deux saintes femmes. (XXI.)
H. 0,66. — L. 0,48.

2641ᴬ. Portrait de jeune femme. (XXI.)
H. 0,66. — L. 0,46.

2641ᴮ. Portrait d'homme. (XXI.)
H. 0,50. — L. 0,43.

2641ᶜ. Jeune femme lisant. (XXI.)
H. 0,52. — L. 0,40.

ÉCOLE HOLLANDAISE, XVIIᵉ siècle.

2642. Une Chambre de rhétorique (*Acquis en* 1892). (XXII.)
H. 1,16 — L. 1.46.

ÉCOLE HOLLANDAISE, 1627.

2643. Portrait d'homme (*Don de M. Rebouleau*). (XXIII.)
H. 0,60. — L. 0,46

ÉCOLE ALLEMANDE

BEHAM (HANS-SEBALD); Nuremberg 1500 — Francfort-sur-le-Mein 1550.

2701. Sujets tirés de l'histoire de David. (VI tr. D.)

H. 1,28. — L. 1,31.

Peinture destinée à être posée à plat et vue comme une table, divisée en quatre triangles renfermant les sujets suivants :
1° Entrée du roi Saül à Jérusalem après la défaite des Philistins.
2° David et Bethsabée.
3° Siège de Rabbath.
4° Le prophète Nathan devant David.
Dans le second compartiment on voit le portrait du cardinal Albert, électeur de Mayence, pour qui la table a été exécutée en 1534, et dans le quatrième, celui du peintre lui-même.

BRUYN (*Attribué à* BARTHOLOMEUS); Cologne 1493 — 1556 ou 1557.

2702. Portrait d'homme (*Donné par le journal* l'Art). (VI tr. D. N.)

H. 0,46. — L. 0,33.

CRANACH (LUCAS), LE VIEUX; Cranach en Franconie 1472 — Weimar 1553.

2702ᴬ. Sujet histologique (*Acquis en* 1901).

H. 0,74. — L. 0,51.

2703. Vénus dans un paysage. (VI tr. D. S.)
H. 0,38. — L. 0,26.

2703ᴬ. Portrait d'homme (*Acquis en* 1893). (VI tr. D. S.)
H. 0,64. — L. 0,42.

2704. Portrait de Jean-Frédéric III, duc et électeur de Saxe, surnommé le Magnanime. (VI tr. D. S.)
H. 0,13. — L. 0,14.

2705. Portrait d'homme. (VI tr. D. N.)
H. 0,51. — L. 0,37.

DENNER (BALTHASAR); Altona, près Hambourg, 1685 — Ros-
tock 1749.

2706. Portrait de femme. (VI tr. D. N.)
H. 0,38. — L. 0,31.

2707. Portrait de vieille femme (*Coll. La Caze*). (I-E.)
H. 0,37. — L. 0,31.

DIETRICH ou **DIETRICY** (CHRISTIAN-WILHELM-ERNST); Weimar 1712 — Dresde 1774.

2708. La Femme adultère. (VI tr. D. N.)
H. 1,09. — L. 0,87.

DURER (ALBRECHT); Nuremberg 1471 — 1528.

2709. Tête de vieillard. (VI tr. D. N.)
H. 0,40. — L. 0,30.

2709ᴬ. Tête de jeune garçon. (VI tr. D. N.)
H. 0,55. — L. 0,30.

ELSHEIMER (ADAM); Francfort-sur-le-Mein 1578 — Rome 1620.

2710. La Fuite en Egypte. (VI tr. D. S.)
H. 0,30. — L. 0,43.

2711. Le Bon Samaritain. (VI tr. D. S.)
H. 0,21. — L. 0,26.

GILTLINGER (GUMPOLD); travaillait à Augsbourg de 1481 à 1522.

2711ᴬ. L'Adoration des mages. (VI tr. D. S.)
H. 1,25. — L. 0,71.

HEINSIUS (JOHANN-ERNST); travaillait en France à la fin du XVIIIe siècle. (Ecole allemande.)

2712. Portrait de Marie-Louise-Thérèse-Victoire de France (Madame Victoire), cinquième fille de Louis XV. (VI tr. D. N.)

H. 0,38. — L. 1,04.

HOLBEIN (HANS), LE JEUNE; Augsbourg 1497 — Londres 1543.

2713. Portrait de Nicolas Kratzer, astronome du roi d'Angleterre Henri VIII. (VI tr. D. S.)

H. 0,83. — L. 0,67.

2714. Portrait de Guillaume Warham, évêque de Londres en 1502, archevêque de Cantorbery en 1504. (VI tr. D. S.)

H. 0,82. — L. 0,66.

2715. Portrait d'Erasme. (VI tr. D. S.)

H. 0,42. — L. 0,32.

2716. Devenu le n° 2204ᴬ.

2717. Portrait de Thomas More, grand chancelier d'Angleterre, décapité en 1538 par ordre de Henri VIII. (VI tr. D. S.)

H. 0,29. — L. 0,31.

2718. Portrait d'Anne de Clèves, reine d'Angleterre, quatrième femme de Henri VIII. (VI tr. D. S.)

H. 0,65, — L. 0,48.

2719. Portrait de sir Richard Southwel. (VI tr. D. S.)

H. 0,47. — L. 0,38.

2720. Portrait d'homme. (VI tr. D. S.)

H. 0,42. — L. 0,33.

2721. Devenu le n° 1676.

KAUFFMANN (MARIE-ANNE-ANGELICA-CATHERINE); Coire 1741 — Rome 1807.

2722. Portraits de la baronne de Krüdner et de sa fille enfant. (VI tr. D. N.)

H. 1,30. — L 1,04.

MENGS (ANTON-RAFAEL); Aussig, en Bohême, 1728 — Rome 1779.

2723. Portrait de Marie-Amélie-Christine de Saxe, reine d'Espagne, femme de Charles III. (VI tr. D. N.)

H. 1,29. — L. 0,97.

MIGNON (ABRAHAM); Francfort-sur-le-Mein 1640 — 1679.

2724. Le Nid de pinsons. (VI tr. D. N.)

H. 0,82. — L. 1,00.

2725. Fleurs des champs, Oiseaux, Insectes et Reptiles. (X.)

H. 0,48. — L. 0,42.

2726. Fleurs dans une carafe de cristal. (X.)

H. 0,48. — L. 0,42.

2727. Fleurs dans une carafe de cristal placée sur un piédestal en pierre. (VI tr. D. S.)

H. 0,88. — L. 0,68.

2728. Fleurs et Fruits, Oiseaux, Insectes. (VI tr. D. S.)

H. 0,99. — L. 0,84.

2729. Fleurs, Fruits et Insectes. (X.)

H. 0,75. — L. 0,60.

PENCZ (*Attribué à* GEORG); Nuremberg vers 1500 — Nuremberg (?) 1550.

2730. L'Évangéliste saint Marc. (VI tr. D. S.)

H. 1,32. — L. 1,35.

ROOS (PHILIPP-PETER), dit ROSA DE TIVOLI; Francfort-sur-le Mein 1655 — Rome 1705.

2731. Un Loup dévorant un mouton. (XXXVII.)

H. 1,91. — L. 2,48.

ROTTENHAMMER (JOHANN); Munich 1564 — Augsbourg 1623.

2732. La Mort d'Adonis. (VI tr. D. S.)

H. 1,55. — L. 1,99.

2733. Diane découvrant la grossesse de Calisto (*Coll. La Caze*). (I-E.)

H. 1,15. — L. 1,64.

RUTHART (CARL); travaillait entre 1660 et 1680.

2734. Chasse à l'ours. (VI tr. D. S.)
> H. 0,65. — L. 0,89.

SCHWEICKHARDT (HEINRICH-WILHELM); né dans le Brande-
bourg 1746 — Londres 1797.

2735. Patineurs sur un canal glacé. (VI tr. D. S.)
> H. 0,71. — L, 0,99.

SEYBOLD (CHRISTIAN) ; Mayence 1703 — Vienne 1768.

2736. Portrait de Seybold. (VI tr. D. N.)
> H. 0,44. — L. 0,36.

INCONNUS DE L'ÉCOLE ALLEMANDE

ECOLE ALLEMANDE, XVᵉ SIÈCLE.

2736 *bis*. La Vierge et l'Enfant Jésus (*Don de M. Maciet*). (VI tr.
D. N.)
> H. 0,75. — L, 0,56.

ECOLE DE COLOGNE, XVᵉ SIÈCLE. Maître inconnu, dé-
signé parfois, d'après un de ses tableaux qui est au musée
de Munich, sous le nom de **MAITRE DU SAINT BAR-
THÉLEMY** de la collection Boisserée ; travaillait à Cologne
vers 1490 — 1500.

2737. Le Christ descendu de la croix. (VI tr. D. S.)
> H. 2,20. — L. 2,14.

ÉCOLE DE COLOGNE, XVIᵉ SIÈCLE. Maître inconnu dé-
signé, d'après son œuvre principale, sous le nom du
MAITRE DE LA MORT DE MARIE ; travaillait à
Cologne de 1510 à 1530.

2738. Trois compartiments réunis dans un même cadre. (VI tr.
D. N.)

1° Le Christ faisant la cène avec ses disciples.
> H. 0,45. — L. 2,06.

2° Les Apprêts de la sépulture.
H. 1,45. — L. 2,06.

3° Saint François d'Assise recevant les stigmates.
H. 0,75. — L. 1,46.

MAITRE DE LA MORT DE MARIE (*Ecole du*).

2738 *bis*. Un religieux offrant son cœur à l'Enfant Jésus tenu par la Vierge (*Don de M. Maciet*). (VI tr. D. N.)
H. 0,57. — L. 0,55.

ÉCOLE ALLEMANDE, XVIᵉ SIÈCLE.

2739. Saint Adrien. (VI tr. D. N.)
H. 0,74. — L. 0,33.

2740. Portrait de l'empereur Maximilien. (VI tr. D. S.)
H. 0,39. — L. 0,28.

2741. Portrait d'homme. (VI tr. D. S.)
H. 1,10. — L. 0,76.

2742. Portrait d'homme. (VI tr. D. S.)
H. 0,63. — L. 0,53.

2743. Portrait de Jean Cingisus. VI tr. D. S.)
H. 0,60. — L. 0,40.

2744. Le Christ devant Pilate. (VI tr. D. N.)
H. 0,34. — L. 0,26.

2745. Le Jugement de Pâris. (VI tr. D. N.)
H. 0,50. — L. 0,36.

2745ᴬ. La Flagellation (*Acquis en* 1903). (VI tr. D. N.)
H. 0,78. — L. 0,68.

ECOLE ALLEMANDE, XVIIIᵉ SIÈCLE.

2746. Portrait de femme en Diane (*Coll. La Caze*). (I-N.)
H. 0,83. — L. 0,63.

2747. Portrait de femme en Flore (*Coll. La Caze*). (I-N.)
H. 0,84. — L. 0,64.

ÉCOLE SUISSE

WYRSCH (MELCHIOR), Buochs (canton d'Unterwalden) 1732 — 1798.

2751. Portrait de François-Antoine Wey (*Legs de Mme Francis Wey*). (VI tr. D. N.)

> H. 0,64. — L. 0,54. — Ovale.

2752. Portrait de Mme Wey, née Mathilde Gamel (*Legs de Mme Francis Wey*). (VI tr. D. N.)

> H. 0,64. — L. 0,54. — Ovale.

SUPPLÉMENT

I. — Collection Thomy Thiéry, inaugurée le 26 janvier 1903.

(Tous ces tableaux sont exposés Salle XXXVIII.)

BARYE (ANTOINE-LOUIS); Paris 1796 — 1875.
2800. Lions près de leur antre.
> H. 0,39. — L. 0,50.

COROT (JEAN-BAPTISTE-CAMILLE); Paris 1796 — 1875.
2801. Le Vallon.
> H. 0,35. — L. 0,54.

2802. Une porte à Dinan.
> H. 0,43. — L. 0,35.

2803. Le Chemin de Sèvres.
> H. 0,34. — L. 0,49.

2804. Danse des bergers de Sorrente.
> H. 0,42. — L. 0.62.

2805. La Saulaie.
> H. 0,32. — L. 0,52

2806. Souvenir d'Italie.
> H. 0,42. — L. 0,60.

2807. L'Etang.
> H. 0,74. — L. 0,93.

2808. Entrée de Village.
> H. 0,41. — L. 0,31.

2809. Les Chaumières.
> H. 0,35. — L. 0,46.

2810. Vue de Sin-le-Noble.
> H. 0,60. — L. 0,81.

2811. Le Soir.
> H. 0,65. — L. 0,81.

2812. L'Egloque.
> H. 0,55. — L. 0,74.

Les autres peintures de Corot sont cataloguées page 14.

DAUBIGNY (CHARLES-FRANÇOIS); Paris 1817 — 1878.

2813. Un Coin de Normandie.
> H. 0,26. — L. 0,45.

2814. Le Marais.
> H. 0,33. — L. 0,565.

2815. La Mare aux Cigognes.
> H. 0,33. — L. 0,55.

2816. Soleil Couchant.
> H. 0,39. — L. 0,67.

2817. Les Graves de Villerville.
> H. 0,29. — L. 0,61.

2818. La Vanne d'Opteroz.
> H. 0,49. — L. 0.73.

2819. Bateaux sur l'Oise.
> H. 0,38. — L. 0,67.

2820. Les Péniches.
> H. 0,38. — L. 0,67.

2821. La Tamise à Erith.
> H. 0,38. — L. 0,67.

2822. Le Moulin de Gyliers.
> H. 0,40. — L. 0,69.

2823. Bords de l'Oise.
> H. 0,33. — L. 0,52.

2824. Le Matin.
> H. 0,38. — L. 0,67.

2825. L'Étang.
> H. 0,425. — 0,84.

Les autres peintures de Daubigny sont cataloguées page 18.

DECAMPS (ALEXANDRE-GABRIEL); Paris 1803 — Fontainebleau 1860.

2826. Le Singe peintre.
> H. 0,325. — L. 0,41.

2827. Une rue de Smyrne.
> H. 0,77. — L. 0,60

2828. Chiens de Chasse au repos.
> H. 0,25. — L. 0,375.

2829. Chien basset.
> H. 0,355. — L. 0,49.

2830. Chien basset noir et blanc, au chenil.
> H. 0,25. — L. 0,345.

2831. Le Rémouleur.
> H. 0,38. — L. 0,515.

2832. Les Sonneurs.
> H. 0,58. — L. 0,18.

2833. Le Campement de Bohémiens.
> H. 0,18. — L. 0,24.

2834. Le Rat retiré du monde.
> H. 0,26. — L. 0,325.

2835. Les Catalans.
> H. 0,47. — L. 0,63.

2836. Les Mendiants.
> H. 0,41. — L. 0,33.

2837. Bouledogue et terrier écossais.
H. 0,325. — L. 0,41.

2838. Le Valet des chiens.
H. 0,47. — L. 0,40.

2839. Chiens brifauts.
H. 0,255. — L. 0,315.

2840. Eléphant et Tigre à la source.
H. 0,22. — L. 0,385.

2841. Bertrand et Raton.
H. 0,38. — L. 0,46.

2842. La Cour de Ferme.
H. 0,325. — L. 0,225.

Les autres peintures de Decamps sont cataloguées page 20.

DELACROIX (FERDINAND-VICTOR-EUGÈNE); Charenton 1798 — Paris 1863.

2843. La Fiancée d'Abydos.
H. 0,35. — L. 0,27.

2844. La Mort d'Ophélia.
H. 0,22. — L. 0,30.

2845. Roger délivrant Angélique.
H. 0,28. — L. 0,36.

2846. Le Lion au Sanglier.
H. 0,46. — L. 0,56.

2847. Le Lion au Caïman.
H. 0,32. — L. 0,42.

2848. Le Lion au lapin.
H. 0,46. — L. 0,56.

2849. Le Christ en croix.
H. 0,24. — L. 0,17.

2850. L'Enlèvement de Rébecca.
H. 1 m. — L. 0,81.

2851. Hamlet et Horatio.
H. 0,30. — 0,36.

2852. Médé.

H. 1, 22. — L. 0,85.

2853. Lionne prête à s'élancer.

H. 0,29. — L. 0,39.

Les autres peintures de Delacroix sont cataloguées page 24.

DIAZ DE LA PENA (NARCISSE); Bordeaux 1809 — Menton 1876.

2854. Nymphes sous bois.

H. 0,41. — L. 0,295.

2855. Baigneuses.

H. 0,32. — L. 0,46.

2856. Le Valet des chiens.

H. 0,29. — L. 0,42.

2857. Clairière.

H. 0,24. — L. 0,19.

2858. Vénus et Adonis.

H. 0,46. — L. 0,38.

2859. Vénus désarmant l'Amour.

H. 0,79. — L. 0,54.

2860. Les Deux Rivales.

H. 0,35. — L. 0,245.

2861. Sous bois.

H. 0,50. — L. 0,61.

2862. La Charité.

H. 1 m. — L. 0,57.

2863. L'Éplorée.

H. 0,27. — L. 0,16.

Les autres peintures de Diaz sont cataloguées page 24.

DUPRÉ (JULES); Nantes 1812 — L'Isle-Adam 1889.

2864. L'Étang.

H. 0,55. — L. 0,65.

2865. La Petite charrette.

H. 0,25. — L. 0,33.

2866. L'automne.
> H. 0,33. — L. 0,46.

2867. La Mare.
> H. 0, 32. — L. 0,46.

2868. Pâturage de Normandie.
> H. 0,40. — L. 0,58.

2869. Paysage avec rivière.
> H. 0,25. — L. 0,42.

2870. Vaches au bord de l'eau.
> H. 0,24. — L. 0,32.

2871. Les Landes.
> H. 0,66. — L. 0,925.

2872. Bords de la rivière.
> H. 0,15. — L. 0,25.

2873. Le grand Chêne.
> H. 0,82. — 1 m. 20.

2874. Soleil couchant sur un marais.
> H. 0,52. — L. 0,76.

2875. Soleil couchant après l'orage.
> H. 0,47. — L. 0,565.

Les autres peintures de Dupré sont cataloguées page 235.

FROMENTIN (EUGÈNE); La Rochelle 1820 — 1876.

2876. Chasse au faucon.
> H. 0,45. — L. 0,85.

2877. Halte de Cavaliers.
> H. 0,74. — L. 0,95

Les autres peintures de Froméntin sont cataloguées page 31.

ISABEY (LOUIS-GABRIEL-EUGÈNE); Paris 1804 — Lagny 1886.

2878. Un Mariage dans l'église de Delft.
> H. 1 m. 20. — L. 0,95.

2879. Un baptême dans l'église du Tréport.
> H. 0,67. — L. 0,42.

2880. Seigneur sur la plage de Scheveningue.
H. 0,57. — L. 0,60.

2881. Le Duel.
H. 0,19. — L. 0,27.

2882. La visite au château.
H. 0,295. — L. 0,405.

2883. La Procession.
H. 0,59. — L. 0,90.

2884. Louis XIII au Château de Blois.
H. 0,60. — L. 0,90.

Les autres peintures d'Isabey sont cataloguées page 236.

MEISSONIER (Jean-Louis-Ernest); Lyon 1815 — Paris 1891.

2885. Liseur.
H. 0,17. — L. 0,095.

2886. Les Trois fumeurs.
H. 0,105. — L. 0,135.

2887. Le Joueur de flûte.
H. 0,25. — L. 0,22.

2888. Les Ordonnances.
H. 0,61. — L. 0,44.

2889. Le Poète.
H. 0,22. — L. 0,16.

Les autres peintures de Meissonier sont cataloguées page 236.

MILLET (Jean-François); Gréville 1814 — Barbizon 1875.

2890. Brûleuse d'herbes.
H. 0,38. — L. 0,29.

2891. La Lessiveuse.
H. 0,44. — L. 0,33.

2892. Les Batteleurs.
H. 0,54. — L. 0,65.

2893. Le Vanneur.
H. 0,38. — L. 0,23.

2894. Précaution maternelle.
H. 0,29. — L. 0,20.

2895. Le Fendeur de bois.
H. 0,38. — L. 0,29.

Les autres peintures de Millet sont cataloguées page 61.

ROUSSEAU (THÉODORE); Paris 1812 — Barbizon 1867.

2896. Bords de la Loire.
H. 0,42. — L. 0,63.

2897. Le Passeur.
H. 0,14. — L. 0,20.

2898. Le Coteau.
H. 0,175. — L. 0,17.

2899. Paysage.
H. 0,22. — L. 0,335.

2900. Les Chênes.
H. 0,64. — L. 1 m.

2901. La Plaine.
H. 0,23. — L. 0,27.

2902. Village sous les arbres.
H. 0,73. — L. 0,57.

2903. Le Printemps.
H. 0,43. — L. 0,63.

2904. Le petit Pêcheur.
H. 0,21. — L. 0,305.

2905. L'Etang.
H. 0,26. — L. 0,37.

Les autres peintures de Rousseau sont cataloguées page 79.

TROYON (CONSTANT); Sèvres 1816 — Paris 1865.

2906. L'abreuvoir.
H. 0,78. — L. 1,03.

2907. La Provende des poules.
H. 0,51. — L. 0,70.

2908. Troupeau de moutons.
> H. 0,375. — L. 0,27.

2909. Le Matin.
> H. 0,41. — L. 0,33.

2910. Vaches à l'abreuvoir.
> H. 0,40. — L. 0,32.

2911. Le petit troupeau.
> H. 0,73. — L. 0,92.

2912. Passage du gué.
> H. 1,16. — L. 1,66.

2913. La gardeuse de dindons.
> H. 0,33. — L. 0,255.

2914. La Carrière.
> H. 0,90. — L. 1,17.

2915. La Rencontre des troupeaux.
> H. 1 m. — L. 0,65.

2916. Les Hauteurs de Suresnes.
> H. 1,82. — L. 2,67.

Les autres peintures de Troyon sont cataloguées page 85.

II. — Tableaux venant du Musée du Luxembourg nouvellement entrés au Louvre.

CABAT (Louis); Paris 1812 — 1893.

2930. Un soir d'Automne. (XXXVII.)
> H. 0,68. — L. 1,26.

2931. L'Étang de Ville-d'Avray. (XXXVII.)
> H. 0,70. — L. 1,25.

CALS (Adolphe-Félix); 1810 — 1880.

2932. Femmes effilant de l'étoupe (*Don de M. Hazard*). (XXXIX.)
> H. 0,51. — L. 0,62.

2933. Lard et hareng (*Don de M. Hazard*). (XXXIX.)
H. 0,34. — L. 0,16.

2934. Paysage (*Don de M. Hazard*).
H. 0,34. — L. 0,59.

2935. Étude de la Jeune fille (*Don de M. Hazard*).
H. 0,52. — L. 0,46.

2936. Le déjeuner à Honfleur (*Don de M. H. Rouart*). (XXX.X.)
H. 0,36. — L. 0,54.

DAUMIER (HONORÉ) ; Marseille 1808 — Valmondois 1879.

2937. Les voleurs et l'âne. (XXXVII.)
H. 0,59. — L. 0,56.

2938. Portrait de Th. Rousseau. (XXXVII.)
H. 0,31. — L. 0,21.

DUPRÉ (JULES) ; Nantes 1811 — L'Isle-Adam 1889.

2940. Le Matin. (XXXVII.)
H. 1,96. — L. 1,34.

2941. Le Soir. (XXXVII.)
H. 1,96. — L. 1,34.

2942. Étude de paysage (*Legs de M. Lausyer*). (XXXIX.)
H. 0,22. — L. 0,44.

2943. Son portrait (*Don de la famille*). (XXXIX.)
H. 0,55. — L. 0,45.

Les peintures de J. Dupré de la collection T. Thiery sont cataloguées page 230.

GIGOUX (JEAN) ; Besançon 1809 — Paris 1895.

2944. Portrait du général Dwernicki (*Don de l'auteur*). (XXXVII.)
H. 1,15. — L. 0,88.

2945. Portrait de Ch. Fourier (*Don de MM. Considérant et Mui-ron*). (XXXVII.)
H. 2,35. — L. 1,62.

HUET (PAUL). Paris 1801 — 1868.

2946. Paysage normand (*Don de M. René-Paul Huet*). (VIII-E.)
H. 0,96. — L. 1,25.

14.

2947. Inondation sur les côtes normandes. (XXXIX.)
H. 0,98. — L. 1,62.

2948. Le Parc de Saint-Cloud (*Don de M. René-Paul Huet*). (XXXIX.)
H. 0,36. — L. 0,45.

2949. La ferme (*Don de M. René-Paul Huet*). (XXXVII.)
H. 0,22. — L. 0,26.

2950. Chaumière Vieux Trouville (*Don de M. René-Paul Huet*). (XXXIX.)
H. 0,33. — L. 0,38.

2951. Étude de cheval (*Don de M. René-Paul Huet*). (XXXIX.)
H. 0,20. — L. 1,27.

2952. Les brisants de Granville (*Don de M. René-Paul Huet*). (XXXVII.)
H. 0,68. — L. 1,03.

Les autres peintures de Paul Huet sont cataloguées page 41.

ISABEY (EUGÈNE); Paris 1804 — Lagny 1886.

2953. Embarquement de Ruyter et de Corneille de Witt. (XXXVII.)
H. 2,24. — L. 3,35.

2954. Le Pont. (XXXIX.)
H. 0,28. — L. 0,81.

2955. Marine. (XXXIX.)
H. 0,25. — L. 0,41.

2956. Port de mer. (XXXIX.)
H. 0,29. — L. 0,43.

Les peintures d'Isabey de la coll. T. Thiery sont cataloguées page 231.

MEISSONIER (ERNEST); Lyon 1815 — Paris 1891.

2957. Napoléon III à Solférino. (XXXIX.)
H. 0,45. — L. 0,75.

2958. Napoléon III entouré de son état-major. (XXXIX.)
H. 0,18. — L. 0,12.

2959. L'attente (*Légué par l'auteur*). (XXXIX.)
H. 0,25. — L. 0,17.

2960. Jeune femme chantant (*Légué par l'auteur*). (VIII-O.)
H. 0,80. — L. 0,65.

2961. Étude de paysage (*Don de M. Ch. Meissonier*). (XXXIX.)
H. 0,12. — L. 0,21.

2962. Blanchisseuses à Antibes (*Don de M. Ch. Meissonier*). (XXXIX.)
H. 0,14. — L. 0,13.

2963. Études de cuirassiers et de chevaux. Trois panneaux (*Don de M. Ch. Meissonier*). (XXXIX.)
Panneau central.
H. 0,18. — L. 0,13.

Panneau de gauche.
H. 0,10. — L. 0,12.

Panneau de droite.
H. 0,11. — L. 0,11.

2964. Portrait d'Alexandre Dumas fils (*Legs Alex. Dumas*). (XXXIX.)
H. 0,60. — L. 0,42.

2965. Portrait de Mme Gerriol (*Acquis en* 1898). (XXXIX.)
H. 0,80. — L. 0,62.

2966. Vue de Venise (*Legs de Mme Vve Meissonier*). (XXXIX.)
H. 0,92. — L. 1,28.

2967. La Madone del Baccio (*Legs de Mme Vve Meissonier*). (XXXIX.)
H. 0,49. — L. 0,45.

2968. Ruines des Tuileries (*Legs de Mme Vve Meissonier*). (XXXIX.)
H. 1,36. — L. 0,96.

2969. Le Siège de Paris (*Legs de Mme Vve Meissonier*). (XXXIX.)
H. 0,51. — L. 0,68.

2970. Samson (*Legs de Mme Vve Meissonier*). (XXXIX.)
H. 0,29. — L. 0,39.

2971. J.-J. Rousseau et Mme de Warens (*Legs de Mme Vve Meissonier*). (XXXIX.)
H. 0,20. — L. 0,135.

2972. Cavalier et jeune femme regardant du haut d'un escalier (*Legs de Mme Vve Meissonier*). (XXXIX.)
> H. 0,28. — L. 0,17.

2973. Études de deux cuirassiers (*Legs de Mme Vve Meissonier*). (XXXIX.)
> H. 0,13. — L. 0,16.

2974. Vue de Venise. Côté de Murano (*Legs de Mme Vve Meissonier*). (XXXIX.)
> H. 0,16. — L. 0,20.

2975. Vue de Venise Sangiorgio Maggiori. Clair de lune (*Legs de Mme Vve Meissonier*). (XXXIX.)
> H. 0,15. — L. 0,24.

2976. Antibes (*Legs de Mme Vve Meissonier*). (XXXIX.)
> H. 0,15. — L. 0,24.

2977. Les voyageurs (*Legs de Mme Vve Meissonier*). (XXXIX.)
> H. 0,16. — L. 0,28.

2978. Cuirassier (*Legs de Mme Vve Meissonier*). (XXXIX.)
> H. 0,14. — L. 0,11.

2980. Son portrait jeune (*Legs de Mme Vve Meissonier*). (XXXIX.)
> H. 0,20. — L. 0,11.

2981. Son portrait en 1889 (*Legs de Mme Vve Meissonier*). (XXXIX.)
> H. 0,49. — L. 0,60.

Les peintures de Meissonier de la coll. T. Thiery sont cataloguées page 232.

ROBERT FLEURY (JOSEPH-NICOLAS); Paris 1797 — 1890.

2982. Colloque de Poissy. (XXXVII.)
> H. 0,90. — L. 1,32.

2983. Galilée devant le Saint-Office (*Don de M. Pillet Will*). (Palier de l'escalier de la Collection Thomy Thiery.)
> H. 1,97. — L. 3,08.

2984. Christophe Colomb reçu par Ferdinand et Isabelle la Catholique à son retour d'Amérique (*Don de M. Pillet Will*). (Palier de la Collection Thomy Thiery.)
> H. 1,95. — L. 3,06.

PLAFONDS

ET PEINTURES DÉCORATIVES

PLAFONDS
ET PEINTURES DÉCORATIVES

REZ-DE-CHAUSSÉE

SALLE GRECQUE OU DE PHIDIAS

PRUDHON.

PLAFOND. — Diane prie Jupiter de ne pas l'assujettir aux lois de l'hymen.

GARNIER.

PEINTURE DANS UN DES TYMPANS DE LA VOUTE. — Hercule obtenant de Diane la biche aux cornes d'or.

MÉRIMÉE.

PEINTURE DANS L'AUTRE TYMPAN. — Diane rendant à Aricie Hippolyte ressuscité par Esculape.

ROTONDE DE MARS

BERTHÉLEMY et MAUZAISSE.

PLAFOND. — L'Homme formé par Prométhée et animé par Minerve.

(Peint par Berthélemy en 1802, puis entièrement restauré par Mauzaisse, en 1826.)

SALLE DE MÉCÈNE

MEYNIER.

PLAFOND. — La Terre recevant des empereurs Adrien et Justinien le code des lois romaines dictées par la Nature, la Justice et la Sagesse.

BIENNOURRY.

PEINTURES EN CAMAIEU DANS LES TYMPANS. — La Sculpture grecque. — La Sculpture romaine. — La Sculpture française.

SALLE DES SAISONS

ROMANELLI.

PLAFOND. — *Au centre :* Apollon et Diane. — *Dans les angles :* les Quatre Saisons. — *Sur les côtés :* Diane et Actéon; Apollon et les Muses; Diane et Endymion; Apollon et Marsyas.

SALLE DE LA PAIX

ROMANELLI.

PLAFOND. — Allégorie : la Paix fruit de la guerre.

TYMPANS. — La Paix mettant le feu à un monceau d'armes. — La Déesse de l'Agriculture encourageant les travaux de la campagne.

SALLE DE SEPTIME SÉVÈRE

ROMANELLI.

PLAFOND. — La Poésie et l'Histoire célébrant les exploits de Rome guerrière.

COTÉS DE LA VOUTE. — Les Députés du Sénat apportent la pourpre à Cincinnatus. — L'Enlèvement des Sabines. — Mutius Scevola. — La Continence de Scipion.

SALLE DES ANTONINS

ROMANELLI.

PLAFOND. — *Au milieu :* la Religion et les Vertus théologales. *En médaillons :* les Génies des eaux, — du temps, — de la justice, — de la gloire.

TYMPANS DE LA VOUTE. — Judith et Holopherne. — Esther et Assuérus. — La Tempérance et la Paix. — La Justice et l'Abondance. — La Prudence. — La Continence.

HENNEQUIN.

PLAFOND. — *Au milieu :* l'Hercule français.

PEYRON.

TYMPAN. — L'Étude et la Renommée.

LETHIÈRE.

TYMPAN. — La Victoire et le Génie des arts.

PRUDHON.

MÉDAILLON DU PLAFOND. — Deux Génies des arts.

GUÉRIN.

MÉDAILLON DU PLAFOND. — Deux Génies de l'immortalité.

SALLE D'AUGUSTE

MATOUT.

PLAFOND. — L'Assemblée des dieux.

BIENNOURRY.

PEINTURES EN CAMAIEU. — L'Empire romain. — L'Empire français.

PREMIER ÉTAGE

SALLE DE VENTE DES PHOTOGRAPHIES

PALIER DE L'ANCIEN GRAND ESCALIER.

MEYNIER.

PLAFOND. — La France, sous les traits de Minerve, recevant l'hommage des Beaux-Arts.

SALLE V DES PEINTURES

MEYNIER.

PLAFOND. — Apothéose de Poussin, de Le Sueur et de Le Brun.
VOUSSURES. — Médaillons représentant les portraits des grands peintres du siècle de Louis XIV.

ESCALIER MOLLIEN

MULLER (CHARLES).

COUPOLE. — La Gloire distribuant ses palmes et ses couronnes.

GALERIE D'APOLLON

PEINTURES DE LA VOUTE

Lorsqu'on parcourt la galerie en allant du midi au nord, c'est-à-dire en prenant pour point de départ le balcon qui fait face à la Seine, les cartouches de la voûte se présentent dans l'ordre suivant :

PARTIE CENTRALE.

LE BRUN (M. CH.-L. MULLER, *d'après une composition de*)

1° L'Aurore.

RENOU (ANTOINE).

2° Castor, ou l'Étoile du Matin.

DELACROIX.

3° Apollon vainqueur du serpent Python (tableau central).

LE BRUN.

4° Le Soir, ou Morphée.
5° La Nuit, ou Diane.

PARTIE LATÉRALE, A DROITE.

TARAVAL.

1° L'Automne ou le Triomphe de Bacchus.

CALLET.

2° Le Printemps, ou Flore et Zéphyre couronnant la Terre de
fleurs.

PARTIE LATÉRALE, A GAUCHE.

DURAMEAU.

5° L'Été, ou Cérès et ses compagnons implorant le soleil.

LAGRENÉE, LE JEUNE.

° L'Hiver, ou Eole déchaînant les vents.

VOUSSURES

LE BRUN.

Le Triomphe des eaux, ou Neptune et Amphitrite. (Au midi, au-
dessus de la fenêtre qui s'ouvre sur le balcon.)

LE BRUN (M. J. GUICHARD, *d'après un dessin de*)

Le Triomphe de la Terre. (Au nord, au-dessus de la grille.)

VESTIBULE DE LA GALERIE D'APOLLON

COUPOLE CIRCULAIRE

BLONDEL.

La Chute d'Icare.

L'AIR. — Éole déchaînant les vents contre la flotte troyenne.

COUDER.

La Terre. — Combat d'Hercule et d'Antée.

L'Eau. — Achille près d'être englouti par le Xanthe et le Simoïs, irrités du carnage qu'il fait des Troyens.

Le Feu. — Vénus recevant de Vulcain les armes qu'il a forgées pour Enée.

MAUZAISSE.

Peintures en grisaille exécutées dans les pendentifs de la voûte.

SALLE DES BIJOUX ANTIQUES

MAUZAISSE.

Plafond. — Le Temps montrant les ruines qu'il amène et les chefs-d'œuvre qu'il laisse ensuite découvrir.

Voussures. — Le Feu. — L'Air. — L'Eau. — La Terre.

Dessus d'armoires. — Les Arts. — Les Sciences. — Le Commerce. — La Guerre.

SALLES DES PEINTURES

DEUXIÈME SALLE

BLONDEL.

Plafond. *Tableau du centre.* — Différend de Neptune et de Minerve.

Côté gauche : Mars. — *Côté droit :* la Paix.

QUINZIÈME SALLE

MULLER (Charles).

Plafond. — Quatre compositions séparées par des figures de femmes ailées, représentant quatre époques de l'art en France : époque de saint Louis, époque de François Ier, époque de Louis XIV, époque de Napoléon Ier. Chacun de ces souverains occupe le centre de la composition ayant à sa droite et à sa gauche les personnages les plus illustres de son règne. Les monuments les plus fameux élevés par ses ordres et des œuvres d'art célèbres ont été représentés par le peintre. Plus bas se voient huit grandes figures symboliques ; côté du midi, à droite du spectateur : l'*Observation ;* à gauche : l'*Etude ;* côté du nord, à droite : l'*Inspiration ;* à gauche : *la Fantaisie ;* côté de l'est, à droite : *le Goût ;* à gauche : *la Pensée ;* côté de l'ouest, à droite : *la Naïveté ;* à gauche : l'*Invention.*

SALLES DE LA CÉRAMIQUE ANTIQUE

DONNANT SUR LA SEINE.

PREMIÈRE SALLE

(*Origines comparées.*)

ALAUX.

PLAFOND. — Le Poussin arrivant de Rome est présenté par le cardinal de Richelieu au roi Louis XIII.

DEUXIÈME SALLE

(*Terres cuites.*)

STEUBEN.

PLAFOND. — Bataille d'Ivry ; clémence de Henri IV après la victoire.

TROISIÈME SALLE

(*Poterie étrusque trouvée à Chiusi.*)

DEVÉRIA.

PLAFOND. — Le Puget présentant le groupe de Milon de Crotone à Louis XIV, dans les jardins de Versailles.

VOUSSURES. — Quatre tableaux représentant des épisodes du règne de Louis XIV :

Leibnitz soumettant au roi son projet sur l'Égypte (1669). — Première Séance de l'Académie des sciences (1666). — Le Brun présentant ses ouvrages à Louis XIV. — Louis XIV posant la première pierre des Invalides.

QUATRIÈME SALLE
(Antiquités étrusques trouvées à Cervetri.)

FRAGONARD (Alexandre-Evariste).

PLAFOND. — François Ier, accompagné de la reine de Navarre, sa
sœur, et entouré de sa cour, reçoit les tableaux et les statues
rapportés d'Italie par le Primatice.

CINQUIÈME SALLE
(Vases de style corinthien.)

HEIM.

PLAFOND. — La Renaissance des arts en France.

VOUSSURES. — Huit tableaux tirés de l'histoire de France.

1° Le Pérugin faisant le portrait de Charles VIII. — 2° L'Entrée
triomphale de Charles VIII à Naples. — 3° La Clémence de
Louis XII. — 4° François Ier visitant l'atelier de Benvenuto Cellini, à l'hôtel de Nesle. — 5° Léonard de Vinci à son
lit de mort. — 6° Le Camp du Drap-d'Or. — 7° La Mort de
Bayard. — 8° Tournoi de 1559, dans lequel Henri II fut
blessé par Montgommery.

SIXIÈME SALLE
(Vases grecs à figures noires trouvés en Italie.)

FRAGONARD (Alexandre-Evariste).

PLAFOND. — François Ier armé chevalier par Bayard.

VOUSSURES. — Génies présidant à la chevalerie et à l'art militaire.

SEPTIÈME SALLE
(Vases grecs à figures rouges trouvés en Italie.)

SCHNETZ.

PLAFOND. — Charlemagne, environné de ses principaux officiers,
reçoit Alcuin qui lui présente des livres manuscrits, ouvrage
de ses moines.

Voussures. — Quatre médaillons représentant Pierre de Pise,
Roland, Saint Benoît d'Aniane et Angilbert, en occupent le
milieu. Aux angles sont les Génies des sciences, de la musique ou des arts, de la guerre et de la législation civile et
religieuse.

HUITIÈME SALLE

(Vases italo-grecs. — Première salle.)

DROLLING.

Plafond. — Louis XII proclamé père du peuple aux états géné-
raux tenus à Tours, en 1506.

NEUVIÈME SALLE

(Salle des fresques et verres antiques.)

COGNIET.

Plafond. — Expédition d'Égypte sous les ordres de Bonaparte.
Le Chef de l'expédition, entouré de savants et d'artistes,
dirige leurs travaux et les mouvements des troupes qui
les protègent.

Voussures. — Frise peinte représentant en bas-relief : la Bataille
d'Aboukir. — La Révolte du Caire. — Le Pardon aux révol-
tés du Caire. — La Peste de Jaffa.

SALLES DU MUSÉE CHARLES X

PREMIÈRE SALLE

(Antiquités égyptiennes. — Monuments historiques.)

GROS

Plafond. — Le Génie de la France anime les arts, protège
l'humanité.

FRAGONARD (Alexandre-Evariste).

Grisailles. — Six bas-reliefs : les Arts rendent hommage au
souverain qui réunit leurs ouvrages dans son palais.

DEUXIÈME SALLE

(Antiquités égyptiennes. — Salle civile.)

VERNET (HORACE).

PLAFOND. — Jules II ordonnant les travaux du Vatican et de Saint-Pierre au Bramante, à Michel-Ange et à Raphaël.

ABEL DE PUJOL.

GRISAILLES. — Médaillons représentant plusieurs hommes célèbres du XVIe siècle.

TROISIÈME SALLE

(Antiquités égyptiennes. — Salle funéraire.)

ABEL DE PUJOL.

PLAFOND. — L'Egypte sauvée par Joseph.

VOUSSURES. — Quatre bas-reliefs, imitant le bronze, représentent les quatre principaux traits de la vie de Joseph.

1° Joseph gardant les troupeaux ;
2° Joseph vendu par ses frères ;
3° Joseph expliquant les songes de Pharaon ;
4° Joseph élevé au gouvernement de l'Egypte.

Les seize enfants qui tiennent des guirlandes de fruits sont l'emblème des seize coudées du Nil, d'où dépend la fertilité de l'Egypte. Ils tiennent suspendus les fruits de leur fécondité. Le nilomètre décore le milieu de chaque guirlande.

GRISAILLES. — Onze bas-reliefs rappelant des scènes de la vie civile des Egyptiens.

QUATRIÈME SALLE

(Antiquités égyptiennes. — Salle des dieux.)

PICOT.

PLAFOND. — L'Étude et le Génie dévoilant l'Égypte à la Grèce.

VINCHON et GOSSE.

GRISAILLES. — Sculpteur grec copiant une statue égyptienne —

Apelle peignant d'après nature. — Phidias sculptant d'après nature. — Orphée chantant. — Poète dramatique faisant répéter un rôle à un acteur. — Origine du chapiteau corinthien. — Origine du dessin. — Décadence des arts dans la Grèce.

CINQUIÈME SALLE

(Salle des colonnes.)

GROS.

PLAFOND. *Tableau du centre.* — La Véritable Gloire s'appuie sur la Vertu.

Côté gauche. — Mars, couronné par la Victoire, écoutant la Modération, arrête ses coursiers et baisse ses javelots.

Côté droit. — Le Temps élève la Vérité vers les marches du trône ; la Sagesse l'y reçoit sous son égide ; un Génie naissant l'écoute ; les armes royales sont à ses pieds.

SIXIÈME SALLE

(Céramique grecque. — Cyrénaïque, Crimée, Tarse, etc.)

PICOT.

PLAFOND. — Cybèle protège contre le Vésuve les villes de Stabia, Herculanum, Pompéia et Resina que ses feux semblent condamner à une entière destruction.

FRAGONARD (ALEXANDRE-EVARISTE).

GRISAILLES. — Les Sciences et les Beaux-Arts rendent hommage à leurs dieux protecteurs.

SEPTIÈME SALLE

(Céramique grecque trouvée en Grèce.)

MEYNIER.

PLAFOND. — Les Nymphes de Parthénope, emportant loin de leur rivage les Pénates, images de leurs dieux, sont conduites par la déesse des Beaux-Arts sur les bords de la Seine.

VINCHON et GOSSE.

GRISAILLES. — Pline observant le Vésuve. — Prêtres de Pompéia
emportant les instruments sacrés. — Habitants fuyant de
Pompéia. — Le Vésuve renversant les villes de la Campanie.
— Philosophe cynique. — Anacréon composant ses odes. —
Jeunes Filles consultant une sorcière. — Toilette.

HUITIÈME SALLE

(Vases italo-grecs. — Seconde salle.)

HEIM.

PLAFOND. — Le Vésuve personnifié reçoit de Jupiter le feu qui
doit consumer les villes d'Herculanum, de Pompéia et de
Stabia. Ces villes infortunées implorent Jupiter ; Minerve,
protectrice des arts, intercède pour elles, tandis qu'Eole
tient les vents enchaînés et attend l'ordre du souverain
maître des dieux.

VOUSSURES. — Les voussures sont ornées de six tableaux, savoir :
quatre représentant des scènes de désolation ; — le cinquième,
la mort de Pline l'Ancien ; — le sixième, Pline le Jeune écrivant ses lettres.

VINCHON et GOSSE.

GRISAILLES, représentant, les unes, différentes scènes de la vie
civile des anciens, et celles des angles, divers débris de
meubles trouvés dans les fouilles de Pompéia et d'Herculanum.

NEUVIÈME SALLE

(Salle de Clarac.)

INGRES (MM. BALZE, *d'après*).

PLAFOND. — Homère déifié.

(Copie du tableau exposé, dans le Musée, sous le n° 417.)

VOUSSURES. — Sept Villes se disputent la naissance d'Homère.
Apollon admet au nombre des Muses l'Iliade et l'Odyssée.

15.

VINCHON et GOSSE.

GRISAILLES. — Homère chantant. — Honneurs rendus à Homère. — Départ d'Ulysse sous la protection de Minerve. — Ulysse chez Circé. — Ulysse reconnu par Pénélope. — Thétis consolant Achille. — Thétis donnant des armes à Achille. — Diomède, guidé par Minerve, blesse Vénus qui était venue secourir Énée.

PASSAGE

FRAGONARD.

GRISAILLES. — Deux bas-reliefs peints en grisailles.
Les Beaux-Arts témoignant leur reconnaissance au Génie protecteur qui les couronne.

SALLES DES DESSINS

SALLE I.

BLONDEL.

PLAFOND. — La France victorieuse à Bouvines.

GASSIES.

VOUSSURES. — Douze figures imitant le marbre, soutenant des guirlandes de fruits, imitation du bronze, au-dessus desquelles sont placés quatre Génies représentant : les Sciences ; — les Arts ; — l'Agriculture ; — le Commerce.

Au milieu de chacun des côtés de la salle, et à chaque bout, sont placées quatre figures allégoriques : la Paix ; — la Justice ; — la Force ; — la Loi.

SALLE II.

BLONDEL.

PLAFOND. — La France, au milieu des rois législateurs et des jurisconsultes français, reçoit de Louis XVIII la Charte constitutionnelle.

SALLE III.

DROLLING.

PLAFOND. — La Loi descend sur la Terre, elle y établit son empire et y répand ses bienfaits.

VOUSSURES. — Figures et ornements analogues au sujet du plafond.

SALLE IV.

MAUZAISSE.

PLAFOND. — La Sagesse divine donnant des lois aux rois et aux législateurs.

SALLE V (SALLE DE BEAUVAIS)

CAROLUS DURAN.

PLAFOND. — Triomphe de Marie de Médicis.

SALLE VI.

HECTOR LEROUX.

PLAFOND. — L'Ode à Vénus. — Junon à Nauplie. — Union des poésies grecque et latine.

SALLE DES MEUBLES DU XVIIIe SIÈCLE

FRANÇOIS BOUCHER

PLAFOND. — L'Aurore.

SALLES DE LA COLONNADE

(ANCIEN MUSÉE DES SOUVERAINS)

PREMIÈRE SALLE. — VESTIBULE

PEINTURES ENCASTRÉES DANS LA BOISERIE

CHAMPAIGNE (*Attribué à* PHILIPPE DE).

Portrait de Louis XIII.

Ecole française, XVII° siècle.

Portrait d'Anne d'Autriche.

PLAFOND. — Il provient des appartements que Louis XIII avait
fait orner, pour la reine Anne d'Autriche, dans le château
neuf de Vincennes. Le chiffre de la reine, qui est composé de
la répétition de la lettre A, se lit en plusieurs places dans les
divisions de ce plafond; les couronnes royales, les armoiries
d'Autriche, celles de France, se voient dans les mains des
génies qui sont groupés, portant des guirlandes, dans deux
compartiments des caissons. Les quatre autres peintures,
ornant les angles, représentent l'Europe, l'Asie, l'Afrique,
l'Amérique, et sont une allusion aux possessions de l'Espagne
dans les quatre parties du monde.

DEUXIÈME SALLE. — CHAMBRE A ALCOVE

PEINTURES ENCASTRÉES DANS LA BOISERIE.

PORBUS (*École de* FRANS).

Portrait de Henri IV.

PORBUS (M. de TERNAUTE, *d'après* FRANS).

Portrait de Marie de Médicis.

(Copie moderne de la peinture exposée dans le Musée sous le n° 2072.)

TROISIÈME SALLE. — CHAMBRE DE PARADE

PEINTURE ENCASTRÉE DANS LA BOISERIE.

CLOUET (M. GÉRONE, *d'après* FRANÇOIS).

Portrait de Henri II.

(Copie moderne, et agrandie, de la peinture exposée dans le Musée sous
le n° 130.)

TABLE ALPHABÉTIQUE

DES DONATEURS

(Les dates sont celles de l'inscription à l'inventaire.

A

B

C

H

I

J

K

L

M

S

T

U V

W X Y Z

TABLE ALPHABÉTIQUE

DES ARTISTES

DONT LES NOMS FIGURENT AU CATALOGUE DES PEINTURES

P

PADOVANINO (Alessandro Varotari), dit *Il*. Voir *Varotari*.
PAGNEST (Amable-Louis-Claude) . . . 65
PAJOU (Jacques-Augustin-Catherine) 65
PALAMEDES (Antonis) 206
PALMA (Jacopo), dit *Palma le Vieux* 128
PALMEZZANO (Marco) ou Palmeggiani 129
PANETTI (Domenico) 129
PANINI (Giovanni-Paolo) 129
PARMESAN (Francesco Mazzola), dit *le Parmesan*. Voir *Mazzola*.
PARROCEL (Joseph), dit *des Batailles* 65
PARROCEL (Charles) 65
PATEL (Pierre), *le père* 65
PATEL (Pierre-Antoine), *le fils* . . 65
PATER (Jean-Baptiste-Joseph) . . . 66
PELLEGRINI (Antonio) 130
PENCZ (Georg) 222
PEREDA (Antonio) 156
PÉRIGNON (Alexis-Nicolas) 66
PERREAL (Jean) 99
PERRIER (François) 66
PERRONNEAU (Jean-Baptiste) . . . 67
PÉRUGIN (Pietro Vannucci), dit *le Pérugin*. Voir *Vannucci*.
PESARESE (Simone Cantarini), dit *il Pesarese*. Voir *Cantarini*.
PESELLO (Francesco) DI STEFANO, dit *Il Pesellino* 130
PESNE (Antoine) 67
PEYRON (Jean-François-Pierre) . . . 67
PICOT (François-Edouard) 67
PIERO DI LORENZO, dit *Piero di Cosimo* 130
PIERRE (Jean-Baptiste-Marie) . . . 67
PIERRE DE CORTONE (Pietro Berettini, dit). Voir *Berettini*.
PILS (Isidore-Adrien-Auguste) . . . 67
PINTURICCHIO (Bernardino di BETTO DI BIAGIO, dit *Il*) 130
PIOMBO (Sebastiano Luciani), dit *Sébastien del Piombo*. Voir *Luciani*.
PIPPI (Giulio), dit *Jules Romain*. 131
PISANO (VITTORE), dit *Pisanello*. 131
POEL (Egbert Van der) 207
POELENBURGH (Cornelis Van) . . . 207
POLIDOR (Johannes Glauber), dit *Polidor*. Voir *Glauber*.

POLIDORE DE CARAVAGE (Polidoro Caldara), dit *Polidore de Caravage*. Voir *Caldara*.
PONTE (Jacopo DA), dit *Jacques Bassan* 131
PONTE (Leandro ou Lionardo DA). 132
PORBUS ou POURBUS (Frans), *le Jeune* 176
POT (Hendrik) 207
POTERLET 68
POTTER (Paulus) 207
POURBUS (Frans Pourbus ou Porbus). Voir *Porbus*.
POUSSIN (Nicolas) 68
PRETI (Mattia), dit *Il Calabrese* 132
PRIMATICCIO (Francesco), dit *le Primatice* 132
PROCACCINI (Giulio-Cesare) 132
PRUD'HON (Pierre) 70
PUGET (François) 72
PUJOL (Abel de) 72
PUNTORMO (Jacopo Carrucci), dit *le Pontormo*. Voir *Carrucci*.
PYNACKER (Adam) 208

R

RAEBURN (Sir Henry) 161
RAFFET (Denis-Auguste-Marie) . 72
RAIBOLINI (Francesco), dit *Il Francia* 132
RAMENGHI (Bartolommeo), dit *Il Bagnacavallo*, ... 132
RAMSAY (Allan) 161
RANC (Jean) 72
RAOUX (Jean) 72
RAPHAEL (Rafaello Santi), dit *Raphaël Sanzio*. Voir *Santi*.
RAVESTEYN (Jan Antonisz Van). 208
REGNAULT (Alexandre-Georges-Henri) 73
REGNAULT (Jean-Baptiste, baron). 73
REMBRANDT HARMENSZ VAN RYN. 208
RENI (Guido), dit *le Guide* 133
RENOU (Antoine) 73
RESTOUT (Jean) 73
RESTOUT (Jean-Bernard) 74
REVEL (Gabriel) 74
RIBERA (José de), dit *l'Espagnolet* 156
RICARD (Louis-Gustave) 74
RICCI ou RIZZI (Sebastiano) 133
RICCIARELLI (Daniele), dit *Daniel de Volterre* 134

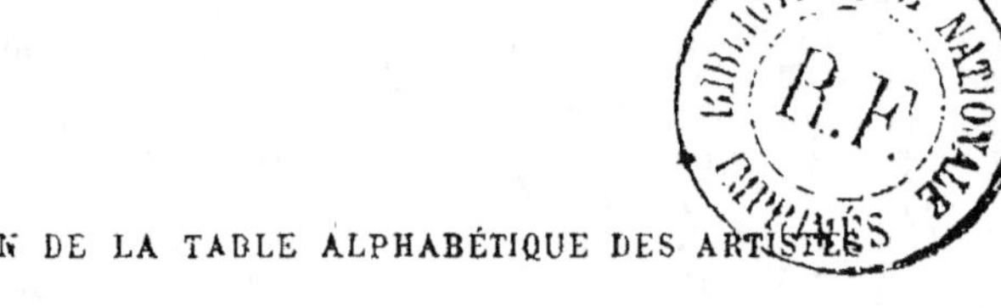

FIN DE LA TABLE ALPHABÉTIQUE DES ARTISTES

LISTE

PAR NUMÉROS DU CATALOGUE

DES PEINTURES PHOTOGRAPHIÉES

Par la Maison BRAUN CLÉMENT et Cie

18, *rue Louis-le-Grand*, 18 (2ᵉ arr.)

2, 4, 5, 9, 10, 12 à 14, 16, 17, 19. 20. 25 à 27, 28 à 53, 55 à 61, 63 à 66, 69 à 71, 74 à 80, 82 à 134, 137 à 147, 149 à 153, 155 à 161, 164, 166, 170 à 178, 180, 182 à 214, 216 à 217 A, 221 à 224, 229 à 232, 234, 235, 237 à 241, 245 à 257, 261, 262, 263, 265, 266, 269, 271, 272, 275, 276, 279, 280, 282 à 285, 288 à 307, 310 à 329, 332 à 356, 359 à 363, 365, 367 à 386, 388 à 393, 395, 396, 397, 399, 405, 406, 408, 409, 410 à 428, 431, 437, 438, 440 à 448, 450 à 452, 454, 455, 456, 461 à 474, 476 à 483, 485 à 492, 494 à 502, 506, 508, 518, 519, 520 à 531, 533, 535 à 558, 560, 562 à 564, 572, 573, 577 à 580, 584, 586, 587, 592 à 596, 598 à 605, 611, 612, 615, 619 à 623, 626, 628 à 636, 638 à 643 A, 648, 649, 651, 653 à 675, 678 à 695, 697, 698, 700, 702 à 718, 720, 721, 722, 724, 726 à 752, 754 à 757, 759 à 761, 764 à 766, 768 à 772, 774, 775, 777, 778, 780 à 795, 798 à 803, 806 à 809, 811 à 822, 826 à 844, 847 à 851, 854 à 870, 873 à 876, 878 à 881, 883 à 890, 893 à 897, 899 à 902, 904, 910, 913 à 918, 920 à 925, 931 à 936, 939, 942, 944, 947, 953, 955 à 961, 965, 968, 969, 972, 973, 975 à 1015, 1017 à 1019, 1021 à 1038, 1040 à 1100, 1102 à 1107, 1111 à 1119, 1121, à 1128, 1130 à 1136, 1138, 1141, 1143, 1145 à 1176, 1178 à 1200, 1202, 1203, 1206, 1207, 1208, 1209, 1210 à 1213, 1216 à 1222, 1225, 1227, 1228, 1229, 1232, 1233, 1235 à 1238, 1240, 1241, 1242, 1247 à 1251, 1253 à 1266, 126 à 1274, 1276, 1278 à 1284, 1287, 1288, 1290 à 1324, 1327 à 1337, 1339 à 1345, 1347 à 1356, 1359, 1360, 1362, 1367 à 1376, 1378 à 1386, 1388, 1390, 1392 à 1395, 1397, 1399, 1400, 1401, 1403, 1404, 1408 à 1411, 1413 à 1422, 1424 à 1426, 1429, 1430, 1433 à 1441, 1444 à 1450, 1457 à 1461, 1463 à 1472, 1474 à 1480, 1482, 1483, 1485 à 1521, 1523, 1525 à 1528, 1530 à 1533, 1538 à 1543, 1545, 1547 à 1553, 1555 à 1558, 1561 à 1567, 1569, 1571 à 1575, 1577 à 1595, 1597 à 1609, 1611 à 1617, 1621, 1622, 1623, 1626, 1628, 1630, 1632, 1634 à 1639, 1640 A, 1641, 1644, 1647, 1648, 1649, 1656, 1657, 1660 à 1663, 1665, 1666, 1671 à 1719,

1721 à 1725, 1730 à 1740, 1742 à 1746, 1801 à 1830, 1901, 1902, 1906 à 191,
1919, 1920, 1921, 1926 à 1934, 1937 à 1948, 1951 à 1954, 1956 à 1993, 1997
2001, 2006, 2010 à 2020, 2022 à 2030, 2033, 2035, 2037, 2039, 2044 à 2050, 205
2054, 2055, 2059, 2063, 2064, 2068 à 2071, 2074, 2075, 2077 à 2128, 2131 à 213,
2137 à 2141, 2143, 2144, 2150, 2154 à 2190, 2193 à 2199, 2202 à 2206, 2208, 221
à 2225, 2301, 2304 à 2307, 2309 à 2318, 2320 à 2323, 2325, 2326, 2328 à 2335
2334, 2335, 2337, 2338, 2339 à 2346, 2348 à 2364, 2369 à 2373, 2375 à 2378
2380 à 2391, 2393 à 2404, 2406, 2408, 2410, 2411, 2413, 2414, 2445, 2447
2420, 2421, 2423 à 2436, 2439 à 2441, 2443, 2446, 2447, 2449 à 2475, 2477
2487, 2489, 2492, 2493, 2495 à 2499, 2502 à 2513, 2515 à 2517, 2524, 2525 à 2530
2533 à 2555, 2557 à 2561, 2563 à 2565, 2568, 2571 à 2573, 2576 à 2591, 2593
à 2606, 2609 à 2611, 2613, 2615, 2616, 2617, 2619, 2621, 2622, 2623, 2625 à 2630,
2633 à 2637, 2639 à 2666, 2702 à 2728, 2730, 2732 à 2758, 2760 à 2846.

Collection Thommy Thierry : Les peintures, du nᵒ 2800 au nᵒ 2920.

6592-1905. — L.-Impr. réunies, B, rue Saint-Benoît — MOTTEROZ, dir.